旅游经济学

主编 张玉蓉 漆明亮
副主编 樊信友 宋波 郑涛

LÜYOU JINGJI XUE

Southwestern University of Finance & Economics Press
西南财经大学出版社

图书在版编目(CIP)数据

旅游经济学/张玉蓉,漆明亮主编.—成都:西南财经大学出版社,2012.3

ISBN 978-7-5504-0600-1

Ⅰ.①旅… Ⅱ.①张…②漆… Ⅲ.①旅游经济学 Ⅳ.①F590

中国版本图书馆 CIP 数据核字(2012)第032779号

旅游经济学

主　编:张玉蓉　漆明亮

副主编:樊信友　宋　波　郑　涛

责任编辑:李特军

助理编辑:袁晓丽

封面设计:穆志坚

责任印制:封俊川

出版发行	西南财经大学出版社(四川省成都市光华村街55号)
网　　址	http://www.bookcj.com
电子邮件	bookcj@foxmail.com
邮政编码	610074
电　　话	028-87353785　87352368
照　　排	四川胜翔数码印务设计有限公司
印　　刷	四川森林印务有限责任公司
成品尺寸	185mm×260mm
印　　张	14.25
字　　数	320千字
版　　次	2012年5月第1版
印　　次	2012年5月第1次印刷
印　　数	1—3000册
书　　号	ISBN 978-7-5504-0600-1
定　　价	26.00元

前 言

旅游经济学是伴随着旅游经济活动的产生和发展而逐渐形成的一门新兴学科，是对旅游经济活动的理论概括和总结。

19 世纪末期以来，随着西方国家旅游活动的迅速开展，旅游业成为新兴行业，对旅游经济的研究也越来越受到重视。20 世纪 80 年代，国外学者有关旅游经济研究的论文和专著大量涌现，研究重点主要是从宏观角度分析旅游发展的经济效益及付出的代价等。20 世纪 90 年代，国外学者将研究重点转移到预测 21 世纪国际旅游业的发展趋势等。进入 21 世纪，国外学者又注重研究旅游产业与农业、工业以及创意产业等的融合，并出版了大量论著。

早在 20 世纪 20 年代，中国已有学者对旅游经济的性质、作用等问题进行过初步探讨，但由于当时社会环境特殊且中国旅游业尚未形成产业，因此学者们无法对旅游经济活动进行深入研究。中国学者们真正意义上对旅游经济理论进行研究是从 20 世纪 70 年代末改革开放以后开始的，因此与欧美等旅游业发达的国家相比，中国旅游业的发展起步较晚。在著名经济学家于光远的提议下，1979 年召开的全国经济科学规划会议将旅游经济学列入国家经济科学研究重点项目序列。1980 年，在第一次全国旅游经济座谈会上提出中国要建立自己的旅游经济学，从而不断适应旅游业和旅游教育事业的发展。20 世纪八九十年代，国内越来越多的学者开始关注旅游经济问题及旅游学科的建设，大量旅游经济学教材不断问世。进入 21 世纪，学者们对旅游经济的研究更加深入，各种优秀的旅游经济学论著不断出版。

本书在学习借鉴已有优秀成果的基础上，结合旅游业发展的最新实践，从以下三方面突出特色：①注重多学科知识的交融及综合运用。旅游经济学是一门综合性较强的边缘学科，因此本书在编写过程中注重以经济学为基础，综合管理学、心理学、社会学、资源学、统计学等多学科领域的理论知识，对旅游经济学的内容进行编写，注重学生综合运用能力的培养。②注重基本素材的真实性、新颖性和时效性。旅游经济学在本质上属于产业经济学的范畴，专门研究旅游经济活动中各种经济现象之间存在的内在关系，揭示旅游经济活动中的特殊矛盾及固有规律。为及时反映旅游经济活动的最新动态，本书在编写过程中注重及时搜集整理与旅游经济活动相关的最新观点和数据，突出和支撑了旅游经济研究的最新成果。③注重学生经济学思维能力的训练及实践应用能力的培养。旅游经济学是一门应用性学科，在本书编写过程中，每一章主要内容后均附有精心编写的“阅读材料”和“案例分析”。所选资料均取材于近年来全球旅游经济活动中有代表性的第一手资料，同时根据教学内容需要对资料进行有针对性的编辑，旨在拓宽学生视野，训练学生经济学思维方式和技能，提高学生对现实生活中出现的旅游经济现象的实践认知能力和综合分析能力。

本书主要包括十一个章节：第一章绪论，主要分析旅游经济活动的产生及发展、旅游经济学的形成及特点、旅游经济学的研究对象、研究内容和研究方法；第二章旅游产品开发，主要分析旅游产品的内涵、质量控制、生命周期及开发原则；第三章旅游需求与预测，主要分析旅游需求的形成及特点、旅游需求的影响因素、旅游需求规律及旅游需求弹性；第四章旅游供给与旅游承载力，主要分析旅游供给的特点及主要内容、旅游供给的影响因素、旅游供给规律及供给弹性、旅游承载力与旅游资源开发；第五章旅游供求关系与调控方式，主要分析旅游供求的矛盾、旅游供求均衡及供求规律、旅游供求均衡的调控方式；第六章旅游市场竞争与开拓，主要分析旅游市场的特点及功能、旅游市场的类型及细分、旅游市场的竞争及开拓战略；第七章旅游消费结构与消费决策，主要分析旅游消费的结构及优化、旅游消费行为与消费决策、旅游消费效果的衡量与评价；第八章旅游收入与分配，主要分析旅游收入的概念及影响因素、旅游收入的分配、旅游收入的乘数效应及旅游收入漏损；第九章旅游经济核算与效益，主要分析旅游经济核算的概念及体系、旅游微观经济效益及宏观经济效益；第十章旅游经济发展战略与发展趋势，主要分析旅游经济政策、旅游经济发展战略及发展模式、旅游经济活动的发展趋势；第十一章旅游经济发展的相关法律制度，主要分析旅游消费者、旅游企业及旅游市场的相关法律制度。

本书由重庆交通大学人文学院旅游管理专业的老师合作编写而成，是众多参与者共同努力的结果。本书的章节安排是由所有参与编写的老师集体讨论后确定的，具体编写分工如下：张玉蓉编写了第一章、第三章、第四章、第五章；漆明亮编写了第七章、第十章；樊信友编写了第八章、第九章；郑涛编写了第二章；宋波编写了第六章；教务处李桥编写了第十一章。全书初稿完成后，由张玉蓉进行最后的审校和修改。本教材在编写过程中借鉴了许多优秀的研究成果，在此表示真诚的谢意。同时，本书编写工作得到了西南财经大学出版社的大力支持，在此一并表示感谢。

受编者水平所限，本书难免会有一些疏漏和不足之处，敬请读者不吝指正，以便今后予以修改和完善。

目录

第一章　绪论

【本章学习目标】

通过本章的学习，对旅游经济活动产生和发展的历史脉络有所了解，对旅游经学的形成有所认识，并能较好地掌握旅游经济学的特点。在此基础上，明确旅游经济学的研究对象、研究内容和研究方法，为进一步学习奠定基础。

第一节　旅游经济活动的产生及发展

旅游经济学是伴随旅游经济活动的产生和发展而逐渐形成的一门新兴学科，是对旅游经济活动的理论概括和总结。

一、旅游经济活动的产生

旅游（Tour）一词源于拉丁语的“Tornare”和希腊语的“Tornos”，其含义是“车床或圆圈；围绕一个中心点或轴的运动。”旅游往往代表一种往复的行程，即离开起点一段时间后再返回起点的活动，而完成这一行程的人则被称作旅游者（Tourist）。

“旅游”从字面意义上也很好理解。“旅”表示旅行、外出，即为实现某一目的而在空间上从甲地到乙地的行进过程；“游”表示外出游览、观光、娱乐，即为达到这些目的所作的旅行。二者合起来即为旅游。因此，旅游活动究其本质来说，是一种以游客为主体，以旅游资源和旅游设施为客体，通过游客的流动来实现的一种社会经济文化活动，体现了人与自然、人与社会以及人与人之间错综复杂的关系。①

旅游经济活动是建立在旅游活动产生和发展基础上的，而旅游活动则又以商品经济的发展为前提。因此，旅游活动转变为旅游经济活动是社会经济发展到一定阶段的产物。18世纪60年代英国产业革命前，由于社会经济技术发展水平的限制，旅游活动往往被局限在一个比较小的社会范围内，只有少数人能够参与，旅游活动尚未成为一种普遍的社会现象。在生产力极不发达的原始社会，人类迫于生存需要，常常需要由一地迁徙至另一地，这种空间上的转移实际上就是一种纯粹的迁徙活动，并非真正意义上的旅游经济活动。随着社会经济的发展，人类从事商业旅行、宗教朝拜、科考探险的活动逐渐发展起来，虽然这些旅行活动包含一些游览的内容，但这并非旅行的主

① 林南枝，陶汉军. 旅游经济学［M］. 天津：南开大学出版社，2009.

要目的。在这一历史时期，只有少数王公贵族可以进行以游览为主要目的旅游消遣活动，因此旅游活动成为了少数特权阶段享乐的代名词，不具有普遍的社会意义。同时，在这一历史时期，尚未有人以牟取经济利益为目的来组织或经营旅游活动，也尚未出现从事旅游经济活动的专门机构，所以这一时期旅游经济活动还没有真正出现。①

随着社会生产力的发展，尤其是18世纪60年代英国产业革命后，伴随着生产力水平的不断提高，社会经济得以迅速发展，旅游活动才逐渐成为一种广泛的社会现象。18世纪60年代，英国首先开始了产业革命，以前的工场手工业生产转变为工厂式的大机器生产，大大促进了劳动生产率的提高。

产业革命为旅游经济活动的产生和发展创造了必要的条件，主要体现在以下四方面：产业革命促进了社会经济的增长和人们收入水平的提高，使更多的人具有外出旅游的支付能力，为旅游活动的开展奠定了坚实的经济基础；产业革命促进了劳动生产率的提高，但同时也使得机器对人类的异化加剧，人们的消费观念发生了较大改变，这也为旅游活动的开展奠定了消费基础；产业革命促进了铁路、公路、航运等交通运输方式的快速发展，为旅游活动的开展提供了良好的交通条件；产业革命促进了旅游服务机构及服务设施的不断发展和完善，旅游服务质量不断提高，进一步推动了旅游活动的快速发展。总之，产业革命有力地推动了社会生产力的发展和社会经济的变革，使得旅游活动逐渐成为普遍的社会现象。

世界公认的第一次商业性旅游是1841年由英国人托马斯·库克组织的。1841年7月初，为了给一次禁酒会壮大声势，库克包租了一列火车，运送了570人从莱斯特前往拉夫巴勒参加禁酒大会。此次旅行往返行程22英里（1英里 = 1.609千米），团体收费每人一先令，免费提供午餐及小吃，还有一个唱赞美诗的乐队跟随，成为人们公认的旅游经济活动的开端。随着社会化大生产的发展，旅游规模越来越大。1845年，托马斯·库克旅游社正式成立，这是举世公认的世界上第一家旅行社。旅游社的诞生使得有组织地提供旅游活动所需要的各种专门服务成为可能，而专门服务机构的成立也是旅游经济形成的重要标志。②

二、旅游经济活动的发展③

随着社会经济的快速发展和人们支付能力的不断提高，旅游活动引起了人们的广泛关注，吸引了越来越多的人参与其中。旅游活动不再是少数人的专利，而是逐渐演变为一种范围广泛、参与度高的大众性消费活动。

旅游经济活动的发展可以第二次世界大战为分水岭，划分为以下两个重要历史时期。

（一）初步发展时期（19世纪末期至第二次世界大战结束）

在这一特定历史时期，西方主要资本主义国家不仅经历了两次世界大战的残酷洗

① 张立生．旅游经济学［M］．北京：中国人民大学出版社，2010.

② 孙靳．旅游经济学［M］．西安：西北工业大学出版社，2010.

③ 林南枝，陶汉军．旅游经济学［M］．天津：南开大学出版社，2009.

礼，还经历了长达4年的资本主义经济大危机（1929—1933年）的挑战，旅游活动受到了较大影响。尽管如此，由于新的科学技术不断涌现并在社会生产中广泛应用，西方主要资本主义国家的生产力水平不断提高，社会经济仍然得到了迅速发展。在这一时期，人们的旅游支付能力不断提高，旅游需求不断增长，旅游方式更加多元化，旅游活动对旅游业及相关行业的拉动作用不断增强。但与此同时，旅游需求与旅游供给之间的矛盾也日益凸显，逐渐引起了政府部门、行业组织及专家学者的高度重视。

（二）蓬勃发展时期（第二次世界大战以后至今）

第二次世界大战结束后，更多的新技术得以研发并迅速投入到生产领域。尤其是20世纪70年代以来，随着电子技术、信息技术、生物工程等诸多高新技术运用到生产领域，社会经济获得了前所未有的快速发展，这也为旅游活动的蓬勃发展奠定了坚定的经济基础。

1993年2月，美国总统克林顿以国情咨文的形式在国会发表了题为《促进美国经济增长的技术——经济发展的新方向》的报告，正式向国会提出建设信息高速公路的计划，并以此作为政府发展政策的重点和产业发展的基础，以此增强美国的竞争力。信息高速公路（Information Superhighway），又称多媒体传导系统，其正式名称是“国家信息基础设施”（National Information Infrastructure，即NII），它是一个将各种科技结合在一起的，能够以交互方式通过光纤传输文字、声音、影像或三者组合的高信息流量的电信网络，可应用于房地产、金融、医疗、出版和教育等诸多领域。美国信息高速公路计划一出台，就引起了世界各国的强烈反响。日本、法国、英国、加拿大、新加坡、韩国等纷纷制定了自己的信息发展计划，从而诱发了全球性的建设信息基础设施的热潮，人类从此进入互联网时代。

如今，旅游需求和旅游供给日益呈现出多元化、个性化的发展态势。旅游者可通过便捷的网络服务查阅旅游信息，预订吃、住、行、娱、购、游等相关旅游活动，出行更为方便快捷。信息技术有力地推动了旅游经济活动的蓬勃发展，同时也加强了旅游业与其他产业的融合。例如：美国运通公司（American Express）是世界500强企业，公司创立于1850年，总部设在美国纽约。美国运通公司是国际上最大的旅游服务及综合性财务、金融投资及信息处理的环球公司，在信用卡、旅行支票、旅游、财务计划及国际银行业占据领先地位，是在反映美国经济的道琼斯工业指数30家公司中唯一的服务性公司。再如：携程作为中国领先的在线旅行服务公司，携程旅行网（ctrip.com）成功整合了高科技产业与传统旅行业，向超过2 000万的会员提供集酒店预订、机票预订、度假预订、商旅管理、特约商户及旅游资讯于一体的全方位旅行服务，被誉为互联网和传统旅游无缝结合的典范。

三、旅游经济活动的特点

（一）大众性

旅游活动主要包括食、住、行、游、购、娱六大要素，因此旅游经济活动也必然涉及国民经济众多行业和部门。第二次世界大战以来，尤其是20世纪50年代以来，社会生产力得到了迅速提高。随着人们可支配收入的不断增加以及工作时间的不断缩短，许多人不仅具备了旅游消费的能力，同时也拥有了更多的闲暇时间，人们的旅游需求日益增加。旅游经济活动不再是面向少数富有者的活动，而是逐渐发展为面向大众的社会经济活动。

（二）规范性

旅游经济活动在其发展过程中，逐渐形成了一种有组织的规范化旅游模式。无论是国际旅游还是国内旅游，通常都是由旅游社作为主要的组织者，同时依托各类旅游企业和旅游景区（景点），按照预定的旅游路线、活动内容和时间，提供综合性的旅游服务，满足旅游者多方面的需求。

（三）国际性

伴随着世界经济一体化的步伐，旅游经济活动也已不再局限于近距离旅游或国内旅游，而是逐渐打破地域和疆域的界限，发展成为一种全球性的社会经济活动。尤其值得一提的是，科学技术的进步促进了通信方式和交通方式的变革，促进了交通运输条件的极大改善，这也使得人们可在更短的时间内以更少的花费到世界各地旅游，旅游经济活动的国际性特征日益凸显。

第二节　旅游经济学的形成及特点

一、旅游经济学的形成

（一）国外旅游经济学的产生与发展

国外对旅游经济活动的研究起步较早，与旅游经济活动的发展轨迹相吻合，国外旅游经济研究也经历了两个阶段。

第一阶段：19 世纪末期至第二次世界大战结束

19 世纪末期以来，随着西方国家旅游活动的迅速开展，旅游业开始成为新兴行业，对旅游经济的研究也越来越受到重视。在这一时期，旅游活动的空间范围主要局限于西欧、北美等地区，旅游活动的供给规模和出游人数有限，旅游活动还没有出现国际化和大众化的趋势。在这种特殊的社会环境下，旅游科学研究存在一定的历史局限性，国外学者对旅游经济活动的研究尚处于初步探索阶段。

1899 年，意大利国家统计局局长博迪奥（L. Bodio）发表了《外国旅游者在意大利的流动及花费》一文，从业务角度解释和研究了旅游经济现象，是早期的旅游经济研究文献。1923 年和 1926 年，意大利的尼塞福罗（A. Niceforo）和贝尼尼（R. Benini）分别发表了《外国人在意大利的流动情况》和《关于旅游者移动计算方法的改良》等论文，从统计角度对国际旅游问题进行了较为全面系统的探讨。1927 年，意大利罗马大学的马里奥（A. Mariotti）将旅游经济讲座的内容整理后出版了《旅游经济》讲义，1928 年又出版了该书的续篇，两部书稿合称为《旅游经济学讲义》，首次从经济学角度剖析和论证了旅游经济现象，对旅游经济问题进行了全面系统的研究。1935 年，德国柏林商业大学旅游研究所所长格吕克斯曼（G. Glucksmann）出版的《旅游总论》从经济学和社会学角度系统论述了旅游活动的产生原因及性质、促进旅游业发展的政策和手段以及旅游活动对经济和社会影响。1942 年，瑞士的汉克泽尔（Hunziker）和克拉蒲（Krapf）出版的《旅游总论概要》从经济学和社会学两个方面对旅游现象进行了研究。在这一时期，尽管学者们在旅游经济研究上取得了一定进展，但由于社会环境造成的历史局限性，旅游对社会经济的作用还未完全显现，对旅游经济活动本质和规律的研究仍有待深入。

第二阶段：第二次世界大战以后至今

第二次世界大战结束后至今，随着社会经济的发展及经济全球化趋势的显现，旅游活动已由最初的西欧、北美两大区域迅速辐射到全世界，深入到全球经济体系，逐渐成为推动国民经济和社会发展的重要力量。

1950 年，日本学者田中喜一（Tanaka joy）教授出版的《旅游事业论》从经济学角度对国际旅游进行了深入探讨。1955 年，意大利学者特罗伊西（Mtroisi）出版的《旅游及旅游收入的经济理论》从经济学角度对旅游收入及旅游经济效益进行了深入研究。此外，20 世纪 60 至 80 年代的研究主体是旅游的影响，代表作包括 1969 年美国学者迈克尔·彼得斯（Michael Peters）出版的《国际旅游业》，1975 年世界旅游组织出版的《国际旅游业对发展中国家经济发展的影响》以及 1978 年南斯拉夫翁科维奇（Unkovic）教授出版的《旅游经济学》。20 世纪 80 年代，国外学者有关旅游经济研究的论文和专著大量涌现，研究重点主要在于从宏观角度分析旅游发展的经济效益及付出的代价等。20 世纪 90 年代，国外学者将研究重点转移到预测 21 世纪国际旅游业的发展趋势等。进入 21 世纪，国外学者又注重研究旅游产业与农业、工业以及创意产业等的融合，并出版了大量论著，其中最具代表性的著作之一则是被誉为“创意产业之父”的英国经济学家约翰·霍金斯（John Howkins）在 2001 年所著《创意经济》一书。

在这一时期，旅游经济学这门新兴学科的建设也取得了较大突破。1978 年，南斯拉夫翁科维奇教授的《旅游经济学》一书运用科学的理论分析方法和丰富翔实的数据资料，对旅游经济理论和指导原则进行了全面阐述，对旅游市场的特殊性以及旅游接待国的政策进行了深入探讨，预测了国际旅游业的发展趋势，是具有较大影响力和广泛代表性的现代旅游经济学教材。此后，以田中喜一教授为代表的日本学界也明确提出将旅游经济学纳入旅游学科体系。20 世纪 80 年代，美国夏威夷大学率先开设了旅游经济学课程。20 世纪 90 年代以来，与旅游经济学相关的教科书大量涌现，有力地推动了旅游经济学的研究。

（二）国内旅游经济学的产生与发展

早在 20 世纪 20 年代，中国已有学者对旅游经济的性质、作用等问题进行过初步探讨。但是，由于当时社会环境特殊且中国旅游业尚未形成产业，学者们无法对旅游经济活动进行深入研究。中国学者们真正意义上对旅游经济理论进行的研究主要是从 20 世纪 70 年代末改革开放以后开始的，因此与欧美等旅游业发达的国家相比，中国旅游业的发展起步较晚。

在著名经济学家于光远的提议下，1979 年召开的全国经济科学规划会议将旅游经济学列入国家经济科学研究重点项目序列。1980 年，第一次全国旅游经济座谈会提出中国要建立自己的旅游经济学，从而不断适应旅游业和旅游教育事业的发展。1980 年，沈杰飞和吴志宏合著的《建立适合我国实际的旅游经济学科》一文，在介绍国外旅游经济理论研究发展现状基础上，从旅游学科发展角度对旅游经济学的研究对象、研究内容和研究方法进行了深入思考。20 世纪 80 至 90 年代，国内越来越多的学者开始关注旅游经济问题及旅游学科建设，大量旅游经济学教科书不断问世。1982 年，王立刚和刘世杰主编的《中国旅游经济学》提出了旅游经济的基本范畴，对我国旅游业的基本性质、旅游资源的开发以及旅游发展道路等问题作了初步探索，填补了我国旅游经济理论研究的空白。此外，这一时期旅游经济学的代表作还包括 1986 年林南枝和陶汉军主编的《旅游经济学》，1990 年张汝昌和黄辉实分别主编的《旅游经济学》，1994 年罗明义、吕宛青和杜靖川主编的《现代旅游经济学》，1999 年张辉主编的《旅游经济学》等。进入 21 世纪，学者们对旅游经济的研究更加深入，各种优秀的旅游经济学教科书不断出版。近十年来，旅游经济学教科书的代表作主要包括：2004 年张辉和厉新建编著的《旅游经济学原理》，2007 年田里和牟红主编的《旅游经济学》，2009 年林南枝和陶汉军主编的《旅游经济学》（第三版），2009 年吕宛青主编的《旅游经济学》，2010 年孙靳主编的《旅游经济学》，2010 年张立生等编著的《旅游经济学》等。

各种旅游经济学著作和论文的不断涌现，为研究旅游现象和旅游经济问题提供了丰富的参考资料，为旅游经济学教材的完善提供了理论指导，为旅游经济活动提供了实践参考，同时也进一步推动了旅游经济学的成熟和发展。

二、旅游经济学的学科特点①

（一）旅游经济学属于产业经济学的范畴

从本质属性看，旅游经济学是现代经济学的一个分支，属于产业经济学的范畴。产业经济学主要针对某一产业或领域的经济活动进行研究，揭示该产业运行的内在规律及外在形式。作为一门产业经济学，旅游经济学主要以经济学理论为指导，研究旅游经济活动中的各种经济现象和经济关系，揭示旅游经济运行过程中的特殊矛盾及其经济规律，从而促进旅游产业的可持续发展。

（二）旅游经济学是旅游管理专业的基础学科

旅游经济学主要是在经济学理论指导下，揭示旅游活动在经济领域中所发生的矛盾运动、经济关系及其发展规律的科学。旅游经济学是旅游管理专业的基础学科，要求学生既要掌握旅游经济学的专业基础理论和原理，又要熟悉和了解旅游业的实践，从而为旅游管理专业的研究奠定坚实基础。

① 田里，牟红．旅游经济学［M］．北京：清华大学出版社，2009.

（三）旅游经济学是综合性较强的边缘学科

随着旅游经济的形成和发展，旅游经济学也逐渐发展为一门独立的学科。与其他诸多学科相比，旅游经济学是一门综合性较强的边缘学科。旅游经济学主要以经济学为基础，同时注重综合管理学、心理学、社会学、资源学、统计学等多学科领域的理论知识，借助各学科的理论及研究成果不断丰富研究内容，并对旅游经济活动进行深入系统的分析。

（四）旅游经济学是实践性较强的应用学科

旅游经济学是现代经济学的一个分支。经济学主要揭示整个社会经济发展的一般规律，属于理论经济学的范畴。而旅游经济学则是在经济学一般理论指导下，以旅游经济活动中的特有现象及矛盾为研究对象，揭示旅游经济发展的规律及其作用的条件、范围和表现形式，是实践性较强的应用学科。

第三节 旅游经济学的研究对象

一、研究旅游经济的形成过程及规律

旅游经济学研究的首要任务就是要分析旅游经济的形成条件，揭示旅游活动的商品化过程和客观规律性，分析旅游经济在社会经济发展中的作用及其在国民经济中的地位和影响。

二、研究旅游经济运行的机制及实现条件

旅游经济学从分析旅游需求和供给的形成、变化及矛盾运动入手，揭示旅游经济运行的内在机制，分析旅游市场供求平衡的实现条件及影响旅游经济运行机制的各种因素及变化。

三、研究旅游经济活动的成果及实现状况

旅游经济学研究在旅游经济活动过程中，旅游者、旅游经营者、旅游目的地政府三方各自得到的利益及目标实现的状况。

四、研究旅游经济的地位及发展条件

旅游经济学研究旅游经济与社会经济各产业、部门间的相互关系，对文化和生态环境的作用和影响，以便从整个社会的角度为旅游经济的发展创造良好的条件。

第四节 旅游经济学的研究内容

一、旅游经济活动

旅游经济活动包括旅游经济活动的产生及发展，旅游经济学的形成及特点，旅游经济学的研究对象、研究内容和研究方法等。

二、旅游产品与开发

旅游产品与开发包括旅游产品的概念、特征及类型，旅游产品的使用价值、价值和价格，旅游产品的质量控制和生命周期，旅游产品的开发原则等。

三、旅游需求与供给

旅游需求与供给包括旅游需求和旅游供给的特点、影响因素，旅游需求和旅游供给的规律、弹性及衡量指标，旅游资源开发与旅游承载力，旅游供求关系与调控机制等。

四、旅游市场竞争与开拓

旅游市场竞争与开拓包括旅游市场的特点及功能，旅游市场的类型及细分，旅游市场的竞争，旅游市场开拓战略等。

五、旅游消费与旅游收入

旅游消费与旅游收入包括旅游消费结构及优化、旅游消费行为与消费决策、旅游收入的影响因素、旅游收入乘数效应及旅游收入漏损等。

六、旅游经济核算与效益

旅游经济核算与效益包括旅游经济核算的概念、作用及体系，旅游微观经济效益与评价，旅游宏观经济效益与评价等。

七、旅游经济发展战略

旅游经济发展战略包括旅游经济政策、旅游经济发展战略、旅游经济发展模式及旅游经济活动的发展趋势等。

第五节 旅游经济学的研究方法

为了使旅游经济学的研究成果更具科学性，并能更好地运用于旅游经济活动实践，我们就必须采取科学的研究方法。

一、坚持理论联系实际的方法

一方面，从旅游经济活动的客观实际出发，运用现代经济理论，解决旅游经济发展中的实际问题；另一方面，对旅游经济实践的理论进行归纳和总结，又在实践中进行反复检验，使旅游经济理论体系不断成熟和发展。

二、坚持系统分析的方法

首先要坚持全面分析的方法 ，着眼于旅游经济活动的全局，掌握旅游经济活动的客观规律性；其以要坚持历史的观点和方法，从不同历史时期的角度来分析旅游经济活动；再次是必须对旅游经济进行动态的分析，用发展运动的观点来考察旅游经济的发展规律性。

三、坚持定性分析与定量分析相结合的方法

把定性分析与定量分析结合起来，通过定量分析揭示各种旅游现象之间的变动关系及发展趋势，为定性分析提供科学的依据；通过定性分析，准确界定事物的本质和属性，为定量分析提供指导，达到事物质和量的统一。

四、坚持运用多学科知识的方法

旅游经济的研究涉及多种学科，要拓宽思路，开阔眼界，充分运用其他学科的最新研究成果，丰富本学科的内容，提高旅游经济的研究水平和对实践的指导。

【复习思考题】

1. 如何认识旅游经济活动的产生及发展。
2. 旅游经济活动的特点是什么？
3. 旅游经济学具有哪些学科特点？
4. 旅游经济学的主要研究内容是什么？
5. 旅游经济学有哪些常用的研究方法？
6. 试举例说明你对某一旅游经济活动的理解。

【阅读材料1】

美国运通公司的旅游业务[①]

美国运通公司（American Express）创立于1850年，总部设在美国纽约。美国运通公司是国际上最大的旅游服务及综合性财务、金融投资及信息处理的环球公司，在信用卡、旅行支票、旅游、财务计划及国际银行业占据领先地位，是在反映美国经济的道琼斯工业指数30家公司中唯一的服务性公司。

1. 美国运通旅行社的发展

美国运通旅行社是美国最大的旅行社，也是世界上最大的旅行社之一。该旅行社于1850年在美国的纽约州包法罗市建立，起初经营货物、贵重物品和现金的快递业务。1882年，美国运通公司推出自己的汇票，并且立即获得成功。

1891年，美国运通公司推出第一张旅行支票，公司以良好的信誉为其所发行的旅行支票作担保，并且保证接受这种支票的人不会蒙受任何损失。假如支票被盗或是支票上的签名被人仿冒，美国运通公司保证承担损失。公司不靠发行旅行支票的手续费营利，而是靠每年数十亿美元的浮存进行投资。同年，美国运通公司建立欧洲部，并于1895年在巴黎建立了第一家分公司，随后又先后在伦敦、利物浦、南开普敦、汉堡、不莱梅等城市建立了分公司。很快，美国运通公司的办事处和分公司遍布整个欧洲。

在旅游市场巨大发展潜力的诱惑下，美国运通公司于1915年设立了旅行部。1916年，旅行部组织了远程旅游团，其中包括前往远东地区和阿拉斯加的旅游客轮以及前往尼亚加拉大瀑布和加拿大的包价旅游团。1922年，美国运通公司开始经营通过巴拿马运河的环球客轮旅游。在整个20世纪30年代，美国运通公司开始实施大规模的国内旅游业务计划，公司创办了著名的乘火车前往美国西部地区旅游的旗帜旅行团，项目包括交通、住宿、游览观光、餐饮等内容。

第二次世界大战结束以来，美国运通公司获得了巨大发展，现已成为世界上最大的旅行和金融集团。除了旅行部和旅行支票部之外，美国运通公司还设有银行部、投资部和保险部。另外，美国运通公司发行的信用卡还是国际上使用的主要信用卡之一。美国运通公司是全球最大的独立信用卡公司。在美国运通公司提供的众多金融及旅游产品及服务中，美国运通卡为知名度最高的产品。自1958年美国运通卡首次发行，以不预设消费限额及提供高水准服务而享有世界第一流消费卡声誉，为千百万美国运通卡会员及全球绝大多数跨国公司采用，美国联邦政府系统也全面采用美国运通公司卡及商务旅行服务。

目前，美国运通公司已成为全球最大的旅游服务公司，通过在全世界120多个国家的近2 300个美国运通旅游办事处这一庞大网络，向美国运通卡会员及顾客提供统一标准及一流的旅游服务。公司于1891年发行的美国运通旅行支票，目前以十余种货币

---

① 阅读材料来源：美国运通公司网站：http：//www.americanexpress.com.

发行，在全球旅行支票市场中占领先地位。

2. 美国运通公司在中国

早在1918年，美国运通公司已在上海成立办事处发展业务。美国运通公司凭借其已有的服务机构和正在发展的合作项目，在中国建立了一个最广泛的旅游和财务服务网络。美国运通公司是最早在中国为其全球客户提供服务的公司之一。1979年，美国运通公司在北京成立了第一个办事处，此后分别在上海、广州和厦门等地开设了办事处，中国国际旅行社（国旅）办事处作为其旅游代理遍布全国各地。

（1）美国运通公司与中国旅游业的发展

1987年，美国运通公司在故宫开展“文物保护计划”。美国运通基金会出资为故宫制作了第一个有三种语言（英文、中文和日文）的指示铜牌，引导游人参观故宫。

1981—1991年，美国运通基金会共为中国国家旅游局和中国国际旅行社（国旅）设立了19个海外奖学金项目。

1992年，美国运通公司在北京与中国旅游学院合办了旅游培训中心。

1994年，美国运通卡被中国国家旅游局指定为中国官方旅游信用卡，赞助一系列市场推广活动来吸引国际旅游者来华旅游。

1997年，美国运通公司捐款3万美元，对位于四川广汉的商代历史遗迹三星堆进行关键性的维修。

1998年，美国运通公司出资3万美元用于修缮北京先农坛内始建于1420年的具服殿。

2000年及2001年北京国际音乐节及上海喜力网球公开赛，积极支持中国文化及休闲活动的发展。

2002年1月，美国运通公司与中国国际旅行社总社（国旅）一起创建了国旅运通旅行社有限公司，这是中国首家中美合资的商务旅行社。

（2）美国运通卡

在中国，包括酒店、餐厅、商店、航空公司等众多窗口行业都接受美国运通卡签账，商户网络遍布全国逾400个城市。另外，美国运通公司还与中国银行及中国工商银行分别签署了共享自动提款机合作协议，使美国运通卡会员可以在中国逾3 000台自动提款机便捷地提取人民币。

（3）旅游及会员服务

美国运通公司的办事处为美国运通卡会员提供以下服务：挂失及补办新卡、挂失旅行支票、会员咨询、会员缴付卡务账项、代收客户邮件及旅游协助等。此外，美国运通公司与国旅保持着长期的合作关系。国旅是处于领先地位的国有旅行社，1993年，国旅担任美国运通公司在中国的旅游服务代理。此后，美国运通公司将全国30多个国旅办事处发展成为美国运通旅游服务代理。

（4）旅行支票

美国运通旅行支票是一种受欢迎的现金代用品，在中国占有较高的市场份额。1980年，中国银行率先办理美国运通旅行支票的销售和补偿业务。目前，中国银行、交通银行、中信实业银行、中国农业银行、中国工商银行和中国建设银行等遍布全国多个城市的营业点均能办理美国运通旅行支票业务。

【阅读材料 2】

携程旅行网概览①

一、公司简介

携程旅行网（http://www. ctrip. com/）是中国领先的在线旅行服务公司，创立于1999年，总部设在中国上海。携程旅行网向超过5 000万注册会员提供包括酒店预订、机票预订、度假预订、商旅管理、高铁代购以及旅游资讯在内的全方位旅行服务。目前，携程旅行网拥有国内外5 000余家会员酒店可供预订，是中国领先的酒店预订服务中心，每月酒店预订量达到50余万间/夜。在机票预订方面，携程旅行网是中国领先的机票预订服务平台，覆盖国内外所有航线，并在45个大中城市提供免费送机票服务，每月出票量40余万张。

二、网站概况

携程旅行网目前已在北京、广州、深圳、成都、杭州、厦门、青岛、南京、武汉、沈阳、南通、三亚等多个城市设立分公司，员工超过10 000人。

作为中国领先的在线旅行服务公司，携程旅行网成功整合了高科技产业与传统旅行业，向超过4 000万会员提供集酒店预订、机票预订、度假预订、商旅管理、特惠商户及旅游资讯在内的全方位旅行服务，被誉为互联网和传统旅游无缝结合的典范。凭借稳定的业务发展和优异的盈利能力，携程旅行网于2003年12月在美国纳斯达克成功上市。

携程旅行网的度假超市提供近千条度假线路，覆盖海内外众多目的地，是中国领先的度假旅行服务网络，每月为万余人次提供度假服务。携程旅行网的VIP会员还可在全国主要商旅城市的近三千家特惠商户享受低至六折的消费优惠。携程旅行网除了在自身网站上提供丰富的旅游资讯外，还委托出版了旅游丛书《携程走中国》，并委托发行旅游月刊杂志《携程自由行》。

三、行业竞争格局

携程目前占据中国在线旅游50%以上市场份额，是绝对的市场领导者。主要竞争对手有：目前已被全球第一大在线旅行公司Expedia控股的e龙以及分别背靠大型国有控股旅游集团、拥有雄厚的资金保障和丰富的旅游资源的遨游网和芒果网。

四、核心优势

1. 规模管理

服务规模化和资源规模化是携程旅行网的核心优势之一。携程拥有亚洲旅行业首屈一指的呼叫中心，其坐席数已近4 000个。携程同全球134个国家和地区的28 000余家酒店建立了长期稳定的合作关系，其机票预订网络已覆盖国际国内绝大多数航线，送票网络覆盖国内52个主要城市。规模化的运营不仅可以为会员提供更多优质的旅行选择，还保障了服务的标准化，进而确保服务质量，降低运营成本。

① 阅读材料来源：http：//baike. baidu. com/view/937759. htm.

2. 技术领先

携程一直将技术视为企业的活力源泉，在提升研发能力方面不遗余力。携程建立了一整套现代化服务系统，包括客户管理系统、房量管理系统、呼叫排队系统、订单处理系统、E-Booking 机票预订系统、服务质量监控系统等。依靠这些先进的服务和管理系统，携程为会员提供更加便捷和高效的服务。

3. 体系规范

先进的管理和控制体系是携程的又一核心优势。携程将服务过程分割成多个环节，以细化的指标控制不同环节，并建立起一套测评体系。同时，携程还将制造业的质量管理方法——六西格玛体系成功运用于旅行业。目前，携程各项服务指标均已接近国际领先水平，服务质量和客户满意度也随之大幅提升。

五、产品及服务

1. 旅游度假产品

目前携程度假提供数百条度假产品线路，包括"三亚"、"云南"、"港澳"、"泰国"、"欧洲"、"名山"、"都市"、"自驾游"等20余个度假专卖店，每个"专卖店"内拥有多条不同产品组合线路。客人可选择由北京、上海、广州、深圳、杭州、成都、南京、青岛、厦门、武汉、沈阳等地出发。

2. 酒店预订服务

携程旅行网拥有中国领先的酒店预订服务中心，为会员提供即时预订服务，合作酒店超过32 000家，遍布全球138个国家和地区的5 900余个城市，有2 000余家酒店保留房。

3. 高铁代购服务

携程于2011年7月5日推出高铁频道，为消费者提供高铁和动车的预订服务。

【案例分析1】

国际最佳旅游联盟的资源整合与共享①

为了进一步拓展入境旅游客源市场，实施整合营销战略，实现"打造价格洼地、构建服务高地"的战略目标，一个联合了18个国家和地区的24家知名品牌旅行社、4家国际航空公司、10家国际品牌酒店、13个精品景区及国内15个城市旅游行政管理部门的庞大"国际最佳旅游联盟"于2010年4月4日在都江堰正式成立。

一、阵容强大——84家国内外涉旅单位结盟

国际最佳旅游联盟是由成都市旅游局、成都市旅游协会、港中旅国际成都旅行社、携程计算机技术公司、亚洲旅游有限公司、成都中青旅、都江堰政府联合日本、韩国、德国、法国、瑞士、奥地利、加拿大、英国、美国、新加坡、马来西亚、泰国、新西兰等国家和中国台湾、中国香港、中国澳门地区的24家知名旅行社，以及荷航、华

① 案例来源：四川新闻网——《成都日报》(http://cd.qq.com)，2010-04-05.

航、国航、川航和锦江宾馆、喜来登、皇冠假日、索菲特万达、凯宾斯基、香格里拉、洲际、新东方千禧、城市名人、宜必思等国际酒店和10多个中国西部精品旅游景区、地方政府和旅游管理部门、旅游协会共同组建的民间旅游营销组织。该联盟是一个阵容强大的国际性旅游联盟，包含了84家国内外涉旅单位。

2009年，成都市通过整合成都市域内的旅游资源（景区、酒店、旅游车公司、旅游餐饮、旅游购物等要素），组建了成都市“最佳旅游联盟”，并通过发行熊猫卡开展最佳旅游服务，国内旅游市场得到快速恢复发展，全市国内旅游接待人数和国内旅游收入均超过震前水平。此次成立的国际最佳旅游联盟将以营销精品旅游线路产品为核心，目标是形成大产业、大市场、大旅游的发展格局，最终实现资源共享、市场共育、客源互送、利益共享、服务最佳的目标。

二、共同营销——打造最佳旅游服务品牌

国际最佳旅游联盟分城市联盟、旅行社联盟和航空公司、旅游景区、酒店联盟三大联盟。

在城市联盟方面，盟员单位将建立沟通协调合作机制，联合营销开拓旅游市场。联盟将以旅游线路为纽带，整合各自资源优势，突出特色，整体打造联盟旅游形象，共同设计开发精品旅游线路，形成能够吸引境外不同客源群体需要的旅游产品体系，每年共同制订境外旅游市场推广计划。通过3~5年的培育发展，力争将国际最佳旅游联盟打造成为国内最佳、国际知名的国际旅游营销组织和最佳旅游服务品牌。

国际最佳旅游联盟成立后，还将搭建旅游信息共享平台，实现盟员间旅游咨询站（点）资源共享，并针对盟员城市开展旅游服务咨询活动。此外，还将建立盟员共享的旅游招商项目库，为境外旅游投资者提供旅游投资的权威信息，引导鼓励投资者独立或联合开发城市内的旅游项目。

三、境外营销——百万张熊猫金卡5月发放

作为最佳旅游联盟成立后的重要举措，2010年5月，联盟将针对境外游客发放100万张熊猫金卡。此次即将发放的百万张熊猫金卡，主要是为了刺激入境旅游的恢复。根据计划，将由政府牵头制作一本旅游的杂志，熊猫金卡则将附在杂志里面赠送给游客。杂志的内容主要是各盟员单位的信息，其中包括中国的西部旅游信息，比如有哪些最好的旅游产品以及持卡游客可以享受的优惠等。这本杂志只在境外发放，境外游客到当地旅行社、书店都可以买到这本杂志。熊猫金卡首批计划发放100万张，开卡后一年内有效。持卡的境外游客除了到金沙遗址博物馆、青城山—都江堰景区、峨眉山—乐山大佛景区等众多景区可享受门票折扣优惠外，到西安华清池景区、桂林独秀峰—王城景区、甘肃嘉峪关景区、贵阳南江大峡谷等国内景区也有优惠。

案例思考题：

1. 国际最佳旅游联盟的成立将会对盟员单位旅游业的发展产生哪些影响？

2. 试结合本案例思考目前旅游经济活动的新变化，并分析应采取哪些措施来应对这些新变化。

【案例分析2】

2010—2011年我国居民休闲消费达2.2万亿[①]

本报讯（记者徐万佳）《2010—2011年中国休闲发展报告》日前发布。报告显示，2010年我国居民休闲消费中最核心部分的规模约为2.2万亿元，相当于社会消费品零售总额的14.2%，相当于GDP的5.51%。

报告从消费角度对去年休闲相关产业的规模进行了大致估算，涵盖了消遣旅游类休闲消费、文化娱乐类休闲消费、体育健身类休闲消费、休闲餐饮类消费等不同类型。其中，全国城乡居民以“观光游览”、“度假休闲”、“探亲访友”等为目的的旅游类休闲消费规模约为1.01万亿元，占到整个休闲产业规模的近50%，国民旅游主体地位更加突显；家庭文化娱乐类的休闲消费支出约为3 485亿元；居民全年休闲体育消费总额约为2 543亿元；休闲餐饮消费约为4 400亿元。统计显示，2010年我国休闲相关产业规模为2.2万亿元，相当于社会消费品零售总额的14.2%，相当于GDP的5.51%。

报告指出，“十一五”是我国休闲发展快速起步的重要时期，“休闲”首次出现在国家领导人的讲话和社会经济发展的总体部署中，并且“引导休闲度假发展”被确定为旅游行政主管部门的职责。目前积极引导和推进休闲发展已经进入国家发展战略，“十二五”期间，休闲相关产业将迎来快速发展的黄金时期。

报告对近年来中国居民休闲生活发展状况也进行了分析，并指出随着改革开放的深化和人民生活水平的提高，休闲已经开始进入普通百姓的家庭，并逐渐成为日常消费的重要组成部分。

案例思考题：

1. 结合案例分析我国居民旅游休闲活动对整个休闲业的贡献。
2. 试述旅游经济发展对整个国民经济发展的重要意义。

① 案例来源：《中国旅游报》，2011-06-01.

第二章　旅游产品与开发

【本章学习目标】

通过本章的学习，对旅游产品的概念有所了解，对旅游产品与旅游资源和旅游吸引物的关系有所认识，明确旅游产品的使用价值、价值和价格，熟悉旅游产品的质量控制和生命周期，掌握旅游产品的开发原则。

第一节　旅游产品概述

一、旅游产品的内涵

（一）旅游产品的概念①

到目前为止，旅游学界对于旅游产品的概念还没有一个统一的认识。在关于旅游产品概念的众多表述中，就旅游管理的实体性（旅游企业）和针对性而言，学者谢彦君对于旅游产品的定义更具有可操作性。

谢彦君认为，旅游产品是指为满足旅游者的愉悦需要而在一定地域上被生产或开发出来以供销售的物象与劳务的总和。这一定义所包含的命题是：第一，旅游产品是专门出卖给旅游者而生产或开发出来的，是商品，所以旅游产品与旅游商品同义。第二，旅游产品的生产有两种方式，一种是依赖于旅游资源所做的开发，从而生产出一种资源依托型旅游产品（Resource - Based Tourist Product）；而另一种是凭借拥有的人、财、物力资源而仿造或创造的旅游产品，从而生产出一种所谓资源脱离型旅游产品（Resource - Free Tourist Product）。第三，旅游产品主要供旅游者购买（但不完全排斥非旅游者购买和使用），功能上具有可观赏性或愉悦性，空间上具有地域性。第四，旅游产品可以有物质实体，也可以仅仅是某种物象。第五，旅游产品都或多或少地含有人类专门为旅游目的地而投入的劳动，但绝不能没有人类的这种劳动投入，否则，就不成其为旅游产品。第六，各种媒介要素（包括饭店、交通设施等各种接待性产业要素）不是旅游产品，但它们可以构成旅游产品利益的追加组成部分。第七，旅游产品不包括旅游购物品。事实上，旅游购物品（旅游者在旅游过程中所购买的可以携带回家或在旅游途中消费掉的物品，典型的如旅游纪念品）在经济学意义上与一般消费品

① 谢彦君．基础旅游学［M］．北京：中国旅游出版社，2004．

没有本质的区别，但与真正的旅游产品却又很大不同。按照这一定义，最典型最核心的旅游产品形式就是已经被开发出来的旅游地，它是出于交换的目的而开发出来的能够向旅游者提供审美和愉悦的客观凭借的空间单元。

（二）旅游产品与旅游资源和旅游吸引物的关系

旅游产品与旅游资源、旅游吸引物三者尽管有着密切的联系，但在概念上并非一回事。对此，谢彦君也进行了比较清楚的论述。他认为，旅游资源不同于旅游产品，它的本体的存在不以人的意志为转移，人的意志只能决定这种资源何时可作为或视为旅游资源。旅游资源在经济上的价值总是潜在的。而旅游吸引物是一个更为松弛、宽泛的概念，缺乏经济学上的规定性，也较少有语意学上的严格限制。所以，不应该把旅游吸引物毫无区别地与旅游产品或旅游资源加以混合使用。但是，旅游吸引物和旅游产品及旅游资源关系密切。整个旅游吸引物系统包括一个核心圈层和两个支持层次。旅游产品和旅游资源构成旅游吸引物系统核心圈层的主体，成为吸引旅游者的最根本因素；旅游目的地的各种旅游支持系统（如住宿设施和各种基础设施等）以及由旅游目的地所传达出的各种信息，甚至逗留在旅游目的地的旅游者本身，无疑也都构成了对旅游者有吸引力的成分，但这二者既不是旅游资源，也不是旅游产品。在一般的使用中，许多人将旅游产品、旅游吸引物和旅游资源混为一谈，这在学理上是有矛盾的，应该引起注意。

二、旅游产品的特征

产品是一个经济学概念，相对于一般的经济意义上的产品，旅游产品具有其特殊性。由于对旅游产品的概念认识存在一定差异，因而学界对于旅游产品特征的表述也并不完全一致。

吴必虎认为，与可在封闭厂房内生产的服装、土地上种植的水果、生产后运输再销售的普通商品都不同，旅游产品具有多部门综合、产销同时、不可储存、难以替代等特征。① 谢彦君认为，旅游产品的特性主要有：功能（效用）上的愉悦性，空间上的不可转移性，生产与消费的不可分割性，时间上的不可储存性，所有权的不可转让性。② 田里认为，旅游产品的特殊性主要表现在：①旅游产品是一种整体性产品。现代旅游活动是一种综合性的社会、经济、文化活动，要满足旅游者物质、精神等多方面的需要，因而要求旅游产品的内涵也必须是丰富多样的。②旅游产品是一种动态性产品。从旅游者的角度来看，旅游产品是指旅游者花费一定时间、精力和费用所获得的一段旅游经历。这个经历包括旅游者从离开常住地开始到旅游结束归来的全部过程中，对所接触的各种事物和所接受的服务的综合感受。由于人的需要是不断变化的，因此旅游产品不同于一般物质物品具有稳定的形态，随着旅游需求的变化，旅游产品在内容、组合结构、服务质量上存在差异性。旅游产品的动态性一方面体现了其满足旅游

① 吴必虎．旅游学概论［M］．北京：中国人民大学出版社，2009.

② 谢彦君．基础旅游学［M］．北京：中国旅游出版社，2004.

者需求的灵活性，另一方面也增加了旅游产品和服务的难度。因此，旅游产品的动态性特征要求旅游产品在各种单项产品和产品质量上应该是配套的，保证整个旅游活动过程各个环节的衔接和配合，才能使旅游者获得良好的旅游感受。③旅游产品是一种服务性产品。旅游者的旅游活动主要是一种心理上的感受和精神上的满足，因此旅游经营者所提供的旅游产品是以服务为主的产品，即旅游经营者凭借一定的旅游资源和旅游设施，向旅游者提供各式各样的劳务以满足旅游者的需求。旅游服务是与有一定使用价值的有形物质结合在一起的旅游资源、旅游设施和设备，有时甚至消耗一定的原材料才能实现，这就是旅游产品与一般服务品的最大区别。①

综合以上对于旅游产品特征的表述，同时联系旅游产品的经济属性和文化属性可知，旅游产品在以下方面的特殊性应当引起特别重视：

（1）旅游产品的审美性。旅游活动从本质上说是一种审美活动，无论是观光、度假还是休闲，人们总是期待精神得到愉悦，得到美的享受，因而旅游产品具有审美性。

（2）旅游产品文化传播的社会责任性。毫无疑问，旅游产品是一种文化产品，文化产品的本质属性就是传播文化。与其他产品不同的是，旅游产品传播的文化应该是一种正面的、积极向上的文化，而并非低级的、媚俗的文化。也就是说，作为一种文化消费的旅游活动，旅游工作者应该做的是引领“时尚”，而非一味的迎合市场。

（3）旅游产品所有权的不可转让性。与其他产品不同的是，旅游者购买的旅游产品主要是其“使用价值”，但是产品的所有权并没有进行转移。譬如旅游者购买门票欣赏景区的秀美风光，这仅仅是“消费”了风景的美，这种美可以在旅游者离开景区后继续保留在其脑海中，但是这种美所附着的相关载体却不可以被旅游者带走。正因为如此，我们必须考虑到旅游产品的可持续发展。

三、旅游产品的类型

对于旅游产品的类型，目前的分类法主要有“二分法”、“三分法”和“五分法”。

（一）旅游产品的“二分法”②

“二分法”认为，旅游产品从构成看可以分为两种：一种是核心旅游产品（Core Product of Tourism），另一种是组合旅游产品（Package Product of Tourism）。前者是旅游产品的原初形态，具有能满足旅游者愉悦需要的效用和价值；而后者是旅游产品的终极形态，是旅游企业或旅游相关企业围绕旅游产品的核心价值而作的多重价值追加，这种追加既可以发生在生产领域，也可以发生在流通领域；既可以由旅游产品的生产企业来完成，也可以由旅游产品的销售企业来完成。通过这种追加，有的旅游产品甚至具有几乎可以满足旅游者旅游期间一切需要的效用与价值。

此外，如果从旅游产品与旅游资源之间的关系考虑，“二分法”还可以表述为资源依托型旅游产品和资源脱离型旅游产品。也就是说，在现实当中所有的旅游产品可归

① 田里. 旅游经济学［M］. 北京：科学出版社，2004.
② 谢彦君. 基础旅游学［M］. 北京：中国旅游出版社，2004.

结为两大类：一类是从旅游资源开发而产生的，另一类是借助于对可获得的人力、物力和财力资源的重新组合并经过加工过程而生产创制出来的。这种分类有着十分重要的理论意义和现实意义。从理论上说，这种分类解决了人们长期以来面临的旅游资源与旅游产品混淆不清的困扰。而在实践上，区别资源依托型旅游产品与资源脱离型旅游产品在性质和特征上的差别有助于对它们采取不同的宏观政策和经营对策。从性质上来看，资源依托型旅游产品更多地保留了旅游资源的特征。比如，对应于旅游资源的自在性特点，资源依托型旅游产品一般是不可更新的，不能加以创造的，而仅仅是开发的产物。相反，资源脱离型旅游产品由于其生成与旅游资源无关，是人类创意与财力物力相结合的产物，因此是可以更新和仿建的。

（二）旅游产品的“三分法”①

“三分法”认为，旅游产品由于在市场交换中存在的方式不同，具体又可以区分为不同的形态，形成一个不同层次的旅游产品概念体系。

1. 单项旅游产品

单项旅游产品是指旅游者在旅游活动中向不同的旅游经营者多次购买的，有关食、宿、行、游等某一方面或几方面的物品或服务。例如飞机上的一个机座、酒店里的一间客房、景区里购买的一个旅游纪念品、景点的一次导游讲解都属于单项旅游产品。单项旅游产品的经营部门和企业可以是不同的景区、景点、航空公司、宾馆、旅行社，它们围绕各自特定的目标开展独立的经营活动，提供特定的旅游服务，而旅游者可以根据自己的特殊需要随机购买。

2. 组合旅游产品

组合旅游产品是指旅行社根据旅游市场的需求，把多个单项旅游产品组合起来提供给旅游者，以满足其在食、宿、行、游、购、娱等多方面的需要。组合旅游产品又称为旅游线路产品，如旅行社所提供的综合报价旅游，是团体旅游者经常购买和消费的旅游产品形式。

3. 整体旅游产品

整体旅游产品是指“某一旅游目的地能够提供并满足旅游者需求的全部物质产品和服务，又称为旅游目的地产品。”整体旅游产品作为一个区域性的概念，既包含该地区旅游经营者可以提供的全部单项旅游产品，又包含该地区旅行社能够提供的各种旅游线路产品。在旅游市场上，与旅游者发生交换关系的主要是旅游目的地整体旅游产品中的单项部分和线路部分，而不是整体旅游产品本身。整体旅游产品可以分为观光旅游产品、度假旅游产品、会议旅游产品、特种旅游产品等多种产品类型，区分整体旅游产品及其种类可以正确地把握旅游目的地的特色和优势，做好旅游目的地的宣传和促销。

（三）旅游产品的“五分法”

“五分法”以吴必虎的“旅游产品树”为代表，该理论认为，如果既考虑旅游产

① 田里. 旅游经济学［M］. 北京：科学出版社，2004.

品的基本要素（即吸引物、设施、服务三大要素），又考虑按照不同的人类旅游活动功能需求表现出不同程度的搭配，同时还考虑各地具备的资源条件、区位条件和社会经济背景，基本上可以将错综复杂、层出不穷的旅游产品以树状图的形式加以表现，从而提出了著名的“旅游产品树”理论。树干代表旅游产品；树根是形成旅游产品的三大要素，包括吸引物、设施和服务等；而五个主枝代表旅游产品的五大类型：观光益智旅游产品、休闲娱乐度假旅游产品、商务会展节事旅游产品、专项（主题）旅游产品和特殊兴趣旅游产品；在五个主枝之上长出的细枝代表各种具体的旅游产品。树木的不断生长代表了旅游产品的不断动态变化，树枝生长的交叉错结代表了旅游产品分类的不确定性和相互叠加或交叉。①

第三节　旅游产品的使用价值、价值和价格

一、旅游产品的使用价值②

根据马克思政治经济学理论，一切商品都有使用价值，使用价值是价值产生的前提和基础，没有使用价值的物品就没有价值，这一理论同样适合于旅游产品。使用价值是旅游产品价值产生的前提，旅游产品的使用价值即是该产品满足人们精神或者物质方面需求的属性。当然，同一般的物品相比，旅游产品的使用价值具有自身的特性。

（一）旅游产品使用价值的综合性与多效用性

一般商品只满足人们的某种主要需求，即一般商品的使用价值只有一个。旅游产品则不同，它是综合性的劳务产品，因而其使用价值也具有综合性，能满足旅游者在旅游过程中多方面、多层次的需求。旅游产品既能满足游客物质方面的需求，如旅游过程中的食、住、行等基本生理需求，同时又能满足游客精神方面的需求，如观光、游览、娱乐等心理需求。因此，旅游产品的使用价值不是单一的，而是综合性的和多效用的。但是，由于旅游者外出旅游主要是为了获得精神方面的满足，因此，满足旅游者精神文化层面上的需求是旅游产品使用价值的根本所在。

（二）旅游产品的使用价值可以分为基本部分和附加部分

在旅游产品的使用价值中，基本部分是旅游产品使用价值中必不可少的部分，如旅游过程中的食、住、行、游等。附加部分是旅游产品使用价值中可有可无的部分，如旅游者在旅游过程中突发疾病，经营者要及时提供帮助，旅游者在旅游过程中丢失贵重物品，导游人员要及时帮助寻找并报警。这些帮助和服务并不是在每一次旅游过程中都会发生的。

---

① 吴必虎．旅游学概论［M］．北京：中国人民大学出版社，2009．
② 宋伟良．旅游经济学［M］．武汉：华中师范大学出版社，2006．

（三）旅游产品的使用价值对游客来说具有暂时性

就一般产品而言，购买者在购买后即获得商品的所有权和使用权。而旅游产品则不同，旅游产品的交换（购物除外）不转移所有权，旅游者购买旅游产品只获得其暂时的使用权，不可能长期独占和享受其使用价值。尽管将旅游产品简单地归结为“劳务产品”值得商榷，但在目前的旅游经济学语境下对旅游产品的使用价值进行这样的归纳也有其合理之处。

二、旅游产品的价值

价值是凝结在商品中的无差别的社会劳动，我们仍然可以循着这一理论来谨慎地理解旅游商品的价值。之所以说“循着这一理论”，是因为在一定条件下可以参照这种理论，而“谨慎”的理由则在于部分问题尚有争议。如果根据谢彦君的“二分法”将旅游产品分为资源依托型旅游产品和资源脱离型旅游产品，则人们对于资源脱离型旅游产品价值量的确定是比较统一的。“毫无疑问，资源脱离型旅游产品的价值完全取决于产品生产过程中的全部劳动投入，包括物化劳动和活劳动。完全为旅游者而创制且与旅游资源没有依赖关系的人工产品，其劳动投入是可以清晰地加以核算的，其内含的价值量也不难确定。”① “作为现代旅游产业发展中人们纯粹为了旅游目的而新建造的有些旅游资源，如文化娱乐场所、主题公园等人造景观，都是为了旅游交换而生产的现代人类劳动的产品，既然如此，当然它们是有价值的。”②

有争议的在于资源依托型旅游产品。谢彦君认为资源依托型旅游产品是由既有的旅游资源开发而形成的，构成这种旅游产品的价值的主体成分的不是追加的劳动，而是自然或社会的既有赋存。换言之，这些旅游产品今天所拥有的经济价值并不完全取决于为生产而投入的经济资源的多少，相反，它在旅游意义上的稀缺性才是决定其经济价值的依据。在这种旅游产品中有三种主要的形式，而它们的价值构成情况是几乎完全不同的，衡量的方法也就应该有所差异。

首先，对于依赖自然旅游资源而开发出的旅游产品来说，如果按照开发的实际劳动投入来计算旅游产品的价值量，并依照这种认识进行产品经营，势必要导致掠夺性的旅游开发。社会一方面对来自经营者靠野蛮、粗放的方式掠夺资源形成的虚假效益进行虚假分配；另一方面却由于大量的资源赤字、价值补偿不足，导致生态环境急剧恶化，造成总体上的经济、社会和生态效益的惊人损失。这种忽视从整个社会的角度考察研究旅游资源价值补偿问题的做法，势必造成旅游产品价值构成不完整，使作为补偿消耗部分的价值 C 和新创造的价值 V + M 之间缺乏合理的比例关系和清晰的数量界限，结果会使旅游产品的社会再生产和价值运动就像一个偏心轮一样做不规则运转。在这种情况下，由于作为生产要素之一的旅游资源的耗费被人为地排斥在旅游产品价值构成要素之外，不参与生产价值的运动，致使旅游产品市场上价格信号扭曲，从而

① 谢彦君．基础旅游学［M］．北京：中国旅游出版社，2004．

② 李肇荣，曹华盛．旅游学概论［M］．北京：清华大学出版社，2006．

很难对市场上的总需求与总供给做出精确的计算和比较。

其次，以人文资源为基础开发出来的旅游产品，也同样存在着价值量的确定问题。人文资源或者是人类劳动的产物，如各种工程建筑，或者是社会历史过程的结果，如社会风情和习俗。对于前者，无疑它们都凝结着人类的智慧和汗水，是有价值之物。但是，这种人文景观的原始价值与现在价值相比，不管在量上还是在性质和指向上都存在着巨大的差异。现在价值越来越偏离原本的经济价值（事实上许多古代文物本身并不具有真正意义上的经济价值，其现在价值仅仅是其他多种价值的表现而已），而是表现为时间变量的函数，两者间存在着明显的正相关关系。随着时间的推移，特定的人文景观的价值会因其替代景观的泯灭和其自身濒临生命的末日而日渐珍贵，因此，该人文景观在人们心目中的地位便与日俱增。在这里，我们再一次看到了由于稀缺性和市场供求关系的影响而对人文景观价格形成的影响。人文景观旅游产品的价值构成，虽然在原始意义上是人类劳动的凝结，但其现在价值却远远地摆脱了这种约束。

对于社会风情来说，它是旅游对象物中极为特殊的一部分，对它的理解也显得十分困难。这里既有哲学和经济学上的认识论问题，也有伦理学上的价值观问题。但是，既然“社会风情”已经频繁地被纳入到旅游产品销售者的产品组合之中，再固执地坚持社会风情不是产品，恐怕也不好自圆其说。然而，商品是以出卖为目的而生产的产品。我们又能肯定哪一种社会风情是为“出卖”而生产出来的呢？

实际上，当我们能把社会风情这种旅游资源置于旅游资源和旅游产品的整体概念框架中加以理解时，这种困惑是可以解除的。我们总在遇到旅游者利用旅游资源但却不是以购买的方式利用的问题。这也就是说，旅游产品与旅游资源虽然都是旅游的对象物，但二者是可以分离的。有些旅游资源虽然也可以为旅游者所利用，但依然停留在资源状态，比如旅游者在完全以社会风情为旅游目的物时，一般旅游者并不需要为旅游（仅指观赏社会风情的过程）付费，那么，这时的社会风情就不是旅游产品。在生活中，真实的社会风情既不是为出卖而生产出来的，也不能指定其生产者和所有者——甚至国家也不会充当收费人，因为社会风情这种资源不像自然资源那样为国家所有，从而也就不太可能成为旅游产品。旅行社若把这种资源纳入到其产品组合之中并作为唯一的旅游目的物，那么，它卖出的也仅是服务品，不是旅游产品。当然，我们也看到人们在“生产”着“社会风情”，如某些民俗文化村的“社会风情”表演使得社会风情真的成为了旅游产品，然而这只是一种资源脱离型旅游产品，而不是真正意义上的民俗或文化。这种资源脱离型旅游产品的价值量的构成便是开发和“演示”这种旅游产品的全部物化劳动和活劳动的投入量。

总之，凡是资源依托型旅游产品，都应该充分考虑旅游资源的价值。自然旅游资源是有限的、稀缺的，人文旅游资源是历史的，因此也同样是稀缺的。在确定由这些旅游资源开发出的旅游产品的价值量时，只有充分考虑这一点，才能合理地补偿资源的价值。对于一些以旅游资源状态存在但还不是旅游产品的旅游对象物（如社会风情、城市风貌等）而言，如果考虑到文化、社会风情等旅游资源也会随着旅游的发展而泯灭或崩溃，那么，即使它们目前不是旅游产品，是否也应考虑予以补偿呢？答案很可能是肯定的。因为，文化多样性的意义在今天已经不亚于生物多样性了。①

但是，面对同样的问题，学界却有截然相反的思考。旅游资源是否具有价值不能一概而论，而应针对具体情况作具体的分析。其一，从严格的经济学意义看，有些旅游资源本身是没有价值的。这些旅游资源主要包括两种：第一种是纯粹的自然旅游资源。它本身是自然形成物，而不是人类劳动的产物，在其形成过程中没有人类抽象劳动的凝结，因此便没有价值。第二种是人文旅游资源中的各种历史遗产、文物古迹等。虽然它们是前人劳动的产物，人们在历代维护保养过程中也付出了大量的劳动，但是，这些人文旅游资源生产、创造的目的或初衷并不是为了交换，换句话说，在生产和创造它们的过程中前人所付出的体力和脑力劳动并不会凝结在其上，当然也不会形成抽象劳动和价值等范畴。其二，在现代旅游产业的发展过程中，人们为了旅游交换的目的而将上述两类旅游资源中的有些部分开发出来，在开发、维护和保养过程中付出了大量的人类劳动，这些劳动当然会凝结在其上，并形成其价值。② 该观点虽然肯定了开发过程中凝结在旅游产品上的劳动形成了价值，但却认为“自然资源”、“人文旅游资源中的各种历史遗产、文物古迹”等没有价值。

事实上，“资源脱离型旅游产品”通常是有价值的，而对于这种产品的价值确定问题，已有学者进行了积极的探讨。李金昌先生试图在功效性、财富论和地租论的基础上，建立自然旅游资源的价值观和价值理论。他认为“自然旅游资源是有价值的，这种价值首先决定于它的有用性，其价值的大小则决定于它的稀缺性和开发利用条件”，并提出了自然旅游资源价值与价格计算的理论框架。为了解决资源短缺与环境问题和满足持续发展的需要，李金昌等还提出了建立“资源产业群”的观点。③

上面我们了解了旅游产品价值有无的问题，然而在价值量多少的确定上，亦即价值的计算上，因为对于“自然旅游资源”和部分“人文旅游资源”价值的有无存在争议，因而存在不同的计算方式。在肯定“自然旅游资源”和部分“人文旅游资源”价值的前提下，田里等人认为，旅游产品的价值量可由三部分构成：旅游服务价值量、旅游资源价值量和旅游设施价值量。

1．旅游服务价值量的确定

旅游服务是由旅游从业人员的体力消耗和脑力消耗产生出来的，它们的价值不是以物化劳动的形式存在，而是以活劳动的方式体现在服务的整个过程当中，服务过程一旦结束，劳动消耗即告终止。由于旅游服务是旅游产品的核心，服务质量的好坏会直接影响到旅游产品价值的实现。在服务设施和服务条件相同的情况下，高质量的服务反映旅游产品的价值高，价值量大；低质量的服务反映旅游产品的价值低，价值量小。服务质量的优劣虽然与投入劳动量的多少有一定关系，但二者并不总成正比，更重要的是与旅游从业人员的文化素质、性格修养、职业道德水平密切相关，这些素质和修养决定了旅游从业人员会以什么样的态度、方式和技巧服务于游客，使游客产生

① 谢彦君．基础旅游学［M］．北京：中国旅游出版社，2004.
② 李肇荣，曹华盛．旅游学概论［M］．北京：清华大学出版社，2006.
③ 李肇荣，曹华盛．旅游学概论［M］．北京：清华大学出版社，2006.

不同的满意度，从而影响到游客对旅游产品价值高低的评判。

2. 旅游资源价值量的确定

旅游资源是旅游产品的重要构成部分，可以分为野生生物、温泉、湖泊、古建筑、园林、民族风情等若干类型，具有各自鲜明的个性特征，在价值量的计算上也有很大差异。例如，野生生物和温泉等纯自然因子，它们并非是人类劳动所创造出来的，没有人类劳动的投入，因而没有价值。这些纯自然因子如果要作为旅游产品提供给游客，则必须经过人类的智慧与辛劳，是人类脑力劳动和体力劳动的结晶，具有不可替代的社会价值和历史价值，在价格上表现为垄断；又如古建筑、园林等人文旅游资源，它们的产生，前人付出了大量的劳动，它们能保存至今，历代后人又不断投入艰辛的努力，其价值难以用消耗多少劳动量去衡量。这种价值的无可估量性反映在价格上，同样也呈现为垄断性，使旅游产品的价格受供需关系影响较大。

3. 旅游设施价值量的确定

旅游设施是旅游产品中的有形部分，同一般商品一样，有其确定的投资成本，对其所包含的价值也有一定的估算依据。但是，由于这些设施受到旅游经济运行特点的影响，在组合为旅游产品的过程中，其价值量会发生改变而产生新的附加值。如就餐时的一个座位，如果把它从一个普通的餐厅移到三星、四星级的饭店，提供给旅游者使用，座位的使用价值没有发生改变，但使用这些功能的环境条件和服务内容却要比原先优越得多，而这些环境条件和服务内容都是由旅游从业人员用劳动创造出来，因而设施的价值和价格自然也就会相应提高。[①]

三、旅游产品的价格[②]

价格是产品价值的货币反映，价格的形成受到市场供需的影响。根据这一理论，旅游市场上旅游产品的价格主要受产品价值、成本、旅游者认可度和市场竞争等因素的影响。

（一）价值对旅游产品价格的影响

旅游产品的价值是旅游产品价格内在的根本性的决定因素。价值是价格的基础，产品价格是凝结在产品中的社会劳动的货币反映，价格必然要随旅游产品所含价值量的变化而变化。然而旅游产品价值的决定和实现过程具有特殊性。其原因在于：一方面，旅游产品是各种自然、社会、有形与无形产品组合而形成的一种特殊形式的产品。其核心内容是旅游服务，包括为旅游者在完成一次旅游过程中所提供的吃、住、行、游、购、娱等多种形式的服务，这样就决定了旅游产品的社会性十分突出。另一方面，旅游产品既可以在不同的时间、地点和消费者群中表现出极大的差异性，也可以在市场表现出极大的波动性和不确定性。因此，旅游产品社会价值的决定和实现过程与其他商品的价值决定和实现过程是不完全相同的。

---

① 田里. 旅游经济学［M］. 北京：科学出版社，2004.

② 李肇荣，曹华盛. 旅游学概论［M］. 北京：清华大学出版社，2006.

（二）成本对旅游产品价格的影响

旅游产品成本是决定旅游产品价格的最基本的因素。旅游产品成本是开发、创造及实现旅游产品过程中所支付的各种费用的总和。主要包括旅游设施的物化劳动转移部分和旅游企业职工劳动报酬的补偿部分。旅游产品成本具有较大的变动性和差异性。旅游产品成本的变动性在于旅游产品成本构成的特殊性。在旅游产品的成本构成中，服务费用所占比例一般较大，而物质消耗部分的转移时间一般较长。单位旅游产品所含物化劳动会随所销售旅游产品总量的多少而不断改变，即旅游产品的单位固定成本是一个不断变动的量，而服务费用却会因人、因地、因时不同而产生相当大的差别，从而为旅游产品价格的市场变动提供了内在的可能性和较大的空间。旅游产品成本的差异性，既有不同产品的差异性，也有同一产品在旅游业不同发展阶段上的差异性，更有不同国家、地区民族的差异性。旅游产品中所利用的自然资源和人文旅游资源的价值难以准确评估。在保护、开发和利用这些旅游资源发展旅游业的过程中，在不同的情况下，所付出的成本与回报差距十分明显。旅游资源同土地资源一样，其收入具有级差性的特点。尤其是在旅游业发展的不同历史阶段，同一旅游资源能够给人们带来的收益差距十分悬殊。因此，旅游产品价格的内在决定就包含着十分复杂的过程。

（三）旅游消费者的认可程度对旅游产品价格的影响

旅游产品价值的社会性决定了它是在产品的销售及旅游者的旅游消费过程中实现的。旅游产品属于超出人们基本需求的较高层次的消费品，其市场需求规律并不完全符合一般产品的市场需求规律。从某种程度上讲，低价并一定能真正吸引消费者，高价也绝不会使所有的消费者望而却步。因为过低的价格不仅不能提高旅游者的旅游兴趣，反而可能会引起消费者的质疑。适当的高价却可以使旅游者在享受到精神愉悦的同时，也能够显示其与众不同的特殊社会地位和身份。也就是说，旅游产品价格的确定应充分考虑产品能否满足旅游者的消费需要。只有能够满足消费者心理上的要求，并能在经济上被消费者所接受和认同的价格，才是市场中比较合理的价格。

（四）竞争对旅游产品价格的影响

旅游市场的竞争状况是旅游产品价格外在决定的关键因素。市场竞争程度既来自于旅游市场供求的状况，也取决于旅游市场中不同旅游产品之间的相互替代程度。在旅游产品的供求关系中，一些旅游产品要素供给一经形成就具有极强的稳定性，尤其是饭店、旅游交通等旅游服务设施，它们具有固定成本高、从建成到报废时间较长、市场调节能力弱、服务不可储存等特点，致使旅游供给弹性小。与旅游供给相比，旅游需求的弹性要大得多。因为旅游需求受经济、政治、文化、社会、自然以及各种偶发事件等众多因素的影响，而这些因素又是极为不稳定的。这种不稳定性直接导致了旅游市场需求的变化性和不确定性。从长远来看，旅游市场是一种由需求牵制和决定的供求关系，从而使旅游市场呈现出明显的需求决定价格的趋势。在旅游市场的竞争中，替代产品的状况对旅游产品价格的影响也至关重要。随着社会经济的发展和人们生活水平、收入水平的不断提高，人们追求高质量物质文化生活的欲望不断增长，一些时尚休闲娱乐产品不断被创造出来，必然对旅游市场和旅游产品产生一定的影响，形成新的市场压力，从而导致旅游产品价格的波动。

第三节　旅游产品的质量控制和生命周期

一、旅游产品的质量控制

质量控制是产品管理当中的重要内容。在我国旅游产品质量参差不齐的情况下，对旅游产品进行质量控制是非常必要的。从经济学意义上讲，这是为了获得更长时期的收益。旅游产品的质量控制应当注重以下几方面。

（一）政府管理部门必须切实履行其引导和监督职责

旅游产品是一种特殊的产品，在目前我国以政府为主导的旅游经济发展模式下，政府相关部门必须履行其相应的引导和监督职责。具体说来，对于旅游项目的审批，政府要严格把关，不应该在国内生产总值（GDP）的驱动下盲目招商引资，也不应为短时间之内可能带来的财政收入而放弃必须坚守的原则。政府作为公共部门，应努力承担社会引导的重要职能。同时，政府管理部门还应履行好自己的监督职责，减少旅游者消费旅游产品过程中受伤害事件的发生。

（二）公共组织应充分参与旅游产品质量管理

随着我国公民社会的逐步形成，国民的维权意识和管理意识逐渐增强，而越来越多的公共组织也必将参与到相应事务的管理中。旅游产品面向的市场是一个非常开放的市场，其消费群体包含了不同性别、年龄、职业等的消费者。这样一来可能引发较多的质量投诉。在加强旅游产品的控制中，应该为相应的公共组织提供参与管理的空间和渠道，这样既为相关各方组织提供了交流和沟通的机会，也可以有效地提高产品质量。

（三）旅游企业必须树立良好的社会责任意识

我们并不否认旅游企业生产旅游产品的目的是营利，但考虑到旅游业的特殊性（即旅游消费的文化属性），旅游企业必须树立良好的社会责任意识，这是一个有远见的旅游企业应该具备的战略眼光和基本的职责。这就要求旅游企业在生产和提供旅游产品的过程中不能以逐利为唯一目的和终极目的，在追逐利润的过程中还必须考虑其产品的文化信息对社会的影响性。

二、旅游产品生命周期

（一）旅游产品生命周期的概念及其影响因素

1. 旅游产品生命周期的概念

旅游产品生命周期指旅游产品进入旅游市场和推出旅游市场的时间过程，而并非旅游产品本身作为客观物的生成和消亡过程。

2. 旅游产品生命周期的影响因素①

在旅游市场中，不同的旅游产品的生命周期是不一样的，这主要是相关影响因素对于旅游产品的作用不同。旅游产品的生命周期主要受以下三种因素影响：

（1）需求因素

作为消费者或潜在消费者的行为结果，需求因素是决定旅游产品产生、发展和消亡的最重要的客观因素之一，尤其在开发论证阶段，需求论证是决定旅游产品开发可行性的直接的决定性因素。然而由于需求本身的复杂性和难以测量性，常常使需求研究难以取得准确而全面的结论。从逻辑上看，一个旅游产品的形成总是或应该是由需求刺激而产生的。然而，不仅实际情况不尽然（例如，当对需求做出错误的判断时），而且即使是确由实际需求引发的旅游产品开发项目，也不一定会在开发的后续阶段上始终能满足顾客的需求。在生命周期的各个阶段上，需求的变化对旅游产品的影响都是不同的。在开发的最初阶段，不管是实际需求还是潜在需求，都表现出其巨大的诱惑力，否则开发本身就不会实现。然而，旅游产品被开发出来之后，相应的需求反应却可能完全出乎开发者的意料，原因也许是由于最初对旅游需求性质的理解和评估本来就不正确或不准确，也许是由于旅游产品的实际开发者并没有完全理解产品规划设计的意图从而导致“产品形态”与“预期模式”的错位，还可能是由于在旅游产品的开发过程中已有强有力的竞争对手的出现等等。这些变故都可以导致预期的需求水平无法实现，需求很快出现萎缩和转移。如果这种情况出现在旅游产品开发后的短暂时间内，那么，旅游产品的经营就将面临着重重困难。在旅游产品还未充分经历一个稳定的发展、巩固和停滞之前就出现需求萎缩和转移，这注定意味着该产品要迅速走向衰亡。因此，在旅游产品开发之前，从旅游产品的生命周期角度出发，要特别重视对需求这一关键因素的分析与评估。

（2）效应因素

相对于需求因素而言，效应因素是一种继发性影响因素。它对旅游产品生命周期的影响，主要表现在三个侧面：由旅游产品的生产、销售和消费所引起的对经济、社会和环境的影响。这种影响可能是积极的，也可能是消极的；既可能是显露在外、直观可见的，也可能是隐含于某种现象内部而无法直观地看到的；既可能随着旅游产品的生产与销售而马上发生，也可能要滞后一段时间。但不管其表现形式如何，都必须在开发的初始阶段给予充分的注意，并运用科学的方法予以评估。一般来讲，常见的用于评估旅游产品开发效应的方法有成本—效益分析法、环境效应评估法等。

（3）环境因素

环境因素主要包括旅游产品经营者的内部组织环境、外部经营环境和外部大环境，它也会对旅游产品生命周期产生直接或间接的影响。然而，不同的是，环境因素对旅游产品生命周期的影响，除了来自于环境系统本身的作用力之外，还来自于需求因素和效应因素的某种注入。因此，旅游产品的经营者在开发销售其旅游产品的过程中对

---

① 谢彦君．基础旅游学［M］．北京：中国旅游出版社，2004．

外部大环境的积极适应能力、与外部经营环境的协作关系的性质以及自身在组织结构、企业文化的资源获得方面的组合情况，就共同构成了多元环境因子，并且不断渗入到旅游产品经营过程中，成为能决定旅游产品生命周期的重要因素。

（二）旅游产品生命周期阶段

旅游产品生命周期理论对于旅游产品的研究具有十分重要的意义。旅游生命周期理论最早是由德国学者克里斯特勒于1963年在研究欧洲旅游发展时提出的。在此基础上，巴特勒于1980年提出了旅游地生命周期理论，并被广泛应用于对旅游产品生命周期的解释。[①] 结合我国旅游业发展实际情况，目前学界一般将旅游产品的生命周期分为四个阶段：旅游产品的导入期（或者介绍期）、成长期、成熟期和衰退期。

在不同周期阶段，旅游产品的表现特征各不一样。旅游产品处于导入期时，产品自身或许尚存一定缺陷，知名度低，市场影响力小，旅游者购买积极性不高。此时，旅游开发商或经营者在资本运作上存在较大压力。旅游产品处于成熟期时，产品自身日臻完善，知名度得到提高，有一定的市场影响力，占有一定市场份额，旅游开发商或经营者在产品维护上的成本开始下降，旅游产品逐渐赢利。旅游产品处于成熟期时，产品自身较为完善，有良好的知名度和市场占有率，旅游开发商或经营者产品维护成本逐渐下降，旅游产品处于盈利状态。旅游产品处于衰退期时，产品的市场影响力偏低，市场占有率下降，企业可能处于亏损状态。

当然，这样的生命周期理论只是一种理想模型。适销对路的旅游产品可能刚进入市场就即刻形成“火爆”效应，并维持较长的生命周期，而适销不对路的旅游产品可能刚进入市场就被淘汰。因此，从产品开发和经营的角度看，旅游产品生命周期理论的主要意义在于提醒旅游开发商或经营者要想方设法开发适销对路的旅游产品并注意对旅游产品生命周期的维护，尽可能延长旅游产品的市场生命。

第四节　旅游产品的开发原则

旅游产品是一种特殊的产品，既有经济属性又有文化属性，因而在开发上必须坚持相应的原则，而不宜偏废任何一方。

一、文化导向原则

旅游消费实际上是一种文化消费，这种消费对于人的精神调节和性格塑造有着较为深刻的影响。同时，由于旅游逐渐发展为大众消费方式，其产品的影响广度也可想而知。也就是说，旅游产品本身进行着信息的传递和文化的传播，但是这种文化必须是健康的，符合民族精神的，而并非趋利状态下对部分消费者的迎合甚至媚俗。

---

① 张立生．旅游经济学［M］．北京：中国人民大学出版社，2010.

二、市场导向原则

旅游产品引领文化原则是因为旅游产品应该承担一定的社会责任，但是旅游产品作为一种在市场上交换的商品，同政府部门及其他公共部门提供的“公共物品”有着本质的区别。在市场经济条件下，旅游产品需要旅游者进行购买才能消费，而旅游开发商或者旅游经营者则必须要考虑成本维持和利润获取的问题，因而在坚持文化引领的原则下，必须考虑市场的需求与接受度。

三、区别性原则

旅游产品开发必须坚持区别性原则，即尽可能避免产品的同质化。目前，旅游市场上大量充斥着同质化的产品，如旅行社推出的诸多类似的旅游线路等。此外，景区的开发也越来越趋于同质化。譬如对于古镇的开发，游客在甲、乙两个古镇旅游时，置身于相似的建筑，周围都是小商小贩在销售天南地北的旅游纪念品，并没有感觉到这两个古镇有什么不一样，从而无法感知各个古镇的独特魅力。造成这种现象的主要原因就在于这些古镇的开发忽视或者破坏了当地文化生态，因而使得古镇游逐渐处于趋同状态。由此可见，只有区别性较强的旅游产品才可能具有独特的魅力和持久的生命力。

四、可持续发展原则

可持续发展原则主要包括两层含义：一是指旅游产品的开发在自然生态和文化生态上必须采取保护和开发并重的原则，这样才能确保旅游产品生命力获得一个坚实的基础和后劲；二是根据旅游产品生命周期理论，在开发之初就应该为后期的产品维护留出空间。

【复习思考题】

1. 什么是旅游产品？旅游产品有哪些特性？
2. 旅游产品、旅游资源和旅游吸引物三者之间有着怎样的关系？
3. 旅游产品的类型有哪些？
4. 旅游产品的使用价值是什么？
5. 自然旅游资源是否有价值？如果有，其价值体现在哪些方面？
6. 旅游产品的价值量如何确定？旅游产品的价格受到哪些因素的影响？
7. 什么是旅游产品质量控制？旅游产品质量控制应从哪些方面着手？
8. 旅游产品生命周期理论的基本内容有哪些？其意义何在？
9. 旅游产品开发应该坚持什么样的原则？

【阅读材料3】

开创旅游与文化共同繁荣新时代①

党的十七届六中全会审议通过了《中共中央关于深化文化体制改革、推动社会主义文化大发展大繁荣若干重大问题的决定》（以下简称《决定》），提出了新形势下推进文化改革的指导思想、重要方针、目标任务、政策举措。《决定》强调“要推动文化产业与旅游、体育、信息、物流、建筑等产业融合发展”，强调“要积极发展文化旅游，发挥旅游对文化消费的促进作用”，对准确认识旅游与文化的关系，旅游产业与文化产业融合发展提出了新要求。全行业要把深入学习和认真贯彻六中全会精神作为当前和今后一个时期的重要任务抓紧抓好，充分认识发展旅游业对于推动社会主义文化大发展大繁荣的重要作用，研究并采取切实举措，把握工作重点，进一步推动旅游与文化产业融合发展，共同繁荣。

自有旅游活动以来，旅游与文化就从未分离，旅游本身就是一种文化现象。旅游的过程就是旅游者经历文化、体验文化、欣赏文化的过程。珍贵的文化资源是旅游业赖以生存和发展的重要基础，而旅游则是文化繁荣发展的一个非常好的载体和领域。近年来，我们渐渐形成一个共识，那就是“文化是旅游的灵魂，旅游是文化的重要载体；没有旅游的文化就没有活力，没有文化的旅游就没有魅力。”这种逻辑和辩证关系，被旅游与文化融合发展、共同繁荣的生动实践一再证实。

长城、故宫、秦始皇兵马俑、敦煌莫高窟、布达拉宫……旅游业的发展使数以亿计的游客了解到中华文化深厚博大的魅力，并为之吸引和折服。据不完全统计，我国文物、文化型旅游景区景点已由“十五”末的4 000家左右增加到现在的6 000家左右，累计接待国内外游客达10亿人次。

平遥古城、丽江古城、阳朔、乌镇、西递、宏村……旅游业的发展，使我国数以千计的古城、古镇、古村逐渐走出封闭和贫穷，焕发出新的生命力和活力，使这些宝贵的文化遗产走入人们视野，引起国内外中华文化爱好者的高度关注。

“只有民族的，才是世界的。”许多濒临消失的非物质文化遗产，因旅游业的发展得到积极的保护、传承和发展。昆曲、苏州评弹、新疆维吾尔木卡姆艺术、安塞腰鼓等已经成为当地的文化名片和旅游品牌。越来越多的少数民族地区因发展旅游业而更好地传承了民族文化，璀璨的民族文化也成为重要的旅游吸引物，深受国内外游客的青睐。

旅游业的发展为红色文化注入了新的动力。据统计，“十一五”时期，中央财政共投入30亿元专项资金，改造和提升了100多个全国重点红色景区，累计接待游客8亿人次，给当地居民带来1 000多亿元的收入。随着全国红色旅游发展规划纲要的实施，红色文化得到了广泛传播，红色旅游的教育功能为构建社会主义核心价值体系发挥了

① 阅读材料来源：《中国旅游报》，2011-10-21.

积极而独特的作用。

旅游业的发展促进了文化展示形式创新和文明传播。据统计，“十五”末，我国面向海内外游客的较大规模的演艺项目不足200个，而到“十一五”末，这一数字增加到600个左右，演出达12万场次之多，受众近2亿人次，印象刘三姐、长恨歌、西湖之夜等一批独创、有特色、有内涵的文化旅游精品演出项目走出“创编室”，进入市场。

最重要的是，人既是文化的创造者，也是文化的传播者，旅游所带来的人流、文化流等，促进了不同文化和文明之间的交流，为传统文化注入了新的元素。

大力推进旅游产业与文化产业融合发展、共同繁荣，既是社会主义市场经济发展的客观要求，也是把旅游业培育成为国民经济战略性支柱产业和人民群众更加满意的现代服务业不可或缺的重要方面。

目前，我国已成为世界第三大入境旅游国，并连续7年保持世界上规模最大的国内旅游市场。据预测，2015年我国国内旅游人数将达33亿人次，入境旅游人数达到1.5亿人次，出境旅游人数达8 800万人次，居民出游率达到2.3次/人。可以预见，未来人们的文化旅游消费需求将变得越来越大，广大人民群众在旅游活动中的文化需求将更为强烈和多样化。

推进旅游和文化产业融合发展，我们将面临新机遇、新挑战、新要求。许多思想观念需要去转变，许多工作需要去研究，许多措施需要去落实，任重道远。

要进一步拓宽旅游与文化产业融合发展的领域。我们必须深刻认识到，文化体制改革和文化产业的发展，将为旅游业发展提供更为宽松的环境，提供更加丰富的内容，文化和旅游将会出现更多的交集。既要进一步发挥市场在资源配置中的基础性作用，建立有效的市场调节机制，又要发挥政策的导向性作用，特别是要落实好《文化产业振兴规划》、《国务院关于促进旅游业发展的意见》中有关推进文化旅游的政策措施。

要从国家战略层面，创新文化和旅游产业融合发展的路径、方式。要建立和完善工作机制，重视规划、政策扶持及宏观指导，规范文化资源类的旅游开发，提升旅游开发的文化内涵。要重视文化旅游演艺、节庆活动、非物质文化遗产利用、符合地方文化特点的旅游工艺品、纪念品开发等，打造旅游文化精品，培育一批文化旅游精品品牌。

要注重走内涵式发展道路，将文化贯穿和体现在旅游“吃住行游购娱”各个要素中。要持续开展文明旅游和品质旅游活动，提升广大旅游从业人员的文化素养，规范文化旅游市场经营秩序，深化国际旅游文化交流与合作，提升旅游产品的文化内涵。

当今世界正处在大发展大变革大调整时期，当文化越来越成为民族凝聚力和创造力的重要源泉，越来越成为综合国力竞争的重要因素，越来越成为经济社会发展的重要支撑时，旅游已成为中华文化走向世界、游客走进中华文化的重要渠道。

当前和今后一个时期，我们要深刻理解推动社会主义文化大发展大繁荣的重大意义，增强发展旅游业促进社会主义文化大发展大繁荣的使命感责任感，积极探索推进旅游产业和文化产业融合发展共同繁荣的新方法、新思路、新途径，共同开创文化旅游之花竞相开放的新时代。

【案例分析3】

"印象"系列的启示[①]

"印象·刘三姐"自2004年3月20日正式公演至2010年，已经六年。六年来，张艺谋和他的团队以"印象·刘三姐"为蓝本，打造了"印象·丽江"、"印象·西湖"、"印象·海南岛"以及2010年1月24日试演的"印象·大红袍"五个各具独特魅力的"山水实景"大戏，渐露品牌端倪。

文化产业是生产销售与人们精神消费商品相关的产业。在研究中我们发现：创意是发展文化产业的根本手段。而在文化产业属性中，文化产业是经济体系的组成部分，同时也是文化体系的组成部分。张艺谋在打造"印象"时，坚持创意第一，使得每一个"印象"都不是简单复制和重复：在"印象·刘三姐"中，炫魅灯光造成极大的视觉冲击力，令观众目不暇接；而在"印象·大红袍"的创意中，360度旋转观众席和矩阵式实景电影的使用，令1 988个观众席5分钟内即可完成一次360度旋转，可谓匠心独运。

用好独特魅力资源是文化产业成功的一条成功经验。文化产品有没有内涵，取决于使用什么样的魅力资源。"印象"系列里，魅力资源得到充分使用："印象·刘三姐"中漓江的水、桂林的山、经典山歌、民族风情、漓江渔火等元素的创新组合；"印象·丽江"里的玉龙雪山、丽江古城、三朵神和少数民族歌舞与服饰的展现；"印象·大红袍"中武夷山著名的大王峰、玉女峰及九曲溪水、大红袍茶树的活灵活现。这些资源在单独使用时未必有魅力，创新组合后，魅力无限。当然，如果没有张艺谋和他的"印象"系列，这些资源充其量只能算是旅游要素，但有了印象，这些资源就可以转化成为资产。创意+资源整合，成就了"印象"之美。

文化产业项目成功的基本条件很多，比如：尊重产业特征，遵守经济规律，按市场机制办事；人才是第一资源；创意是根本手段；围绕产业链制定经营战略；创新以及知识产权保护；娱乐性、体验性、参与性；优秀的商业模式；成熟、规范的经纪；实现规模化生产；国际化、市场化视野；技术先导、专业化分工；投融资相结合，化解资本投入难题；创造品牌，实现无形资产的积累等。其中，创建品牌是中国文化产业发达的重要标志，也是中国文化产品参与国际竞争的重要手段。

"张艺谋品牌"亟待转化成"印象品牌"。文化产业在中国的发展才刚刚起步，当世界旅游组织官员赞美"'印象·刘三姐'是全世界看不到的演出，从地球上任何地方买张机票来看再飞回去都值得"时，我们不可狂妄自大，真的认为"世界第一"；当少数人认为"印象系列"除了烧钱作"秀"并遭炮轰时，我们也不可妄自菲薄。只要按照产业规律去做，"印象"系列一定能够走出一个新天地。

---

① 案例来源：《光明日报》，2010-02-24.

案例思考题：

1. 试结合“印象”系列谈谈你对文化创意旅游产品的理解。
2. 结合案例阐明你对旅游经济活动新变化的认识。

第三章 旅游需求与预测

【本章学习目标】

通过本章的学习，了解旅游需求形成的条件，明确旅游需求的概念和特点，掌握旅游需求的影响因素及其变化的规律性，掌握旅游需求的价格弹性、收入弹性及交叉弹性，熟悉旅游需求的衡量指标及需求调查和预测的方法。

第一节 旅游需求的形成及特点

一、旅游需求的概念

需求这一概念可以从不同角度进行界定。心理学意义上的需求主要指人们在一定条件下对某一事物的欲望，是人类产生一切行为的原动力。而经济学意义上的需求则是指在一定时期内，在各种可能的价格下消费者愿意并且能够购买的商品或劳务的数量。

旅游经济学所讲的旅游需求是指有效的或现实的旅游需求，即在一定时期内，有旅游欲望和足够闲暇时间的消费者在各种可能的旅游价格下愿意并且能够购买的旅游产品的数量。

二、旅游需求形成的条件

（一）旅游动机

心理学家认为，动机是人体内在的、用以缓和某种紧张状态的积极的动力。旅游动机就是促使人们离开居住地外出旅游的内在驱动力，收入水平、休闲时间、生活环境和旅游欲望是产生旅游动机的基本条件。① 从本质意义上讲，旅游动机是源自内心深处的一种涌动，一种想离开自己固有的生活场景，进入并用身心去感知另一种生活场景的涌动，这种涌动往往通过旅游者在空间上的“位移”来实现。旅游者是旅游活动的主体，是旅游业赖以生存和发展的关键，不同的旅游者具有不同的旅游动机。分析旅游者的旅游动机是旅游业发展的重要信息依托，也是进行旅游规划、旅游资源开发、旅游产品设计、旅游景区形象定位以及旅游市场分析和预测的重要依据。

① 谢彦君．基础旅游学［M］．北京：中国旅游出版社，2004.

旅游者参加旅游活动，有着各种各样的目的和动机。个人的出游动机很大程度上同人们的文化修养、心理诉求、性别、年龄、职业等因素密切相关。如：有的游客出游是为了欣赏自然景观和文化古迹，领略民俗风情，并在旅游过程中增长见识，开阔眼界和愉悦心情；有的游客出游是为了消遣娱乐，康体健身，休憩疗养，放松身心；有的游客出游是为了深入了解各知名高校，如清华大学、北京大学、哈佛大学、牛津大学、剑桥大学等国内外名校均会在节假日迎来修学旅游的高峰；有的游客出游是受到了文化影视产品的影响，如近年来随着韩剧的热播，韩国的“美食热”、“美容热”、“服装热”不断升温，吸引了大批游客前往韩国一探究竟；还有的游客追求时尚的低碳生活理念，注重选择低碳、绿色、环保的旅游产品。

（二）可自由支配收入

可自由支配收入是指个人收入中扣除个人所得税和日常衣、食、住、行所必需的生活消费开支以及必要的社会消费开支后的余额。旅游产品作为一种高层次的精神消费产品，其需求与个人可自由支配收入息息相关。一般而言，个人可自由支配收入越大，可用于旅游消费的货币量就越多，个人的旅游支付能力也就越强。因此，在其他条件保持不变的情况下，个人的可自由支配收入越大，人们对旅游产品的需求往往就越大。

在现实生活中，也有一些人在个人可自由支配收入不足以支付一次旅游活动费用的情况下，为了实现旅游的梦想，可能会采用节衣缩食的办法尽可能降低日常生活消费和社会消费的开支，用节省下来的钱去参加某种心仪已久的旅游活动。还有一些人选择动用个人储蓄或采用银行信用方式来支付旅游费用。无论选择哪种支付方式，均与个人过去、现在及未来的可自由支配收入密切相关。

（三）闲暇时间

在旅游经济学中，闲暇时间是指旅游者外出旅游所需的时间，即人们在日常生活、工作、学习、社交所需时间之外可以自由支配的时间。一个人具有出游的动机，同时又具有足够出游的可自由支配收入，但旅游最终能否成行，还取决于个人的闲暇时间。因为旅游一般会使得旅游者离开惯常的生活环境一段时间，因此旅游者必须要有足够的闲暇时间，旅游活动才可能实现。一般来讲，闲暇时间越多，参加旅游的可能性就越大；反之，可能性就越小。

三、旅游需求的特点

（一）旅游需求具有综合性

旅游活动是旅游者离开惯常居住环境到异地的一次体验活动，往往涉及旅游者的吃、住、行、游、购、娱等多方面，因此旅游需求也是多方面的综合需求。大多数旅游者在购买旅游产品时，必然会综合考虑旅游目的地的环境、交通、住宿、购物、旅游设施及旅游服务等因素，从而保证自己的旅游需求在旅游消费过程中得到较好满足，提高旅游满意度。

随着网络技术的迅速发展，国内外各大旅游服务网站的旅游咨询和服务功能越来越完善，例如：Expedia（www. expedia. com）1996年10月在美国成立，它是目前通行的在线旅游商业模式的开创者，也是全球最大的在线旅游网站，为商务旅客和休闲旅客提供他们所需的工具和信息，并以简易的方式搜索、计划、预订及体验旅游。艺龙旅行网（www. elong. com）1999年5月在美国特拉华州成立，同年7月在北京成立中国总部，之后相继在上海、广州、深圳、南京、杭州、成都、武汉、西安等城市成立分公司。2004年10月，艺龙在美国纳斯达克成功上市。艺龙旅行网是中国在线旅行服务行业的领导者，依靠 http：//www. eLong. com 和 http：//www. eLong. net 两个网站和呼叫中心为会员提供旅游资讯及预订等一站式服务，其业务范围覆盖全球酒店及机票预订、休闲度假产品、特约折扣商户、集团差旅等服务。芒果网（www. mangocity. com）是港中旅在线的全资品牌，芒果网倡导时尚、轻松的高品质生活。芒果网象征城市动脉，mangocity 由 man + go + city 三个英文单词组成，寓意人在走，从一个城市到另一个城市旅游。芒果网在港中旅的支持下，以独立的品牌开拓新的产品形象、新的客户群和新的客户服务模式，与香港中旅集团属下所有的旅游资源合作，从而达到互利双赢的局面。因此，旅游者在出行之前，往往可以通过相关旅游服务网站确定自己的行程，查阅各种即时的旅游信息，预订旅游交通及食宿服务等。

（二）旅游需求具有多元性

旅游需求是人们在满足基本生理需求后所产生的一种较高层次的精神需求。由于人们在生活环境、工作性质、文化素养、收入水平、个性心理、性别及年龄上存在差异，于是便产生了各种各样的旅游需求。如：同样是为了缓解紧张的工作压力，旅游者可以作出多种选择。有的人会选择风景宜人的景区观光旅游，有的人会选择幽静的“农家乐”体验田园生活乐趣，有的人会选择海滨休闲胜地度假，有的人则会选择漂流、攀岩、蹦极等刺激性强的旅游项目释放压力。

此外，受现代环保消费理念、低碳生活方式等诸多因素影响，低碳旅游、生态旅游、创意旅游等成为新的旅游热点，人们的旅游需求越来越呈现出多元化的趋势。如：近年来“低碳旅游”引起了旅游者的广泛关注。“低碳旅游”概念的正式提出，最早见于2009年5月世界经济论坛“走向低碳的旅行及旅游业”的报告。该报告主要根据世界旅游业以及航空、海运和陆路运输业的联合调查而撰写。报告显示，旅游业（包括与旅游业相关的运输业）碳排放占世界总量的5%，其中运输业占2%，纯旅游业占3%。如今，越来越多的旅游者开始把低碳作为旅游的新内涵。在旅游目的地，多采取步行和骑自行车的环保游玩方式；在旅途中，自带必备生活物品，选择最简约的低碳旅游方式。

（三）旅游需求具有指向性①

旅游需求的指向性可以从时间和空间两个维度进行分析。

---

① 林南枝，陶汉军. 旅游经济学［M］. 天津：南开大学出版社，2009.

1．旅游需求的时间指向性

旅游需求的时间指向性主要是指旅游需求在时间上具有较强的季节性。这种季节性主要源于两个方面：

一是旅游客源地的因素。不同国家和地区在休假制度、社会习俗等方面存在差异，从而使得旅游需求在时间分布上存在较大差异。

二是旅游目的地的因素。旅游目的地在不同季节存在着自然气候条件的巨大差异，这在很大程度上影响了旅游者的旅游需求，也使得旅游目的地在旺季和淡季的旅游者流量存在巨大差别。如：海南三亚是著名的海滨旅游度假胜地。每年冬季，来自国内外的大量旅游者涌入三亚，尽情享受当地的阳光、沙滩和海风；但每年夏季，三亚旅游者流量便会锐减，很大程度上是由于气候因素影响了旅游需求。

2．旅游需求的地域指向性

旅游需求的地域指向性主要是指旅游需求在空间上具有较强的地域性。这种地域性主要包含两个方面：

一是从旅游客源地来看，旅游需求的地域分布表现为旅游者流向地域的集中性，多数游客流向风景名胜地区和文化特色显著的地区。例如，每逢节假日，北京故宫都是游客集聚之地，尤其是“十一黄金周”期间，故宫更是游人如织。

二是从旅游目的地来看，旅游需求在地域上表现为热点旅游地区和冷点旅游地区并存。一般来说，热点旅游地区市场知名度高、交通便利、配套设施齐全，往往对旅游者具有更强的吸引力，而冷点旅游地区则相反。但事实上，也有的旅游者反其道而行之，在节假日期间放弃前往热点旅游地区，转而寻觅一些相对偏冷的旅游景区景点享受难得的惬意和幽静。

（四）旅游需求具有敏感性

旅游需求一般是为了满足旅游者追求“新”、“奇”、“异”等多方面的诉求，旅游需求弹性较大，容易受社会政治状况、自然环境、突发事件等因素影响。旅游需求的敏感性主要指在出游环境发生变化后，旅游者在第一时间所作出的敏感反应。

如果旅游目的地国家发生了政治动荡、恐怖袭击、自然灾害、流行性传染病等危及旅游安全的事件，旅游者一般会考虑放弃或改变旅游计划。如：每年春季，日本樱花竞相绽放，是传统的旅游高峰季节。但2011年春季，日本的旅游高峰季节却没有像往年一样如期到来。2011年3月11日发生在日本的大地震、海啸和核辐射危机持续影响了日本旅游业，入境和出境旅游人数都明显萎缩。

此外，如果旅游目的地国出现货币大幅升值的情况，导致旅游费用大大超出旅游者的预算，旅游者也可能会取消或改变旅游计划。

第二节　旅游需求的影响因素

旅游需求除了受旅游者的旅游动机、可自由支配收入、闲暇时间等因素的影响外，还受经济、政治、文化、人口及政策法律等综合因素的影响。

一、经济因素

必要的经济条件是满足旅游需求的基础。经济因素对旅游需求的影响主要体现在经济实力的对比、外币的管理、汇率的变动及旅游贸易往来等多个方面。因此，国民经济发展水平、人们收入分配、外汇汇率、旅游产品价格等都直接或间接地影响着旅游需求的规模及结构。

二、政治因素

政治因素对旅游需求的影响主要体现在旅游目的地国政局是否稳定，国与国之间外交关系是否融洽等，这些均是旅游者在确定行程时重点考虑的因素。如果旅游目的地国政局稳定，国与国之间关系融洽，旅游者对该国旅游产品的需求量就会增加，反之，需求量则会减少。2001 年，“9・11” 恐怖袭击事件发生后，美国旅游业随即陷入了低迷。2002 年，印尼巴厘岛遭到恐怖袭击之后，曾经的“度假天堂”遭遇重创，旅游客流量一度锐减。2011 年，挪威首都奥斯陆发生暴力袭击事件后，曾经的“北欧童话”蒙上了一层厚厚的阴影，对旅游业也产生了较大的负面影响。

三、文化因素

旅游是一种体验，而这种体验通常同旅游目的地的文化密切相关，因此文化因素对旅游需求有着深远影响。旅游客源地与目的地之间往往在语言、宗教、习俗、生活方式等方面存在着文化差距，因此必须分析不同旅游者所在国家或地区社会文化的差异性，以及由于社会文化因素影响所形成的消费习惯和需求心理，在此基础上采用多种方式突出旅游目的地的文化特色并激发旅游者的参与热情，这样才能促使旅游需求不断增加。

素有世界“音乐之都”之称的维也纳，凭借众多著名音乐家的遗迹成为欧洲著名的文化旅游中心。威尼斯、布拉格、巴黎卢浮宫、敦煌莫高窟等也分别凭借电影节、音乐会或艺术宝库而成为举世闻名的文化旅游胜地。此外，在形式多样的文化旅游中，以亲身体验虽已消失但仍留在人们记忆中的某些生活方式为主题的“怀古文化旅游”也是近年来颇为引人注目的特色游览项目。如：美国的威廉斯堡、亚洲的泰国故城、北京大观园、香港宋城等以模拟古代生活方式而成为声名远扬的怀古文化旅游胜地。尤其值得一提的是坐落在詹姆斯河与约克河间的美国古城威廉斯堡，由于完整地保存了 18 世纪英国殖民地时代的城镇风貌，旅游者穿行其间，仿佛时光倒流回到了两百多年前，如此有特色的“怀古文化旅游”也使得威廉斯堡一跃成为美国最重要的历史名胜之一。

四、人口因素

旅游本身就是人自身的一种行为，因此人口因素是影响旅游需求的基本因素之一。人口的数量、素质、分布及构成对旅游需求产生着重要的影响，从而形成不同的旅游需求规模和结构。由于旅游者在性别、年龄、职业、经济状况、消费方式等方面存在差异，旅游需求往往各不相同。

五、政策法律因素

旅游目的地国的有关政策、法律法规及执行情况，也会对旅游需求产生直接或间接的影响。如：为进一步吸引中国游客，2010 年 7 月，韩国法务部发布了《放宽中国游客签证标准方案》。根据方案，1 年多次往返签证的申请范围将由目前仅限于律师、医生、教授以及拥有经合组织永久居住权的少部分人群，扩大至中小学教师、领取退休金的退休者、重点大学毕业生等。此外，韩国还计划向经由韩国的中国游客签发两次往返签证，提高首尔仁川国际机场的吸引力，并为商务人士出差提供便利。此外，韩国还积极考虑对再次申请签证者实行自动续签，并将团体签证的标准由最少的 5 人降至 3 人。韩国媒体认为，放宽对中国游客签证标准后，中国游客将增加 20% 以上，不久的将来访问韩国的中国游客将超过日本，中国将成为韩国最大的旅游市场。

第三节　旅游需求规律

旅游需求的产生和变化受多种因素影响和制约，但其中具有决定性影响力的因素主要是旅游产品价格、人们可自由支配收入以及闲暇时间。因此，旅游需求规律主要反映的就是在其他因素不变的情况下，旅游需求量与旅游产品价格、可自由支配收入以及闲暇时间的相关性和变动关系。

旅游需求的基本函数关系如下：

$$Q_d = f(P, I, T)$$

式中，

Q_d——一定时期的旅游产品需求量

f——函数关系

P——旅游产品价格

I——可自由支配收入

T——闲暇时间

一、旅游需求量与旅游产品价格的关系

在旅游市场上，旅游产品价格是决定和影响旅游需求量的基本因素。在影响旅游需求量的其他因素不变的情况下，旅游需求量总是随旅游产品价格的涨跌而发生相应

的变化。

一般情况下，当旅游产品价格上涨时，旅游需求量就会下降；当旅游产品价格下跌时，旅游需求量就会上升。旅游需求量与旅游产品价格之间呈负相关关系，这种关系用函数可表示为：

$$Q_d = f(P)$$

式中，

Q_d——一定时期的旅游产品需求量

f——函数关系

P——旅游产品价格

旅游需求量与旅游产品价格之间呈负相关关系，这种关系用图 3 - 1 可表示为：

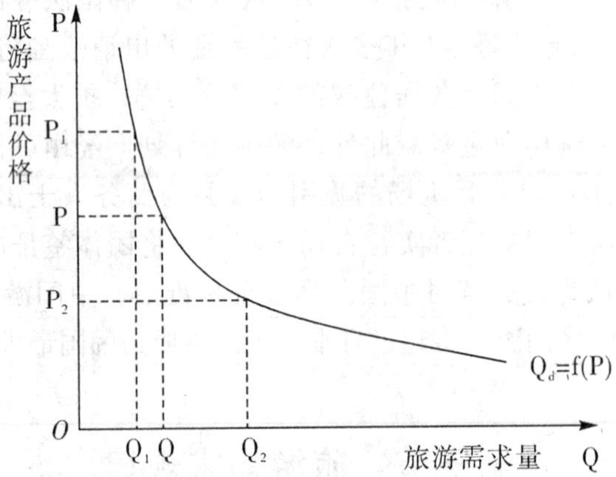

图 3 - 1　旅游需求量与旅游产品价格的关系

在图 3 - 1 中，纵坐标代表旅游产品价格，横坐标代表旅游需求量。通过分析可知：

当旅游产品价格为 P 时，旅游需求量为 Q；

当旅游产品价格从 P 上涨为 P_1 时，旅游需求量由 Q 减少为 Q_1；

当旅游产品价格从 P 下跌为 P_2 时，旅游需求量由 Q 增加为 Q_2。

分析表明：旅游需求曲线通常是从左上方向右下方倾斜的曲线，旅游需求量与旅游产品价格呈负相关关系，产生的主要原因在于旅游产品价格变化所产生的“收入效应”和“替代效应”。

1. 旅游产品价格变化所产生的“收入效应”

“收入效应”主要指旅游产品价格变化所引起的旅游需求量的变化。在人们收入水平保持不变的情况下，一旦旅游产品价格上涨，意味着人们的购买力降低，对旅游产品的需求量自然会减少；反之，在人们收入水平不变的情况下，一旦旅游产品价格下降，意味着人们的购买力提高，对旅游产品的需求量一般也会增加。

2. 旅游产品价格变化所产生的“替代效应”

“替代效应”主要指旅游产品替代品价格变化所引起的旅游需求量的变化。现实生活中，旅游产品并非生活必需品，产品弹性较大，替代品较多（如人们可放弃某个旅游产品，转而购买电子产品、高档首饰等替代品）。一旦替代品价格上涨，旅游产品价格相对更为便宜，人们便会增加旅游需求量；反之，一旦替代品价格下降，旅游产品价格相对更为昂贵，人们便会减少旅游需求量。

但是，旅游需求量与旅游产品价格之间也并非绝对地呈反方向变化关系。在现实生活中，仍然存在例外。

美国制度学派经济学家凡勃伦（T. B. Veblen，1857—1929）最早注意到，人们某些消费行为的目的并不仅仅是为了获得直接的物质满足与享受，更多的是为了获得一种社会心理上的满足，并由此提出了著名的“凡勃伦效应”，即商品价格定得越高越能畅销，它反映了人们进行挥霍性消费的心理愿望。

在旅游业中，同样存在着“挥霍性消费”。某些旅游者财力雄厚且社会地位较高，为了更好地彰显自己的财富和社会地位，会对奢侈型旅游产品产生需求，即：当某一旅游产品或服务价格上升时，旅游需求量会随之增加。运用“凡勃伦效应”就不难解释，为什么某些价格不菲的奢华酒店、旅游产品同样会吸引特定的旅游消费者。

目前，全世界最奢华的酒店之一的阿拉伯联合酋长国境内迪拜的伯瓷（Burjal - Arab）酒店，由于其外形犹如帆船，亦被称作帆船酒店。该酒店于1994年建成，共56层，楼高321米。整个酒店含有26吨黄金，其中仅外壳及填海的费用就高达11亿美元，被誉为世界上唯一的七星级酒店。酒店内有复式套房202间，最小的套房170平方米，每天住宿费约为1 500美元，最大的总统套房780平方米，每天住宿费则高达2万多美元。但如此高昂的酒店价格并未吓倒来自世界各地的旅游者，众多旅游者甚至专程慕名而来，一掷千金入住酒店，这也充分体现了旅游业中的“凡勃伦效应”。

二、旅游需求量与旅游者可自由支配收入的关系

旅游需求是一种有效需求，而有效需求必须是具有支付能力的需求。通常，人们可自由支配收入越多，旅游支付能力就越强，对旅游产品的需求量就越大。反之，人们可自由支配收入越少，对旅游产品的需求量就越少。

一般情况下，当旅游者可自由支配收入增加时，旅游需求量就会增加；当旅游者可自由支配收入减少时，旅游需求量就会随之降低。旅游需求量与旅游者可自由支配收入呈正相关关系，这种关系用函数可表示为：

$$Q_d = f(I)$$

式中，

Q_d——一定时期的旅游产品需求量

f——函数关系

I——可自由支配收入

旅游需求量与人们可自由支配收入之间通常呈正相关关系，这种关系用图3－2可表示为：

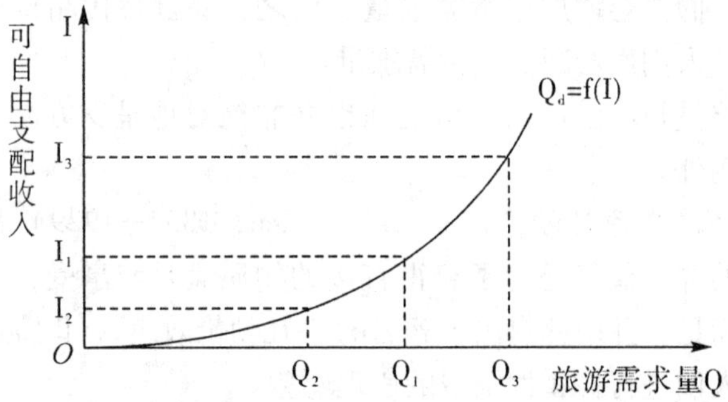

图 3-2 旅游需求量与可自由支配收入的关系

在图 3-2 中，纵坐标代表人们的可自由支配收入，横坐标代表旅游需求量。通过分析可知：

当可自由支配收入为 I_1 时，旅游需求量为 Q_1；

当可自由支配收入从 I_1 提高为 I_3 时，旅游需求量由 Q_1 增加为 Q_3；

当可自由支配收入从 I_1 下降为 I_2 时，旅游需求量由 Q_1 减少为 Q_2。

分析表明：旅游需求曲线通常是自左下方向右上方倾斜的曲线，旅游需求量与人们的可自由支配收入呈正相关关系。

但是，旅游需求量与人们的可自由支配收入之间也并非绝对地呈正相关关系。在现实生活中，仍然存在例外。旅游活动通常会耗费一定的时间和精力，即使人们的可自由支配收入增加，但如果缺乏闲暇时间，人们的旅游需求仍然不会增加。

三、旅游需求量与旅游者闲暇时间的关系

旅游产品是一种特殊的消费，必须花费一定的闲暇时间。闲暇时间不仅对旅游需求的产生具有决定性作用，而且直接影响着旅游需求量的变化。一般情况下，当人们的闲暇时间增多时，旅游需求量就会相应增加；当人们的闲暇时间减少时，旅游需求量就会相应减少。

旅游需求是一种有效需求，而有效需求必须是具有支付能力的需求。通常，人们可自由支配收入越多，旅游支付能力就越强，对旅游产品的需求量也就越大。反之，人们可自由支配收入越少，对旅游产品的需求量也就越少。两者之间的函数关系如下：

$$Q_d = f(T)$$

式中，

Q_d——一定时期的旅游产品需求量

f——函数关系

T——闲暇时间

旅游需求量与人们的闲暇时间之间通常呈正相关关系，这种关系可用图 3-3 表示为：

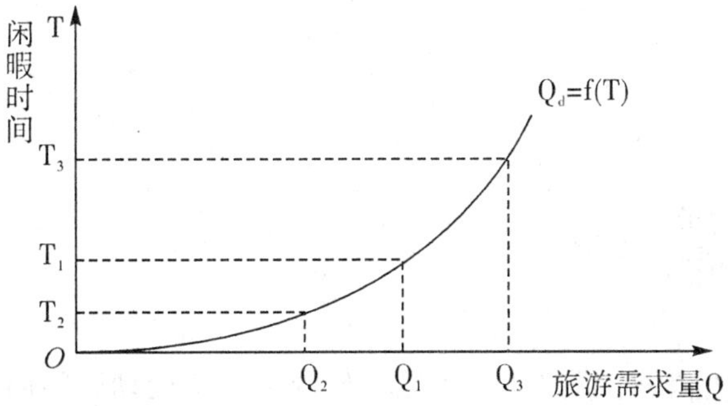

图 3-3　旅游需求量与闲暇时间的关系

在图 3-3 中，纵坐标代表人们的闲暇时间，横坐标代表旅游需求量。通过分析可知：

当闲暇时间为 T_1 时，旅游需求量为 Q_1；

当闲暇时间从 T_1 增加为 T_3 时，旅游需求量由 Q_1 增加为 Q_3；

当闲暇时间从 T_1 减少为 T_2 时，旅游需求量由 Q_1 减少为 Q_2。

分析表明：旅游需求曲线通常是自左下方向右上方倾斜的曲线，旅游需求量与闲暇时间呈正相关关系。

但是，在现实生活中，旅游需求量与人们的闲暇时间之间并非绝对地呈正相关关系，也可能存在例外。从经济学角度考察，时间是有机会成本的。人们一旦有了更多的闲暇时间，不一定会增加外出旅游的需求，也可能利用宝贵的闲暇时间在家享受天伦之乐或进行其他放松活动。

第四节　旅游需求弹性

一、弹性与旅游需求弹性

（一）弹性

弹性原是物理学中的概念，是指某一物体对外界力量的反应力。在经济学中，弹性主要用来表现两个经济变量变化的相关关系。具体而言，弹性是指作为因变量的经济变量 y 对作为自变量的经济变量 x 变化反映的灵敏程度。弹性可分为点弹性和弧弹性两种，二者的根本区别在于：点弹性是指因变量相对于自变量某一点的变化程度；而弧弹性则是指因变量相对于自变量某一区间的变化程度。

1. 点弹性

点弹性即利用微分方法计算的弹性系数，反映在某一既定点上，连续函数中自变量微小的变化引起的因变量的相对变化程度。

点弹性的通用公式：

$$e = \frac{\Delta y / y}{\Delta x / x}$$

式中，

e—— 点弹性

x—— 自变量

y—— 因变量

Δx——自变量增量

Δy——因变量增量

2. 弧弹性

弧弹性即利用中点法计算的弹性系数，反映在一个变动区间内，自变量的变化引起的因变量的相对变动程度。

弧弹性的通用公式：

$$e=\frac{y_2-y_1}{(y_1+y_2)/2}\div\frac{x_2-x_1}{(x_1+x_2)/2}$$

式中，

e—— 弧弹性

x_1——变化前的自变量

x_2——变化后的自变量

y_1——变化前的因变量

y_2——变化后的因变量

（二）旅游需求弹性

旅游需求弹性是指旅游需求对各种影响因素变化的敏感性，即旅游需求量随影响因素的变化而相应变化的状况。

由于旅游产品的价格、人们可支配收入和相关旅游产品价格是影响旅游需求的最基本因素，因此旅游需求弹性一般可分为旅游需求价格弹性、旅游需求收入弹性和旅游需求交叉弹性。

二、旅游需求价格弹性

旅游需求价格弹性是指旅游需求量对旅游产品价格变动的敏感程度。旅游需求价格弹性系数是旅游产品价格变化的百分数与旅游需求量变化的百分数的比值。由于旅游需求量与旅游产品价格呈负相关关系，所以旅游需求价格弹性系数总是表现为负数，但在实际计算中通常用绝对值来表示。

当旅游需求曲线上两点之间的变化量趋于无穷小时，旅游需求价格弹性用点弹性表示；如果要反映旅游需求曲线上两点之间需求量的变动对于价格变动的敏感程度，则通常用弧弹性表示。

旅游需求价格弹性的通用公式如下：

点弹性：

$$E_p=\frac{Q_2-Q_1}{Q_1}\div\frac{P_2-P_1}{P_1}$$

弧弹性：

$$E_P=\frac{Q_2-Q_1}{(Q_1+Q_2)/2}\div\frac{P_2-P_1}{(P_1+P_2)/2}$$

式中，

E_P——旅游需求价格弹性系数

P_1——变化前的旅游产品价格

P_2——变化后的旅游产品价格

Q_1——变化前的旅游需求量

Q_2——变化后的旅游需求量

（1）当 $|E_P|>1$ 时，表明旅游需求弹性较大。在这种情况下，旅游产品价格稍有变化，便会引起旅游需求量较大幅度的变化。因此，提价会引起旅游需求量的锐减，从而减少总收益；降价则可以刺激旅游需求量的剧增，从而增加总收益。

（2）当 $|E_P|<1$ 时，表明旅游需求弹性较小。在这种情况下，旅游产品价格若发生变化，只会引起旅游需求量较小幅度的变化。因此，适度提价可以增加总收益，降价则会在一定程度上减少总收益。

（3）当 $|E_P|=1$ 时，表明旅游需求具有单位弹性。在这种情况下，旅游产品价格一旦有所变化，旅游需求量则发生相同比率的反向变化。因此，提价不会增加总收益，降价也不会减少总收益。

【例 3.1】某旅游景区在旅游淡季加大了促销力度，对旅游团队提供一定的数量折扣。当旅游团队为 20 人时，景区索道价格为 40 元；当旅游团队为 30 人时，景区索道价格为 30 元。

试计算并分析：

① 旅游团队为 30 人时的景区索道需求价格点弹性系数；

② 旅游团队在 20～30 人时的景区索道需求价格弧弹性系数；

③ 该旅游景区的促销举措是否成功。

解：① 旅游团队为 30 人时，景区索道需求价格点弹性系数为：

$$E_P=\frac{Q_2-Q_1}{Q_1}\div\frac{P_2-P_1}{P_1}=\frac{30-20}{20}\div\frac{30-40}{40}=-2$$

② 旅游团队在 20～30 人时，景区索道需求价格弧弹性系数为：

$$E_P=\frac{Q_2-Q_1}{(Q_1+Q_2)/2}\div\frac{P_2-P_1}{(P_1+P_2)/2}=\frac{30-20}{(20+30)/2}\div\frac{30-40}{(40+30)/2}=-1.4$$

③ 该旅游景区的促销举措是否成功可通过两种方法判断：

a. 根据景区索道价格弹性系数来判断

根据点弹性和弧弹性的计算结果可知，$|E_P|>1$，表明景区索道需求弹性较大。在这种情况下，索道价格稍有变化，便会引起索道需求量较大幅度的变化。因此，索道提价会引起旅游需求量的锐减，从而减少总收益；索道降价则可以刺激旅游需求量的剧增，从而增加总收益。

本题中，索道降价的举措可增加总收益，因此促销举措是成功的。

b. 根据总收益的比较来判断

当旅游团队为30人时，景区索道价格为30元，景区总收益为：

$30\times30=900$（元）

当旅游团队为20人时，景区索道价格为40元，景区总收益为：

$20\times40=800$（元）

由此可知，索道降价后可增加景区总收益，因此促销举措是成功的。

三、旅游需求收入弹性

旅游需求收入弹性就是指旅游需求量对人们可自由支配收入变动的敏感程度。旅游需求收入弹性系数是人们可自由支配收入变化的百分数与旅游需求量变化的百分数的比值。

当旅游需求曲线上两点之间的变化量趋于无穷小时，旅游需求收入弹性用点弹性表示；如果要反映旅游需求曲线上两点之间需求量的变动对于人们可自由支配收入变动的敏感程度时，则通常用弧弹性表示。

旅游需求收入弹性的通用公式如下：

点弹性：

$$E_I=\frac{Q_2-Q_1}{Q_1}\div\frac{I_2-I_1}{I_1}$$

弧弹性：

$$E_I=\frac{Q_2-Q_1}{(Q_1+Q_2)/2}\div\frac{I_2-I_1}{(I_1+I_2)/2}$$

式中，

E_I——旅游需求收入弹性系数

I_1——变化前的可自由支配收入

I_2——变化后的可自由支配收入

Q_1——变化前的旅游需求量

Q_2——变化后的旅游需求量

（1）当$E_I>1$时，表明旅游需求弹性较大。旅游需求量变动的百分比大于人们可支配收入变动的百分比，说明旅游需求对收入变化的敏感性大。

（2）当$E_I<1$时，表明旅游需求弹性较小。旅游需求量变动的百分比小于人们可支配收入变动的百分比，说明旅游需求对收入变化的敏感性小。

（3）当$E_I=1$时，表明旅游需求具有单位弹性。在这种情况下，旅游需求量变动的百分比与人们可支配收入变动的百分比相等。

【例3.2】某旅游统计机构针对某市旅游者的可自由支配收入与外出旅游次数作了详细的市场调查。调查结果表明：当旅游者每年可自由支配收入为6 000元时，旅游者会选择外出旅游2次；当旅游者每年可自由支配收入为8 000元时，旅游者会选择外出旅游3次。

试计算并分析：

① 旅游者每年可自由支配收入为8 000元时的旅游需求收入点弹性系数；

② 旅游者每年可自由支配收入为6 000～8 000元时的旅游需求收入弧弹性系数；

③ 该市旅游者可自由支配收入与旅游需求的关系。

解：① 旅游者每年可自由支配收入为8 000元时，旅游需求收入点弹性系数为：

$$E_I=\frac{Q_2-Q_1}{Q_1}\div\frac{I_2-I_1}{I_1}=\frac{3-2}{2}\div\frac{8\ 000-6\ 000}{6\ 000}=1.5$$

② 旅游者每年可自由支配收入在6 000～8 000元时，旅游需求收入弧弹性系数为：

$$E_I=\frac{Q_2-Q_1}{(Q_1+Q_2)/2}\div\frac{I_2-I_1}{(I_1+I_2)/2}=\frac{3-2}{(2+3)/2}\div\frac{8\ 000-6\ 000}{(6\ 000+8\ 000)/2}=1.4$$

③ 根据计算结果可知，$E_I>1$，表明旅游需求收入弹性较大。旅游需求量变动的百分比大于人们可支配收入变动的百分比，说明旅游需求对收入变化的敏感性大。

四、旅游需求交叉弹性

由于旅游产品具有替代性和互补性的特点，因而某种旅游产品的需求量不仅对其自身的价格变化有反映，而且对其他旅游产品的价格变化也有反映。旅游需求交叉弹性就是指旅游需求量对其他旅游产品价格变动的敏感程度。旅游需求交叉弹性系数是其他旅游产品价格变化的百分数与旅游需求量变化的百分数的比值。

当旅游需求曲线上两点之间的变化量趋于无穷小时，旅游需求交叉弹性用点弹性表示；如果要反映旅游需求曲线上两点之间需求量的变动对于其他旅游产品价格变动的敏感程度时，则通常用弧弹性表示。

旅游需求交叉弹性的通用公式如下：

点弹性：

$$E_{xy}=\frac{Q_{x2}-Q_{x1}}{Q_{x1}}\div\frac{P_{y2}-P_{y1}}{P_{y1}}$$

弧弹性：

$$E_{xy}=\frac{Q_{x2}-Q_{x1}}{(Q_{x1}+Q_{x2})/2}\div\frac{P_{y2}-P_{y1}}{(P_{y1}+P_{y2})/2}$$

式中，

E_{xy}—— 旅游需求交叉弹性系数

P_{y1}——变化前的旅游产品y的价格

P_{y2}——变化后的旅游产品y的价格

Q_{x1}——变化前的旅游产品x的需求量

Q_{x2}——变化后的旅游产品x的需求量

(1) 当$E_{xy}>0$时，说明两种旅游产品之间是一种替代关系。旅游产品Y价格下降必将引起对旅游产品X的需求量减少；反之，旅游产品Y价格上涨则引起旅游产品X的需求量增加。

（2）当 $E_{xy}<0$ 时，说明两种旅游产品之间是一种互补关系。旅游产品 Y 价格下降必然引起对旅游产品 X 的需求增加，反之，旅游产品 Y 价格上涨则引起对旅游产品 X 的需求量减少。

（3）当 $E_{xy}=0$ 时，说明两种旅游产品之间相互独立。

【例 3.3】某温泉度假酒店为增加对游客的吸引力，在酒店成立 3 周年时推出客房优惠活动，酒店客房价格由每间 500 元下降到每间 450 元。随着客房价格的下调，酒店入住游客增加，酒店泡温泉的游客人数也由 200 人增加到 260 人。

试计算并分析：

① 酒店泡温泉的游客人数与客房价格的旅游需求交叉点弹性系数；

② 酒店泡温泉的游客人数与客房价格的旅游需求交叉弧弹性系数；

③ 酒店泡温泉的游客人数与酒店客房价格之间的关系。

解：① 酒店泡温泉的游客人数与客房价格的旅游需求交叉点弹性系数为：

$$E_{xy}=\frac{Q_{x2}-Q_{x1}}{Q_{x1}}\div\frac{P_{y2}-P_{y1}}{P_{y1}}=\frac{260-200}{200}\div\frac{450-500}{500}=-3$$

② 酒店泡温泉的游客人数与客房价格的旅游需求交叉弧弹性系数为：

$$E_{xy}=\frac{Q_{x2}-Q_{x1}}{(Q_{x1}+Q_{x2})/2}\div\frac{P_{y2}-P_{y1}}{(P_{y1}+P_{y2})/2}=\frac{260-200}{(200+260)/2}\div\frac{450-500}{(500+450)/2}\approx-2.48$$

③ 根据计算结果可知，$Exy<0$，说明酒店泡温泉的游客人数与酒店客房价格之间具有互补性。

第五节　旅游需求的衡量指标及预测模型

一、旅游需求的衡量指标

旅游需求的变化状况及水平，可通过旅游需求指标来反映和衡量。旅游需求指标是旅游经济指标体系中的有机组成部分，主要通过一套经济指标来综合反映旅游需求的状况，并预测旅游需求的发展趋势。比较常用的旅游需求衡量指标体系主要由四类指标构成。

（一）旅游者人数指标

旅游者人数指标是反映旅游需求总量的主要指标，通过该指标可以了解和掌握旅游需求的总规模及水平状况，还可以进一步分析旅游者的需求构成、需求内容、需求时间及需求趋势等。主要包括以下指标：

1．国内旅游人次数

这是指一定时期内一国居民离开常住地到国内其他地方旅游的人次数，旅游者每出游一次统计 1 人次。

2．国际旅游人次数

国际旅游人次数又分为：入境旅游者人次数、出境旅游者人次数。

入境旅游者人次数：指一定时期内一个国家（或地区）所接待的国外（境外）旅游者人次数，旅游者每入境一次，统计1人次。

出境旅游者人次数：指一定时期内一个国家（或地区）居民出国（出境）旅游的人次数，旅游者每出境一次，统计1人次。

（二）旅游者停留时间指标

1. 旅游者停留天数

旅游者停留天数指一定时期内旅游者人次与人均停留天数的乘积，主要从时间角度反映旅游者的需求状况。具体公式如下：

$$\text{旅游者停留天数}=\text{旅游人次}\times\text{旅游者人均停留天数}$$

2. 旅游者人均停留天数

旅游者人均停留天数指一定时期内旅游者停留天数与旅游人次之比。公式如下：

$$\text{旅游者人均停留天数}=\frac{\text{旅游者停留天数}}{\text{旅游人次}}$$

（三）旅游消费支出指标

旅游消费支出，是指旅游者在旅游活动过程中所支出的全部费用，是从价值形态反映旅游需求的综合性指标。通常，旅游者在旅游目的地的旅游消费支出越多，旅游目的地国家（或地区）的旅游收入就越多。反映旅游消费支出的指标主要有三个，即旅游者支出总额、旅游者人均支出额和旅游支出率。

1. 旅游者支出总额

这是指一定时期内全部旅游者在一个国家（或地区）旅游活动过程中所支出的货币总额，反映了该国（或地区）的旅游收入。

2. 旅游者人均支出额

这是指一定时期内旅游者支出总额与旅游人次之比。

$$\text{旅游者人均支出额}=\frac{\text{旅游者支出总额}}{\text{旅游人次}}$$

3. 旅游支出率

这是指一定时期内一个国家（或地区）的旅游者支出总额与该国（或地区）的国民收入或国民生产总值的比率，反映了人们的旅游消费水平。

$$\text{旅游支出率}=\frac{\text{旅游者支出总额}}{\text{国民收入}}\times 100\%$$

（四）旅游出游率和旅游重游率指标

旅游出游率和旅游重游率指标，是从相对数角度反映旅游客源国（或地区）在一定时期内旅游出游人数的水平，但两者在计算上侧重点不同。

1. 旅游出游率

旅游出游率指一定时期内一个国家（或地区）外出旅游的人次数与其总人口的比率，反映了人们产生外出旅游需求的能力和水平。

$$旅游出游率 = \frac{外出旅游人次}{该国人口总数} \times 100\%$$

2. 旅游重游率

旅游重游率指一定时期内一个国家（或地区）外出旅游的人次数与该国（或地区）外出旅游人数之比，反映了人们外出旅游的频率及旅游需求的规模和能力。

$$旅游重游率 = \frac{外出旅游人次}{外出旅游人数} \times 100\%$$

二、旅游需求的预测模型①

旅游需求预测是在旅游调查基础上，运用科学的分析方法和手段对旅游需求的变化特点及趋势作出判断和推测。正确的旅游需求预测可为旅游市场开拓指明方向，为旅游产品开发提供科学依据，避免错误的旅游决策，促进旅游业的健康发展。

（一）德尔菲法

德尔菲法（Delphi Method）也称为专家预测法。它是美国兰德公司（RAND Corporation）在20世纪50年代创立的，以问卷的形式对一组选定的专家进行征询，最终得出预测结果的一种方法。

（二）回归预测模型

1. 一元线性回归预测模型

一元线性回归是最简单的一种回归预测方法，是在两个变量的数值中寻求建立直线趋势方程，再根据自变量的变化来预测因变量的变动趋势和水平的方法。

一元线性回归模型数学表达式：

$$y = a + bx$$

式中：x 为自变量，y 为因变量，a 为常数项，b 为 y 对 x 的回归系数。

2. 多元回归预测模型

由于旅游需求的影响因素较多，所以在使用回归预测模型对旅游市场需求进行预测时，一般采用多元回归预测模型。

多元线性回归模型数学表达式：

$$y = a_0 + a_1x_1 + a_2x_2 + a_3x_3 + \cdots + a_nx_n$$

式中：y 为旅游需求的度量；a_0 为常数项；a_1，a_2，a_3，…，a_n 分别为 x_1，x_2，x_3，…，x_n 的回归系数。

（三）时间序列预测模型

时间序列预测模型是基于统计学中的时间序列理论对旅游需求进行预测，是直接运用过去的旅游数据资料推测未来的旅游需求信息。具体来讲，它是直接运用已经观测到的时间序列 x_1，x_2，x_3，…，x_n 去推断未来的 x_{n+1}，x_{n+2}，x_{n+3}，…，x_{n+a}的值。

---

① 张立生．旅游经济学［M］．北京：中国人民大学出版社，2010.

【复习思考题】

1. 试述旅游需求的概念及形成的条件。

2. 旅游需求的主要特点是什么？

3. 旅游需求的影响因素有哪些？

4. 什么是旅游需求价格弹性？试分析旅游需求价格弹性与旅游总收入之间的关系。

5. 什么是旅游需求交叉弹性？

6. 某旅游景区度假酒店有客房300间，去年客房平均出租价格为600元，平均出租率为65%。今年恰逢该酒店20周年店庆，酒店为回馈新老客户，加大了促销力度，将客房平均出租价格下调为550元，平均出租率上升至70%。试计算该酒店客房旅游需求价格的弹性系数，并分析该酒店的降价策略是否得当。

7. 某旅游景区去年自驾车游客总数为5 000人，今年仅为4 000人。主要原因是这一年间汽油平均价格由每升5元上涨为每升6元，赴该景区旅游的自驾车人数减少。试计算该景区自驾车游客与汽油价格之间的旅游交叉弹性系数，并分析当汽油价格上升15%时会对该景区自驾车旅游市场产生什么影响。

【阅读材料4】

国务院发布推进海南国际旅游岛建设发展若干意见①

《国务院关于推进海南国际旅游岛建设发展的若干意见》于2009年12月31日发布。主要内容如下：

海南是我国最大的经济特区和唯一的热带岛屿省份。建省办经济特区20多年来，经济社会发展取得显著成就。但由于发展起步晚、基础差，目前海南经济社会发展整体水平仍然较低，保护生态环境、调整经济结构、推动科学发展的任务十分艰巨。充分发挥海南的区位和资源优势，建设海南国际旅游岛，打造有国际竞争力的旅游胜地，是海南加快发展现代服务业，实现经济社会又好又快发展的重大举措，对全国调整优化经济结构和转变发展方式具有重要示范作用。为扎实推进海南国际旅游岛建设发展，现提出以下意见。

一、海南国际旅游岛建设发展的总体要求

（一）指导思想。

高举中国特色社会主义伟大旗帜，坚持以邓小平理论和“三个代表”重要思想为指导，深入贯彻落实科学发展观，进一步解放思想，深化改革，扩大开放，构建更具活力的体制机制，走生产发展、生活富裕、生态良好的科学发展之路；积极发展服务型经济、开放型经济、生态型经济，形成以旅游业为龙头、现代服务业为主导的特色

---

① 阅读材料来源：《中国旅游报》，2010-01-06.

经济结构；着力提高旅游业发展质量，打造具有海南特色、达到国际先进水平的旅游产业体系；注重保障和改善民生，大力发展社会事业，加快推进城乡和区域协调发展，逐步将海南建设成为生态环境优美、文化魅力独特、社会文明祥和的开放之岛、绿色之岛、文明之岛、和谐之岛。

（二）战略定位。

——我国旅游业改革创新的试验区。充分发挥海南的经济特区优势，积极探索，先行试验，发挥市场配置资源的基础性作用，加快体制机制创新，推动海南旅游业及相关现代服务业在改革开放和科学发展方面走在全国前列。

——世界一流的海岛休闲度假旅游目的地。充分发挥海南的区位和资源优势，按照国际通行的旅游服务标准，推进旅游要素转型升级，进一步完善旅游基础设施和服务设施，开发特色旅游产品，规范旅游市场秩序，全面提升海南旅游管理和服务水平。

——全国生态文明建设示范区。坚持生态立省、环境优先，在保护中发展，在发展中保护，推进资源节约型和环境友好型社会建设，探索人与自然和谐相处的文明发展之路，使海南成为全国人民的四季花园。

——国际经济合作和文化交流的重要平台。发挥海南对外开放排头兵的作用，依托博鳌亚洲论坛的品牌优势，全方位开展区域性、国际性经贸文化交流活动以及高层次的外交外事活动，使海南成为我国立足亚洲、面向世界的重要国际交往平台。

——南海资源开发和服务基地。加大南海油气、旅游、渔业等资源的开发力度，加强海洋科研、科普和服务保障体系建设，使海南成为我国南海资源开发的物资供应、综合利用和产品运销基地。

——国家热带现代农业基地。充分发挥海南热带农业资源优势，大力发展热带现代农业，使海南成为全国冬季菜篮子基地、热带水果基地、南繁育制种基地、渔业出口基地和天然橡胶基地。

（三）发展目标。

——到2015年，旅游管理、营销、服务和产品开发的市场化、国际化水平显著提升。

——到2020年，旅游服务设施、经营管理和服务水平与国际通行的旅游服务标准全面接轨，初步建成世界一流的海岛休闲度假旅游胜地。

二、加强生态文明建设，增强可持续发展能力

（四）严格实行生态环境保护制度。（略）

（五）加强生态建设。（略）

（六）大力推进节能减排。（略）

（七）强化环境污染防治。（略）

三、发挥海南特色优势，全面提升旅游业管理服务水平

（八）建设富有海南特色的旅游产品体系。依托优势资源，发展特色旅游产品，进一步优化旅游产品结构。大力发展热带海岛冬季阳光旅游、海上运动、潜水等旅游项目，丰富热带滨海海洋旅游产品。积极稳妥推进开放开发西沙旅游，有序发展无居民岛屿旅游。积极发展邮轮产业，建设邮轮母港，允许境外邮轮公司在海南注册设立经营性机构，开展经批准的国际航线邮轮服务业务。研究完善游艇管理办法，创造条件适当扩大开放水域，做好经批准的境外游艇停泊海南的服务工作。加强林区基础设施建设，加快发展森林生态旅游。合理开发温泉资源，发展康体保健服务。积极发展自驾车观光游、特色房车游和体育休闲项目，完善相关配套服务。在符合土地利用总体规划和城乡规划、不占用耕地特别是基本农田、有效保护森林和生态环境、维护农民合法权益并依法办理用地手续的前提下，科学规划，总量控制，合理布局，规范发展高尔夫旅游。大力发展红色旅游和民族、民俗风情文化旅游。

（九）打造精品旅游景区。科学规划和布局景区景点，精心设计旅游线路，优化时间、空间配置，逐步形成区域特色明显、山海互补的旅游格局，塑造“阳光海南、度假天堂”的整体旅游形象。进一步完善亚龙湾国家旅游度假区、万宁兴隆温泉度假区、琼海博鳌亚洲论坛永久会址等主要景区景点的旅游服务功能。高水平开发建设海棠湾、清水湾、棋子湾、尖峰岭、霸王岭、五指山等一批精品景区。高标准规划建设海洋、热带雨林等旅游主题公园。

（十）进一步规范旅游市场秩序。推进旅游服务标准化和国际质量认证，在旅游餐饮、住宿、交通、景区、旅行社、导游、购物及应急管理等方面，加快建立与国际通行规则相衔接的旅游服务标准体系。加强旅游行业诚信体系建设，规范景区门票价格，整治“零负团费”、虚假广告等，严厉打击价格欺诈和不正当竞争行为。推进旅游综合执法，建立健全旅游投诉处理机制，加大对违法违规行为的惩处力度。强化社会监督和舆论监督。

（十一）加强旅游公共服务体系建设。进一步转变政府职能，深化改革，建立健全政府引导、行业自律、企业依法自主经营的旅游管理体制和运行机制。加强旅游立法工作，完善旅游相关法规。依托信息技术，提升海南旅游管理和服务水平。在交通枢纽、景区、城市广场等游客较为集中的场所设立游客服务中心。建设具有宣传促销、咨询、预订、投诉等功能的综合性旅游服务平台，健全旅游公共服务网络。完善旅游标识系统。强化管理规范、清洁卫生、方便游客的旅游厕所设施建设。建立健全旅游安全预警和应急机制，完善应急救援、公共医疗、卫生检疫防疫等安全救助体系。

四、大力发展与旅游相关的现代服务业，促进服务业转型升级

（十二）加快发展文化体育及会展产业。加快发展文化产业，引进创意产业人才，大力发展文化创意、影视制作、演艺娱乐、文化会展和动漫游戏等各类文化产业，积极培育具有海南地域和民族特色的文化产业群。

（十三）加快发展现代物流业。依托洋浦保税港区和海口综合保税区，大力发展航运、中转等业务，促进国际物流和保税物流加快发展。

（十四）保持房地产业平稳健康发展。积极引导和发展与旅游业相适应的房地产业，科学规划房地产业发展的类型、规模和速度，鼓励有实力、有信誉的企业发展富有海南特色、高品质的星级宾馆、度假村等房地产项目。

（十五）加快发展金融保险业。鼓励金融机构调整和优化网点布局，完善服务设施。（略）

五、积极发展热带现代农业，加快城乡一体化进程

（十六）积极发展热带现代农业。大力发展热带水果、瓜菜、畜产品、水产品、花卉等现代特色农业。（略）

（十七）加快推进城乡一体化。根据资源环境承载能力和综合发展条件，科学确定功能分区，优化区域空间布局。（略）

六、加强基础设施建设，增强服务保障能力

（十八）构建安全、方便、快捷的综合交通运输体系。（略）

（十九）加强能源、水利等基础设施建设。进一步优化能源结构，提高清洁能源比重。（略）

（二十）加强信息网络设施建设。大力发展有线和无线宽带网络，推进数字海南建设，实现高速宽带无线网络覆盖全岛。（略）

七、推进以改善民生为重点的社会建设，加快形成人文智力支撑

（二十一）加强人力资源建设。（略）

（二十二）加快公共文化服务体系建设。（略）

（二十三）完善城乡医疗卫生服务体系。（略）

（二十四）营造文明和谐的社会环境。（略）

八、充分利用本地优势资源，集约发展新型工业

（二十五）集约发展新型工业。（略）

（二十六）鼓励发展高技术产业。（略）

（二十七）加快发展海洋经济。（略）

九、加强组织协调，落实各项保障措施

（二十八）加大政策支持。建设海南国际旅游岛，是国家的重大战略部署，是一项长期而又艰巨的任务。国务院各有关部门要高度重视，进一步解放思想，在政策、资金、项目安排等方面给予特殊扶持。（略）

国务院

二〇〇九年十二月三十一日

【案例分析4】

世界各地特色主题酒店[①]

主题酒店也称为“特色酒店”，是以某一特定的主题，来体现酒店的建筑风格和装饰艺术，以及特定的文化氛围，让顾客获得富有个性的文化感受。作为一种新型酒店发展形态，主题酒店在国内发展的时间并不长，而且分布范围不广泛，主要分布在发达的沿海城市。例如第一家主题酒店是深圳的威尼斯酒店，其建筑风格主要融合了文艺复兴和欧洲后现代主义，以威尼斯文化为装饰主体；有以回归大自然为主题的广州番禺的长隆酒店，还有一些酒店以怀旧为主题，装饰主体多以老照片、老绘画、老古

① 案例来源：http：//www.ssyx.net/show_news.asp？Id=267.

董、老服饰等，营造出怀旧的环境；此外，还有香港的迪士尼乐园酒店和迪士尼好莱坞酒店，它们都以迪士尼为主题。

主题酒店在国外有近50年的发展历史，国外很多主题酒店特色十足，成为国内主题酒店学习发展的方向标。下面将对世界各地最具特色的主题酒店作介绍。

一、自然风光主题酒店

1. 肯尼亚树顶旅馆

树顶旅馆的建筑为全木结构，底层吊空，上有三层客房。建筑底层主要采用数十根木柱作为支撑，顶层有观景平台，能观看到白雪皑皑的肯尼亚山顶。旅馆前方有水塘，但不是为顾客使用的，而是大象、犀牛、狒狒饮水、嬉戏的地方，体现出人与自然的和谐。

2. 奥地利布鲁毛罗格纳温泉酒店

酒店位于奥地利东南部，是奥地利著名建筑艺术家百水先生的建筑作品。布鲁毛罗格纳温泉酒店在外观上具有很强的视觉冲击力，其座右铭是“微妙的不同”。酒店的客房设计十分独特，设计师将酒店房间嵌进了地下，如同一座座土拨鼠的地穴，酒店顶层种植茂密的草坪和灌木。酒店就像一个小城镇，有不同的公寓区，蜿蜒婉转的路将你引向各种意想不到的景观。

二、城市特色主题酒店

1. 美国金字塔酒店

美国拉斯维加斯的金字塔酒店（Luxor）堪称世界上最宏伟、最神秘的主题酒店之一。酒店于1993年秋开始建造，以历史悠久的古埃及文明为主题设计。酒店外观设计成大金字塔及人面狮身像，酒店房间就在金字塔里面。酒店有4 407个客房，是世界上第三大度假酒店，第四大金字塔。酒店内一座楼高30层的黑色玻璃金字塔和两座有阶梯的金字塔楼是古埃及艺术和现代科技的结晶，也是拉斯维加斯最具创造力和想象力的建筑艺术杰作，令酒店在拉斯维加斯无与伦比。

2. 美国柏列吉欧酒店

美国拉斯维加斯的柏列吉欧酒店主要是模仿意大利北部的柏列吉欧小镇景观建成的，酒店前方有一个30 000多平方米的人工湖，喷泉高达72米，水池舞台纵深8米，在这经常有水中舞蹈和特技魔术的表演。

3. 深圳威尼斯酒店

深圳威尼斯酒店位于深圳湾畔风光秀丽的华侨城，毗邻世界之窗景区。该酒店是中国首座威尼斯文化主题商务度假型酒店，主要以水城威尼斯的文化进行包装，建筑元素和装饰元素以反映威尼斯文化为主，展现出浓浓的地中海风情。

三、艺术特色主题酒店

1. 美国米高梅酒店

美国拉斯维加斯的米高梅酒店（MGM Grand Hotel）拥有5 005个客房，是世界上第二大酒店，完全以影城好莱坞为主题。该主题酒店充分利用空间和高科技的手段，配以大型的演出，使酒店增色不少。

2. 维也纳公园酒店

在音乐之都的酒店建筑设计当然以音乐为主题，音乐家的照片、绘画、雕塑、历史场景等作为酒店装饰元素，酒店宴会厅有乐池、舞台。

3. 印尼巴厘岛摇滚音乐主题酒店

摇滚音乐主题酒店（The Hard Rock Hotel Bali）位于印度尼西亚巴厘岛最热闹的海滩区，是硬石集团旗下的亚洲第一座摇滚音乐主题酒店，总占地3公顷，有418间客房。一进酒店大门，就能看到露天的20多米高的一个大电吉他，这是硬石酒店的显著标志。酒店所有房间都提供互动式影音娱乐系统，酒店内展出音乐文物、音乐家手稿、老唱片封面、歌唱家用过的服饰，处处有音乐的影子，俨然是一座音乐博物馆、海的宁静与沙滩的喧嚣，被无处不在的音乐调和得恰到好处。位于酒店大堂的 Centerstage 酒吧是硬石文化的心脏，这里经常会有来自世界各地的摇滚乐队的现场表演，强劲的摇滚乐，强烈的节奏感，让观众不由自主地随之狂欢。

四、历史文化主题酒店

1. 玛利亚酒店

酒店以时光倒流般的心理感受成功吸引了众多游客，酒店内使用天然岩石作为地板、墙壁的装饰材料，就连浴缸也是石制的，让游客切身感受到悠久历史的文化氛围。

2. 雅典卫城酒店

雅典卫城酒店以雅典卫城为主题，酒店内装饰有雅典卫城的照片、绘画、模型、雕塑、纪念品等，从房间窗户处能看到整个雅典卫城。

五、怪异主题酒店

1. 柏林怪异旅馆

柏林怪异旅馆（Propeller Island City Lodge）是个真实而又奇特的旅馆。旅馆以怪异为主题，浴缸和马桶犹如啤酒桶，床铺利用倾斜的地板、不规则的墙角设计成会飘荡的摇篮；房间的墙壁黄色和棕色相间，犹如监狱之门，那儿有一个被撞开的大洞，足够一个人猫腰爬进爬出。

2. 智利水帘洞旅馆

智利水帘洞旅馆位于智利的魔术山旅馆，房间就在一个瀑布下面，旅客借由一个吊桥进出，好像住在水帘洞一样。旅馆周边密林丛生，老鹰在空中飞过，豹子在林中飞奔，在吊桥上漫步异常亲近自然。

3. 荷兰起重机旅馆

2003年，荷兰北部港口城市哈林根的巨型起重机被改造成为豪华的海港起重机旅馆。这间旅馆只有一间双人房，无敌海景，两人独享。旅客先要搭钢管升降机到酒店的平台，然后搭第2架升降机才能抵达离地面17米高的客房。这里的照明系统采用触摸屏式操作，椅子为贵宾式的雅座，房子是钢结构，看起来非常优雅。起重机旅馆的客房晚上还能打开天窗数星星，堪称最佳情侣套房。

案例思考题：

1. 试结合本案例中的特色主题酒店分析旅游需求的特点。

2. 请你试着对某一主题酒店进行创意设计，并从满足游客需求角度说明你的设计理念。

【案例分析5】

“哈七”热映带动伦敦游：影视大片搅热电影出境旅游[①]

近年来，众多的国内外电影捧红了越来越多的旅游景点，电影旅游悄然兴起。哈利波特七部曲的终结篇上映，再次掀起了全球“哈利波特热”，影片中那些具有魔幻气息的外景拍摄地也成为影迷们的热门旅游胜地，如安尼克城堡、基督堂学院等，已经成为了旅游热点。

2012年4月，华纳拟将拍摄哈利波特系列电影的伦敦摄影棚改建为一个85万平方英尺的旅游景点。哈利波特影迷们可以在“学院大厅”和“对角巷”等知名场景中漫步，从近处观看影片的布景道具，并了解影片的拍摄过程。旅游业内人士表示，这一景点预计将在2012年伦敦奥运会前对外开放，届时将掀起另一股哈利波特的旅游狂潮。

一直以来，借助热门电影效应来推广旅游线路或景区屡见不鲜，如皖南宏村、南屏、西塘、乔家大院、凤凰等著名的景区，都曾通过在电影屏幕上的多次亮相而拉动了当地的旅游消费，电影拍摄取景对当地旅游市场的推广起着极大的宣传作用。但以前更多的电影屏幕亮相，大多是成为景区的宣传卖点，像哈利波特这种直接为电影度身定制的旅游项目还比较少见。

电影效应目前在出境游方面起到的推进作用更加明显。2011年暑期档上映的3D电影《里约大冒险》生动地介绍了南美洲的很多旅游场景及当地旅游的特色项目，如电影里有一种很流行的娱乐项目空中滑翔，现在几乎每位到当地去旅游的年轻消费者都会去尝试这一被电影预热的项目，目前很多南美洲的旅游线路都会涉及空中滑翔项目的行程安排。在《飞屋环游记》里出现的在委内瑞拉坐小飞机俯瞰天使瀑布，同样受到了部分年轻游客的关注，旅游机构也在逐步调整推出相应的旅游行程。《美食总动员》里对法国巴黎场景的充分展示，也会推动法国方向的出境游热情。

案例思考题：

1. 结合案例谈谈你对影视业与旅游业融合发展的理解。

2. 针对游客旅游需求的不断变化，分析影视旅游出现的原因及发展的前景。

---

① 案例来源：《南方日报》（http：//www.gog.com.cn），2011-08-17.

第四章　旅游供给与旅游承载力

【本章学习目标】

通过本章的学习，了解旅游供给的概念及特点，熟悉旅游供给的主要内容，掌握旅游需求的影响因素及其变化的规律性，掌握旅游供给弹性。在此基础上，明确旅游资源开发与旅游承载力的关系。

第一节　旅游供给的特点及主要内容

一、旅游供给的概念

从经济学角度看，供给是指生产者在一定时期内，在每一价格水平上愿意并且能够向市场提供的一定数量的某种产品或服务。

旅游供给是指旅游经营者在一定时期内，在每一价格水平上愿意并且能够向旅游市场提供的旅游产品的数量。它包括两层含义：①

（一）旅游需求是旅游供给的前提条件

供给与需求是相互对应的概念，需求是相对消费者而言的，而供给则是相对生产者而言的。有旅游需求才会有旅游供给，因此旅游需求是旅游供给的基本前提条件。旅游产品经营者只有以旅游消费者的需求为导向，建立起一套适应旅游活动需求的旅游供给体系，才能保证旅游需求的实现。

（二）旅游供给必须是一种有效供给

有效供给是指旅游供给必须是旅游经营者愿意并且可以提供的旅游产品。即旅游经营者愿意满足旅游者的需求，在一定条件下和一定价格水平下提供旅游产品，并且旅游经营者还需具备提供这种旅游产品的实力和基础。

二、旅游供给的特点

（一）旅游供给具有整体性

旅游供给必须以旅游需求为前提条件。由于旅游需求是集“食、住、行、游、购、

① 张立生．旅游经济学［M］．北京：中国人民大学出版社，2010.

娱”于一体的整体需求，旅游经营者也应当为旅游者提供能够满足其在旅游活动过程中所必需的旅游资源、旅游设施及旅游服务，从而提高旅游目的地的吸引力。

（二）旅游供给具有多样性

由于旅游者的旅游需求千差万别，旅游需求的差异性决定了旅游供给是由多种资源、设施与服务要素构成的，因此旅游供给也应当具备多样性。在旅游产品的提供过程中，旅游经营者应当根据旅游者的文化水平、经济状况、职业特征、年龄及性别等差异，开发多样化的旅游产品，满足旅游者多样化的需求，提高旅游服务质量和水平，进而增加旅游经营效益。

（三）旅游供给具有异质性

相同类型的旅游产品容易出现同质化的倾向，在现实生活中往往会陷入激烈的竞争当中，如果单纯采取低价竞争策略，往往会造成“两败俱伤”的局面。因此，旅游经营者在推出某一旅游产品之前，应当对旅游需求的内容、层次和变动趋势进行必要的市场调查和预测，同时对市场上已有的同类旅游产品的生产经营状况进行深入分析。在此基础上，针对人们的旅游需求制定旅游供给计划，提供异质性的旅游产品，科学地组织旅游产品的生产，从而取得较好的市场效果。

（四）旅游供给具有独特性

对旅游经营者而言，提供旅游产品的条件是不相同的。有的旅游产品依托于独特的自然资源而打造，有的则依托于独特的人文资源而打造，有的则两者兼备。如：作为世界自然和文化双重遗产地，安徽黄山素有“五岳归来不看山，黄山归来不看岳”的美誉，这为打造独特的黄山旅游产品提供了基础。由此可见，在旅游产品的打造过程中，必须注重深入挖掘其独特的自然和历史文化内涵，使旅游产品能够“脱颖而出”。

（五）旅游供给具有关联性

旅游供给涉及国民经济中众多的部门和行业，其关联度居国民经济各产业部门之冠。旅游供给既涉及与旅游业直接相关的运输业、酒店业等部门和行业，又涉及与旅游业间接相关的会展业、文化创意产业等部门和行业。

（六）旅游供给具有可持续性

在旅游产品的开发和经营过程中，必须重视旅游资源和环境（含自然环境、人文环境等）的保护，从而实现旅游供给的可持续性。其关键点在于做好合理的旅游发展规划，无论是旅游景区景点的建设，还是旅游交通设施、旅游服务设施等配套设施的建设，都应当与旅游目的地本身的资源和环境协调统一，并且有利于促进旅游目的地的发展。

如：据敦煌研究院的统计，每年5～10月，莫高窟每天的游客平均保持在3 000～5 000人。而科学的测算结果表明，合理的游客承载量应该是每天2 900人左右。为了合理利用莫高窟文物资源，减少人为因素对文物造成的潜在破坏，使旅游供给具有可持续性，从20世纪80年代起，敦煌研究院就与国内外机构合作，对莫高窟的地质环境、气象环境，特别是洞窟小环境进行监测，在莫高窟窟顶设置了窟区环境监测站，并为开放洞窟安装了温湿度自动监测探头。与此同时，敦煌开始对日益增多的游客实施干预，对每天的游客实行窟内分流，将开放的50个洞窟划分为10条参观路线，同时还实施了游客参观预约制，逐步实行游客限量。

三、旅游供给的主要内容

旅游供给主要体现为各种旅游产品。根据旅游供给的特点，可将旅游供给分为基本旅游供给和保障性旅游供给。如表4－1所示：

表4－1　　旅游供给主要内容一览表①

主类	亚类	基本类型
基本旅游供给	旅游资源	自然旅游资源
		人文旅游资源
		社会旅游资源
	旅游设施	交通运输设施
		食宿接待设施
		游览娱乐旅施
		旅游购物设施
	旅游服务	商业性旅游服务
		非商业性旅游服务
保障性旅游供给	基础设施	公用事业设施
		现代社会生活基本设施

（一）基本旅游供给

基本旅游供给是指直接针对旅游者的需要而提供的旅游供给内容，主要包括旅游资源、旅游设施及旅游服务。

1. 旅游资源

旅游资源是指自然界和人类社会中能对旅游者产生吸引力，可以为旅游业开发利用并且产生经济、社会及环境效益的自然存在、历史文化遗产或社会现象。旅游资源可分为自然旅游资源、人文旅游资源和社会旅游资源三大类。

自然旅游资源主要指在自然地理环境演变过程中所形成的对旅游者具有吸引力的风光景观、地质构造、动植物资源等，如美国西部科罗拉多大峡谷以其独特地形地貌吸引着来自全世界各地的旅游者；人文旅游资源主要指在人类历史演进过程中所形成的对旅游者具有吸引力的历史古迹、文化遗址、民族文化等，如古希腊的雅典娜神庙、古罗马的圆形大剧场、中国的故宫博物院、非洲神秘的部落习俗等激发了旅游者的旅

① 林南枝，陶汉军．旅游经济学［M］．天津：南开大学出版社，2009.

游热情；社会旅游资源主要指能反映和体现旅游目的地经济与社会发展面貌且对旅游者具有吸引力的文艺演出、体育赛事、标志性建筑及特色节庆活动等，如英国莎士比亚的戏剧、美国篮球职业联赛（NBA）的赛事、北京的鸟巢和水立方、西班牙的“斗牛节”等均以其特色吸引了大量旅游者前往。

2. 旅游设施

旅游设施是指直接针对旅游者所必需的食、住、行、游、购、娱等多方面需要而提供的专门设施。旅游设施是旅游供给的重要内容，其完善程度、规模大小决定了一个国家（或地区）的旅游接待能力。旅游设施主要包括交通运输设施、食宿接待设施、旅游娱乐设施及旅游购物设施等。

（1）交通运输设施

交通运输设施是指有助于旅游者实现由甲地到乙地空间位移的交通设施和设备。交通运输设施是否完善，直接关系到旅游目的地的可进入性。因此，加大旅游交通运输设施的建设力度，加强旅游设施的经营管理水平，合理规划旅游交通路线，开发有特色的旅游交通运输工具，对于增加游客旅游体验的独特性和新颖性以及提升旅游产品供给质量至关重要。如：峨眉山滑竿是为游人代步准备的一种特别的交通工具，它不仅为游人减少了登山的劳累，还为峨眉山增添了一道亮丽的风景。游人坐上滑竿畅游在崎岖的游山道上，穿行在层峦叠翠的万木丛中，若腾云驾雾，似浏览画卷，赏景餐秀，谛听鸟语，优哉游哉，拥有一种特别的旅游体验。

（2）食宿接待设施

食宿接待设施是指旅游目的地为旅游者提供的基本生活服务设施，能为旅游者在休息、调整和休闲方面提供各种便捷条件。旅游食宿接待设施最基本的要求是安全性、舒适性以及设施设备功能的完善性。

食宿接待设施以现代饭店为集中代表。现代饭店是举行各种商务会议和社交活动的重要场所，在一定程度上代表旅游目的地的形象。因此，为提升旅游目的地在游客心中的形象，应当对饭店进行精心设计。现实生活中，很多独具特色的主题饭店往往会对游客形成较大的吸引力。如位于美国拉斯维加斯的金字塔酒店 Luxor 是世界上最宏伟、最神秘的酒店之一。该酒店于 1993 年开始建造，以古埃及文明为主题设计，外观设计成大金字塔及人面狮身像，酒店房间就在金字塔里面。酒店房间的设计也以古埃及风格为主，住宿的旅客乘坐专用小艇渡过小尼罗河后抵达客房。金字塔酒店是古埃及艺术和现代科技的结晶，是拉斯维加斯最具创造力和想象力的建筑艺术杰作，也吸引了世界上无数游客前去体验。

（3）游览娱乐设施

游览娱乐设施是指为旅游者提供各种参观、游览、休闲及其他娱乐活动的场所，主要包括艺术馆、博物馆、纪念馆、大型实景演出场地、体育场馆、体育俱乐部、娱乐会所、游乐园等。借助游览娱乐设施，旅游者可以探寻历史遗迹、欣赏艺术瑰宝、观看体育赛事、体验游玩乐趣等，从而增强旅游活动的历史性、文化性、趣味性、体验性和参与性。

如：1955 年开业的位于美国加利福尼亚州阿纳海姆市的迪士尼乐园（Disneyland

Park）是世界上第一个迪士尼主题乐园，被人们誉为地球上最快乐的地方。该乐园拥有8个各具特色的主题区，包括探险世界、未来世界、童话城堡、西部垦荒时代、米奇卡通城等。以米老鼠为首的迪士尼家族，每年都有新成员加入，加上迪士尼乐园的软硬件不断推陈出新，使得这里成为观光客前往洛杉矶绝对不会错过的重要景点。目前，除美国加州的迪士尼乐园外，迪士尼公司还投巨资在美国佛罗里达州、法国巴黎、日本东京和中国香港建设了4个迪士尼主题公园。此外，迪士尼公司还计划在中国上海川沙镇建设另一个主题公园。

（4）旅游购物设施

旅游购物设施是指可为旅游者购物提供便利条件的场所及其相关设施。旅游购物是旅游活动的一项重要内容，同时也是旅游收入的重要来源渠道，因此旅游目的地应加强富有地方特色和民族特色的旅游商品的设计、开发、生产和销售活动，科学规划和建设旅游购物设施，为游客创造更好的购物环境和条件。

3. 旅游服务

旅游业属于第三产业中的现代服务业的范畴。旅游服务是指旅游从业人员按照旅游者的要求而为其直接提供的劳务。旅游服务渗透在旅游活动的全过程，可分为商业性旅游服务和非商业性旅游服务两大类。商业性旅游服务主要包括旅游交通运输服务、导游服务、餐饮服务、客房服务、翻译服务、购物服务等；非商业性旅游服务主要包括旅游咨询服务、游客投诉处理服务等。

当前，旅游服务质量良莠不齐，在一定程度上影响了旅游目的地的竞争力。因此，旅游目的地应大力提高旅游服务质量，力争提供更为舒适、周到和高效的旅游服务，进而提升旅游目的地的市场美誉度。如在英国旅行，有小写i标志的游客信息中心是自助游背包客不可忽视的地方。全英各地都设有旅游咨询服务，游客能在游客信息中心拿到各种类别的免费地图，并获取详细的最新旅游信息，游客信息中心的工作人员还为游客提供住宿、参团、多语种咨询等服务，可谓一应俱全的一站式旅游服务。

（二）保障性旅游供给

保障性旅游供给是指为基本旅游供给提供支配和配套服务的基础设施和相关设施，它的服务对象主要是当地居民，而不是直接针对旅游者提供的。保障性旅游供给随着社会经济发展而不断完善和发展，其数量和质量反映着一国（或地区）社会经济发展的状况。

保障性旅游供给主要分为两大类：公用事业设施和现代社会生活基本设施。公用事业设施主要包括交通设施、供水设施、供电设施、供气设施、通信设施、道路管网等；现代社会生活基本设施主要包括医疗机构、金融机构、邮政部门及社会管理机构等。

第二节　旅游供给的影响因素

旅游供给影响因素众多，主要包括旅游资源的吸引力、旅游目的地环境容量、旅游产品的价格、旅游相关产品的价格、政府的宏观政策、社会经济发展水平等。

一、旅游资源的吸引力

旅游活动是依托旅游资源进行的，旅游资源对游客是否具有吸引力至为关键。旅游资源同旅游目的地的自然历史条件密切相关。有些旅游目的地自然条件优越，自然风光优美，如英国的乡村风光、澳大利亚的黄金海岸对旅游者有着极大吸引力；有些旅游目的地历史悠久，文化底蕴深厚，如中国、埃及、希腊等国古老灿烂的文明吸引着世界各地旅游者的目光。反之，有些旅游目的地自然历史条件较差，旅游资源匮乏，也在一定程度上影响了旅游供给量。

二、旅游目的地环境容量

旅游环境容量是指旅游目的地接待旅游者的最大数量。旅游资源是旅游供给的基本要素，但旅游资源的开发不是无限的，而是受旅游环境容量的限制，因此旅游目的地环境容量在很大程度上决定和影响旅游供给的规模和数量。如果旅游者超过了旅游目的地的环境容量，则可能对旅游目的地的自然环境、文化传承、居民生活等产生极大的影响。

三、旅游产品的价格

旅游产品是综合性较强的产品，包含食、住、行、游、购、娱等多种要素，因此旅游产品的价格同各种要素价格密切相关。在旅游产品价格不变的情况下，如果各种要素价格提高，则会使得旅游产品成本提高而利润下滑，此时旅游产品供给量会相对减少。与之相反，如果各种要素价格下降，则旅游产品的供给量会增加。

四、旅游相关产品的价格

一般来讲，旅游产品价格会直接影响旅游供给量，而旅游相关产品价格则会间接影响旅游供给量。旅游相关产品的价格一旦发生变化，必然引起社会要素资源的重新配置，进而影响旅游产品供给量的变化。

五、政府的宏观政策

旅游目的地政府的宏观政策是支持还是限制旅游业发展，会对旅游供给的规模、数量、品种和质量产生重要影响。一般来讲，如果旅游目的地国家制定了扶持和鼓励旅游经济发展的战略与规划，并在旅游项目投资、信贷政策、税收政策、价格政策等方面给予优惠，则会促进旅游供给数量及质量的提升。反之，则会减少旅游供给量。

如：海南是著名的旅游胜地，碧海、蓝天、椰树、白云吸引着众多游客的目光。2010 年 1 月 4 日，国务院发布《国务院关于推进海南国际旅游岛建设发展的若干意见》，海南国际旅游岛建设正式步入正轨，为海南旅游业的发展带来了新的契机。作为国家的重大战略部署，我国将在 2020 年将海南初步建成世界一流海岛休闲度假旅游胜地，使之成为开放之岛、绿色之岛、文明之岛、和谐之岛。2011 年 4 月 20 日，继韩国济州岛、日本冲绳岛和我国台湾妈祖、金门两岛后，海南三亚成为第四个实行“免税离岛”政策的地区，海南旅游又多了一件吸引游客的法宝。

六、社会经济发展水平

旅游业是一项综合性和依赖性都很强的经济产业，社会经济发展状况和水平不仅为旅游供给提供各种物质基础的保证，而且在一定程度上决定了旅游产品供给的数量和质量。如果一个国家或地区经济实力雄厚，科学技术发达，就会有更多的资金、技术及人才投入到旅游业的发展中，为旅游资源的开发、保护及旅游产品的开发提供更科学的方法、手段和依据，从而有效增加旅游供给量。

第三节　旅游供给规律

一、旅游供给规律的含义

旅游供给规律主要是指旅游供给量与旅游产品价格变动之间的关系。其中，旅游供给量是指旅游目的地国家或地区在一定时期内向旅游市场提供的旅游产品数量。由于旅游供给量的影响因素众多，且很多因素难以量化，因此人们通常用旅游目的地的旅游接待能力来表示旅游供给量。此外，旅游产品价格也不是一成不变的，通常会随市场需求的变化产生波动。

二、旅游供给量与旅游产品价格的关系

旅游供给量与旅游产品价格关系密切。通常来讲，在其他因素既定的情况下，一旦旅游产品价格上涨，旅游供给量必然会随之增加；反之，一旦旅游产品价格下降，旅游供给量也必然会随之减少。

旅游供给规律表示的就是旅游供给量同旅游产品价格之间的变化关系。这种关系用函数可表示为：

$$Q_s = f(P)$$

式中，

Q_s——一定时期的旅游产品供给量

f——函数关系

P——旅游产品价格

旅游供给量同旅游产品价格之间的关系可用图 4－1 表示为：

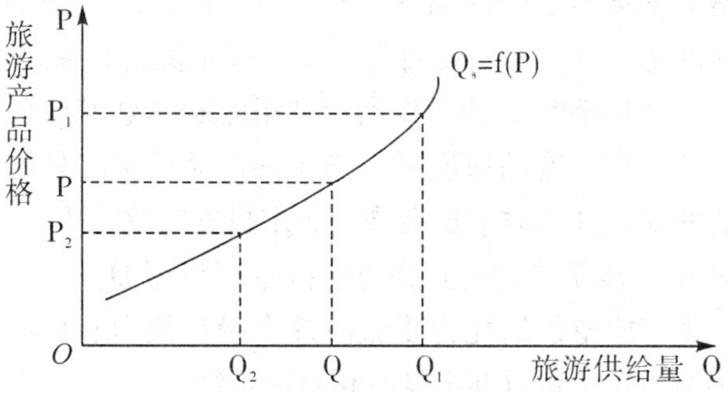

图 4－1　旅游供给量与旅游产品价格的关系

在图 4－1 中，纵坐标代表旅游产品价格，横坐标代表旅游供给量。通过分析可知：

当旅游产品价格为 P 时，旅游需求量为 Q；

当旅游产品价格从 P 上涨为 P_1 时，旅游需求量由 Q 增加为 Q_1；

当旅游产品价格从 P 下跌为 P_2 时，旅游需求量由 Q 减少为 Q_2。

分析表明：旅游供给曲线通常是从左下方向右上方倾斜的曲线，旅游需求量与旅游产品价格呈正相关关系。旅游产品价格越高，旅游供给量就越大；反之，旅游产品价格越低，旅游供给量就越小。

三、旅游供给量与其他影响因素的关系

旅游供给量不仅受旅游产品价格的影响，还受社会经济发展水平、旅游业发展政策、旅游目的地环境容量、税收政策等多种因素影响。这些因素有的可能会促进旅游供给量的增加（如对旅游产品经营者实行税收优惠政策），有的可能会使得旅游供给量减少（如收缩旅游信贷投资等）。

在旅游产品价格既定条件下，其他因素的变动会引起旅游供给的变动，这也是人们通常所称的旅游供给水平的变动。在这种情况下，旅游供给量的变化不是沿着旅游供给曲线上下移动，而是整个旅游供给曲线发生左右移动。如图 4－2 所示：

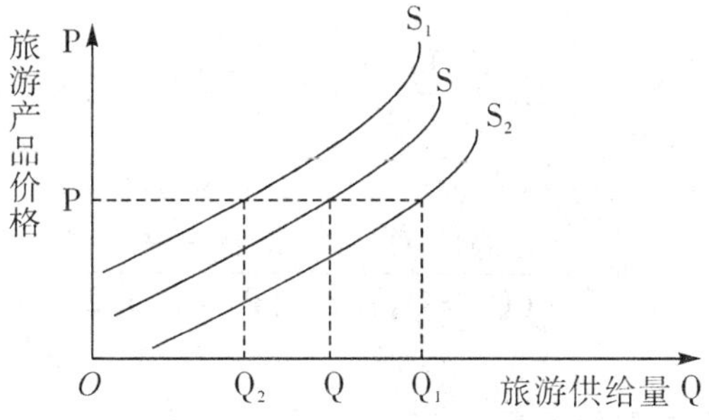

图 4－2　旅游供给曲线平移图

在图 4－2 中，纵坐标代表旅游产品价格，横坐标代表旅游供给量。S 代表原始旅游供给曲线，即在旅游产品价格 P 既定的情况下的旅游供给曲线。通过分析可知：

在旅游产品价格P保持不变的情况下，当旅游产品价格之外的其他影响因素发生了有利于旅游业发展的变化（如政府出台有利于旅游业发展的税收政策等），原始旅游供给曲线就会由S向右平移至S_2，旅游供给量则相应地由Q增加至Q_1。

在旅游产品价格P保持不变的情况下，当旅游产品价格之外的其他影响因素发生了不利于旅游业发展的变化（如政府出台限制旅游投资的政策等），原始旅游供给曲线就会由S向左平移至S_1，旅游供给量则相应地由Q减少至Q_2。

值得一提的是，由于旅游供给能力受旅游综合接待能力和旅游环境承载能力等因素限制，因而旅游供给量在一定时期内具有相对稳定性。

第四节　旅游供给弹性

一、旅游供给弹性的概念

旅游供给除了受旅游产品价格因素的直接影响外，还受社会经济发展水平、旅游环境承载力、国家宏观旅游政策等多种因素影响。旅游供给弹性是指旅游供给对各种影响因素变化作出的反应。

旅游供给弹性包括旅游供给价格弹性、旅游供给交叉弹性等，其中最主要的是旅游供给价格弹性。

二、旅游供给价格弹性

旅游供给价格弹性是指旅游供给量对旅游产品价格变动的敏感程度。旅游供给价格弹性系数是旅游供给量变化的百分数与旅游产品价格变化的百分数的比值。

当旅游供给曲线上两点之间的变化量趋于无穷小时，旅游供给价格弹性用点弹性表示；如果要反映旅游供给曲线上两点之间供给量的变动对于价格变动的敏感程度时，则通常用弧弹性表示。

旅游供给价格弹性的通用公式如下：

点弹性：

$$E_{SP}=\frac{Q_2-Q_1}{Q_1}\div\frac{P_2-P_1}{P_1}$$

弧弹性：

$$E_{SP}=\frac{Q_2-Q_1}{(Q_1+Q_2)/2}\div\frac{P_2-P_1}{(P_1+P_2)/2}$$

式中，

E_{SP}——旅游供给价格弹性系数

P_1——变化前的旅游产品价格

P_2——变化后的旅游产品价格

Q_1——变化前的旅游供给量

Q_2——变化后的旅游供给量

由于旅游供给量与旅游产品价格之间是一种正相关关系，所以旅游供给价格弹性系数始终为正值，具体可分为以下几种情况：

（1）当 $E_{SP}=0$ 时，说明旅游供给完全缺乏价格弹性。在这种情况下，无论旅游产品价格如何变动，旅游供给都不发生变化。此时，旅游供给曲线表现为一条与纵轴平行的线。

（2）当 $0<E_{SP}<1$ 时，说明旅游供给价格弹性不足。在这种情况下，旅游产品价格若发生变化，只会引起旅游供给量较小幅度的变化。此时，旅游供给曲线表现得比较陡峭。

（3）当 $E_{SP}=1$ 时，说明旅游供给具有单位弹性。在这种情况下，旅游产品价格若发生变化，则会引起旅游供给相同幅度的变化。

（4）当 $E_{SP}>1$ 时，说明旅游供给是富有价格弹性的。在这种情况下，旅游产品价格稍有变化，便会引起旅游供给量更大幅度的变化。此时，旅游供给曲线表现得非常平缓。

第五节 旅游承载力及旅游资源开发

一、旅游目的地的承载力①

由于旅游供给受多种因素影响，旅游供给的衡量十分复杂，学者们一般通过对旅游目的地承载力的分析来确定旅游地容量。

对于旅游承载力的概念，学者们见仁见智，从不同角度进行了界定：

1982 年，西方学者马西森和沃尔的定义：旅游承载力是指在自然环境下未造成不可承受的变化和对旅游者的体验质量未造成不可接受的下降的前提下，允许使用一个地点的最多人数。

2003 年，克里斯·库珀等学者在其编著的《旅游的原理与实践》一书中的定义：旅游承载力是一个景点、一个度假地甚至一个地区所能承受而又不会造成破坏性后果的旅游资源的利用能力。

世界旅游组织的定义："旅游承载力是一个地区在提供使旅游者满意的接待并对资源产生很影响的前提下所能进行的旅游活动的规模"。

综上，旅游承载力是指旅游资源所在地在接待游客时既不会造成破坏性后果，又不会导致游客旅游体验质量下降所能承受的游客数量。

对旅游目的地承载力的分析主要涉及生态环境承载力、旅游资源承载力、社会经济承载力以及旅游者心理承载力等。

① 张立生. 旅游经济学［M］. 北京：中国人民大学出版社，2010.

(一) 旅游地的生态环境承载力

旅游地的生态环境承载力是指旅游目的地接待旅游者或容纳旅游活动的最大数量。一旦超过这个数量，旅游活动将会对旅游目的地的生态环境等产生不利影响。旅游地生态环境承载力的测算主要涉及旅游者所产生的污染物、环境自净能力和人工治理污染的能力等。

旅游地生态环境承载力的测算公式：

$$C_e = \frac{\sum_{i=1}^{n} N_i S + \sum_{i=1}^{n} Q_i}{\sum_{i=1}^{n} P_i}$$

式中，

C_e——旅游地生态环境日承载力

S——旅游地面积

N_i——旅游地单位面积对 i 种污染物的日自净能力

Q_i——旅游地每天人工处理 i 种污染物的能力

P_i——旅游者人均每天产生 i 种污染物的数量

(二) 旅游地的旅游资源承载力

旅游地的旅游资源承载力是指在保持旅游活动质量的前提下，旅游资源所能容纳的最大旅游者人数或旅游活动量。旅游地的旅游资源承载力是旅游资源可持续利用的最大边界，一般采用以下两种方法对已开发旅游地的资源承载力进行测算。

1. 面积法

面积法主要根据旅游地可供游览使用的面积、游客人均使用面积标准以及旅游周转率来进行测算。

面积法的测算公式：

$$C_m = \frac{S_a}{S_b} \times R$$

式中，

C_m——旅游地旅游资源日承载力（面积法）

S_a—— 旅游地可供游览使用的面积（平方米）

S_b—— 游客人均使用面积标准（平方米/人）

R—— 游客周转率（游客周转率 = 旅游地每日开放时间/游客每日平均游览时间）

因此，面积测算法又可表示为：

$$旅游地旅游资源日承载力 = \frac{旅游地可供游览使用的面积}{游客人均使用面积} \times 游客周转率$$

【例 4.1】某旅游景区占地总面积 60 000 平方米，其中 50% 的面积可供游客游览和休息。该景区每日开放时间为 9 小时，游客每日平均在景区停留 3 小时，且游客人均使用面积按照我国《风景名胜区规划规范》（GB 50298 - 1999）规定的上限为 10 平方米/人。试运用面积法计算该旅游景区的旅游资源日承载力。

解：根据面积法测算公式，该景区的旅游资源日承载力为：

$$景区旅游资源日承载力=\frac{60\ 000\times 50\%}{10}\times\frac{9}{3}=9\ 000\ (人)$$

由于不同类型旅游地游览空间标准不同，可参考世界旅游组织提供的标准（表4-2）进行测算。

表4-2　　旅游活动基本空间标准①

旅游活动及场所	世界旅游组织标准	
	基本空间标准（平方米/人）	单位空间合理标准（人/公顷）
森林公园	667	15
郊区公园	143～667	15～70
乡村休闲地	50～125	80～200
高密度野营地	16～33	300～600
低密度野营地	50～167	60～200
高尔夫球场	677～1 000	10～15
滑雪场	100	100
滑冰场	677～2 000	5～15（水面）
垂钓园	333～2 000	5～30（水面）
徒步旅游地	—	40
赛场（参观）	25	40
野外露营地	33	300

2. 线路法

线路法主要根据旅游景区的游览线路总长度、旅游景区游览线路间距标准以及游客周转率来进行测算。

线路法的测算公式：

$$C_x=\frac{2L}{I}\times R$$

式中，

C_x——旅游地旅游资源日承载力（线路法）

L——旅游地游览线路总长度（米）

I——旅游地游览线路间距标准（米/人）

R——游客周转率（游客周转率=旅游地每日开放时间/游客每日平均游览时间）

（三）旅游地的社会经济承载力

旅游地社会经济承载力是指旅游地能够接受的游客人数和游客活动量，即旅游资源所在地的居民和企业对旅游发展带来的变化所能接受的最大限度。旅游地社会经济

① 李贻鸿．观光事业：发展·容量·饱和［M］．台北：淑馨出版社，1986．

承载力主要由旅游地社会经济发展水平决定，一旦超过这个限度，就会带来一系列的社会经济问题，容易引发旅游地居民对旅游活动的敌视情绪，甚至挑起旅游者与旅游地居民的矛盾和冲突等。

旅游地社会经济承载力的测算比较复杂，一般可通过测算旅游地食宿供应能力来进行测算。

旅游地社会经济承载力的测算公式：

$$C_{se} = \frac{\sum_{i=1}^{n} F_i}{\sum_{i=1}^{n} D_i}$$

式中，

C_{se}——旅游地社会经济日承载力

F_i—— 第 i 类食物或住宿设施的日供应能力

D_i—— 每位旅游者对第 i 类食物或住宿设施的平均消费能力

（四）旅游者的心理承载力

旅游者的心理承载力是指旅游者对旅游目的地吸纳过量游客造成的拥挤和喧闹在心理或知觉上所能承受的极限。一旦旅游目的地接纳游客过多，超过了旅游者所能承受的心理极限，就会对旅游者的旅游舒适性和满意度造成极大影响。因此，在对旅游供给进行衡量时，旅游者的心理承载力也是一个重要的衡量指标。

旅游者心理承载力的测算一般与旅游目的地的旅游资源承载力的测算一致。在计算旅游目的地资源承载力时所采用的游览面积或间距标准时，通常按照最低限度来测算，但也可参照表 4 - 2 的国际标准来测算。

二、旅游目的地的资源开发

（一）旅游资源开发的相关理论

1. 旅游地生命周期理论

旅游地生命周期理论是 1980 年由加拿大学者巴特勒（Butler）根据产品生命周期提出的新理论，他认为一个旅游地的生命周期一般要经过探索、参与、发展、巩固、停滞、衰落或复苏六个阶段。旅游地开发的实质是旅游产品的开发，旅游地的生命周期本质上也就是旅游产品的生命周期。

2. 旅游资源空间一体化理论

旅游资源空间一体化理论是基于共同市场的视角提出的，主要指随着经济社会的不断发展，地区内部或不同的地区与国家之间的旅游商品、服务以及生产要素的依赖性不断增强，旅游资源在空间上的融合度日益提升。

（二）旅游资源开发的概念及目标

1. 旅游资源开发的概念

狭义的旅游资源开发是指单纯的旅游资源利用的技术。

广义的旅游资源开发是指在旅游资源调查和评价的基础上，以发展旅游业为目的，以市场需求为导向，有组织有计划地对旅游资源加以利用、发挥和改善，进而提高旅游资源对旅游者吸引力的综合性技术经济工程。

2. 旅游资源开发的目标

旅游资源开发通过经济、技术手段对旅游资源进行修饰、加工和改善，使之成为旅游吸引物。其主要目标是通过进入旅游市场，实现其经济效益，促进旅游资源所在地区居民收入的提高。

（三）旅游目的地资源开发的主要原则

《旅游资源开发原则》明确规定："旅游资源开发必须做到有利于景区自然生态环境的改善和资源的可持续利用，有利于当地社会、经济、生态的协调发展和经济社会的全面繁荣。旅游资源的开发与保护应紧密结合，突出重点景区、合理布局、有序开发、留有余地。对生态环境脆弱的资源要慎重开发。所有开发项目应作出环境影响评价与预测，杜绝以牺牲生态环境换取经济利益的短期行为。"具体来说，旅游目的地资源开发应遵循以下原则：

1. 保护性原则

（1）资源本身的保护。资源本身的保护主要指要限制资源的损耗，延缓衰减的自然过程，将人为损耗降低到最低点，绝不允许人为随意破坏。如：2011 年 4 月 18 日，全国石质文物保护一号工程——"国宝"千手观音像抢救性保护工程在重庆大足宝顶山石刻现场举行启动仪式，这也标志着 2011 年"国际古迹遗迹日"中国区活动拉开大幕。在启动大足石刻千手观音像修复工程之前，重庆市已组织项目组专家在两年多的时间里完成了一系列前期调查研究工作。前期调查是抢救性保护工程开展的关键，为后期制定技术方案奠定了坚实基础。目前，该项目进展顺利，总投资 4 000 万元的维护修复工程预计将于 2014 年完工。

（2）旅游环境的保护

旅游环境的保护主要指旅游资源的开发既要和自然环境相适应，有利于环境保护和生态平衡，控制污染，又要与社会环境相适应，不危及当地居民的文化和社会生活。

2. 独特性原则

旅游资源贵在稀有，其独特性意味着不可替代性。这一原则的实施主要体现在：

（1）尽量选择开发那些在某些方面堪称"之最"的旅游资源。例如在一定地域范围内的同类事物中，该项事物的历史"最"悠久、规模"最"大、造型"最"奇、工艺"最"精、知名度"最"高等。

（2）对于遗产性旅游资源，应尽可能保持自然和历史形成的原始风貌。任何"画蛇添足"式的过分修饰，甚至大规模拆旧翻新的做法都不足为取。

（3）在开发和建设有关的配套设施时，特别是在旅游景区内的设施建设方面，应注意反映当地的文化特点。突出民族化、地方化，保持某些传统格调也是为了突出独特性，同时也有利于当地旅游形象的树立。

如：重庆渝东南民族地区旅游产品开发注重从自身特色出发，充分发挥创意宣传作用，通过打造专业旅游网站、投放旅游广告、组织节会活动等进行立体营销。黔江围绕“神秘黔江，欢乐之旅”的主题进行了创意宣传，秀山针对“花”、“边”、“古”、“少”特色大做文章，彭水正在深度挖掘郁山古盐业发展孕育的“黔中文化”，石柱围绕“风情土家、五彩石柱”进行了整体营销，酉阳凭借其纯朴淳厚的人文历史和神奇久远的流风遗韵吸引游客驻足流连。

3. 文化性原则

旅游在一定程度上是对“他文化”的一种欣赏和探求的活动，因此旅游目的地资源开发应当注重文化性原则。

（1）进行准确的文化定位。不同旅游目的地的文化属性各有特色，因此旅游目的地资源开发首先应当进行准确的文化定位。

（2）突出当地文化特色。将当地的特色文化体现在旅游产品中，突出旅游资源的文化内涵，使旅游者从中吸取文化的精华，做到寓学于游。如：重庆秀山土家族苗族自治县的洪安古镇是沈从文先生名著《边城》的原型，风景秀美、民风淳朴，“鸡鸣三省”，具有独一无二的边城文化，在旅游资源开发中应注重尽量保持其“原汁原味”，从而促进当地旅游业的可持续发展。

（3）细分目标市场。不同的文化旅游资源由于其内容和表现形态的巨大差异，所吸引的游客群体也大不相同。在对文化旅游资源做出正确的评价和定位后，就要对目标市场进行细分，确定相应的客源市场，从而有针对性地对资源进行开发。

4. 综合性原则

旅游目的地资源开发成功与否，不能单纯以经济效益来衡量，还应当兼顾社会文化效益和环境效益。为了确保目的地旅游业的可持续发展，应高度重视旅游目的地资源开发的综合效益。旅游目的地资源开发的综合效益主要包括以下三方面：

（1）市场效益的可持续性和全面性，即对旅游目的地资源进行开发时要处理好短期利益和长期利益、经济效益和社会效益、局部利益和整体利益的关系。

（2）资源价值的可持续性和全面性，即在旅游目的地资源开发过程中要处理好非物质文化的文化价值、社会意义和经济价值的关系。

（3）基础设施利用的可持续性和综合性，即要强调旅游目的地资源开发过程所建项目的利用率，提高重复利用率，避免资源的浪费。

（四）旅游目的地资源开发的主要内容

旅游资源开发的主要内容可参照2003年5月1日实施的中华人民共和国国家标准《旅游规划通则》（GB/T18971－2003）中的旅游区总体规划内容来进行，主要包括：

1. 合理规划设计旅游景区景点

旅游景区景点的规划是旅游景区景点开发建设中的核心问题。一般旅游景区景点规划应当向省旅游行政主管部门备案，重点旅游景区景点规划应当经省旅游规划委员会审查后报省政府批准实施。旅游景区景点规划涉及海洋功能区、自然保护区、风景名胜区、文物古迹、历史文化建筑等规划的，应当符合相关法律法规规定。旅游景区景点规划未经依法审批的，有关部门不得办理开发建设许可手续。同时，旅游景区景点的开发建设，应当依法进行环境影响评价。环境保护设施及安全设施应当与主体工程同时设计、同时施工、同时投入使用。

2. 建设和完善旅游基础设施及旅游服务设施

旅游业的发展与旅游基础设施及旅游服务设施的发展相关。吃、住、行、游、购、娱是旅游的六大要素，均涉及旅游基础设施及旅游服务设施建设，因此，相关部门和景区必须因地制宜，妥善配置，以项目建设为重点，协调推进旅游基础设施及旅游服务设施建设，促进旅游业的跨越式发展。

3. 保护旅游目的地生态环境，促进旅游业的可持续发展

生态环境具有“不可逆性”，一旦破坏便难以恢复原貌。在旅游目的地旅游资源的开发过程中，对自然及人文生态环境的保护工作应同时进行。首先，应加强对旅游管理者、旅游企业员工、当地群众及游客的环保教育，提高人们的生态环境保护意识；其次，旅游景区景点规划应遵循生态环境保护原则，旅游资源开发尽量保持原生态，景区景点内的交通方式也应做到“绿色”、“环保”、“无污染”；最后是注重保护旅游目的地民风民俗的“原真性”，这是旅游产品的核心竞争力所在，极具稀缺性。

4. 重视旅游目的地旅游人才培养，提升旅游服务质量

作为新兴的服务性产业，旅游业经营的成败，很大程度上取决于其经营管理水平与服务质量的高低。当前旅游业正处于快速发展阶段，急需大量高素质的旅游人才，因此应坚持培养与引进人才相结合的方针，做好旅游人力资源的开发和管理工作。通过学历教育、终身教育及岗位培训等拓展本地旅游从业者的综合知识体系，提升旅游服务质量。同时，充分调动当地群众参与和发展旅游的积极性，因为大量专家已经通过调研证实群众参与旅游的积极性与当地旅游业发展正相关。此外，从本地旅游业发展实际出发，有目的地引进国内外旅游管理、旅游规划、旅游产品设计及营销等方面的高端人才，提高旅游业经营管理质量，打造“旅游精品”，进而提升旅游产品在国内外市场的知名度和美誉度。

5. 打造旅游形象品牌，构建创意宣传网络

旅游形象品牌的塑造对于旅游目的地至为关键。有的旅游目的地虽然在自然资源方面拥有独特的自然景观，在人文资源方面拥有周边诸多景区无法比拟的文物古迹、民俗风情和民族文化，但在旅游开发上却没有很好地彰显特色。因此，在旅游形象品牌打造上，旅游目的地必须构建创意宣传网络，充分发挥创意宣传作用，通过打造专业旅游网站、投放旅游广告、组织节会活动等进行立体营销，打造出独具特色的旅游形象品牌，从而提升旅游形象品牌的知名度和市场美誉度。如：为了让秀丽的巫山风景为世人知晓，重庆巫山定期举办“重庆长江三峡国际红叶节”，大大提高了景区知名度。

【复习思考题】

1. 试述旅游供给的概念及特点。
2. 旅游供给的主要内容是什么?
3. 旅游供给的影响因素有哪些?
4. 如何理解旅游供给弹性。
5. 试述你对旅游承载力的理解。
6. 旅游目的地资源开发的主要原则是什么?
7. 某旅游景区占地总面积5 000平方米，其中60%的面积可供游客游览和休息。该景区每日开放时间为8小时，游客每日平均在景区停留2小时，且游客人均使用面积为10平方米/人。试运用面积法计算该旅游景区的旅游资源日承载力。

【阅读材料5】

北京东方饭店：带您走进历史①

东方饭店坐落在北京宣武香厂路，这里曾经是民国时规划的新市区。至今，饭店周围的栋栋小洋楼还有着那个时期中西文化融合的特点，这让高高矗立的东方饭店更添了一种历史的沧桑感。

东方饭店建于1918年，是北京屈指可数的百年饭店之一。东方饭店老楼是名人居，当年陈独秀、蔡元培、张学良、白崇禧、胡适、梅兰芳等均在此下榻过，如今，饭店客房都以这些名人的名字命名。饭店“老房子咖啡屋”民国时期在北京非常有名，因此也保留了下来。

饭店大堂悬挂着五幅油画，描述了民国时期发生在东方饭店的历史故事。第一幅画描绘了1928年6月10日，白崇禧率部由汉口乘火车进入北平，连夜在东方饭店召开英美记者招待会，宣布北伐胜利的情景；第二幅画描述了钱玄同、刘半农、林语堂等人组成的中国汉语拼音委员会，在东方饭店集中两个月，讨论研究推出中国国语注音方案；第三幅画描述了1926年，冯玉祥在北京“逼宫”，把溥仪轰走，然后，吴佩孚、张作霖、冯玉祥之间发生直奉战争，鲁迅先生避难住在东方饭店，并在东方饭店撰写了著名杂文《记念刘和珍君》；第四幅画描述了1935年至1936年张学良、张大千等人住在东方饭店的生活场景；第五幅画描述了1922年罗文干、蔡元培、李大钊、蒋梦麟、胡适、马叙伦等北大教授在东方饭店宴请苏联政府代表团的场景。

五幅油画讲述的故事，把人们带入了民国时期。而前厅一侧的展示柜，陈列着饭店当年开业时用的银盘、中国饭店客房安装的第一部电话、饭店用餐时摇的铃铛、美

① 阅读材料来源：《中国旅游报》，2010－05－05.

国老式收音机、中国早期的华生电扇、美国16毫米的电影放映机、1915年的电影胶片、饭店停电时用的马灯……其中一个瓷盘，据说是当时孙中山先生为举办辛亥革命成功的酒会特意在景德镇烧制的。

东方饭店打造的是体验经济，经营的是文化，而不仅仅是一个床板，一道菜肴。饭店给客人带来的是一种民国生活方式的体验。

饭店发掘出了30多种民国菜肴。比如，孙中山先生生前爱吃豆腐，还专门写过文章。因此，饭店的头牌菜“天下为公”就以豆腐为主原料。该菜采用蓝盘容器，盛上蟹黄瓤豆腐，味道又鲜又嫩。另外，头牌菜“百年辛亥”，则以上好的日本关东参为原料。辛亥革命的旗子是“九角十八星的旗子”，红色代表铁血，黑色代表武器，十八星代表十八省独立。值得一提的是，濒临失传的民国菜“九转大肠”，让在天津经营餐饮的袁世凯的孙女品尝后赞不绝口。

饭店的服务员都必须了解民国文化，这是饭店打造民国主题酒店的要求。现在，东方饭店已有民国主题客房、餐饮、咖啡屋、民国主题电影厅、舞厅和“民国记忆”购物店。一系列民国方式的打造，让东方饭店成为了全国首家以民国文化为主题的饭店，也使饭店赢得了较高的评价和良好的口碑。

此后，饭店在我国台湾地区的旅游推介也获得圆满成功。2011年是辛亥革命100周年，饭店将策划一系列旅游活动，如举办民国文化旅游资源论坛、百年辛亥题材艺术作品展销、民国民俗手工艺演示及民国文化礼品纪念品展销、民国收藏品拍卖、民国传统美食月、民国文化演艺周等。这些活动为海峡两岸的旅游交流发挥了积极的作用。

【阅读材料6】

各国发力中国市场　促销频出新招①

黄金周引发的出境游热潮高涨，节后旅游价格下降，而舒适度大增，吸引不少游客错峰出游。记者近日从旅行社了解到，节后出境游线路报价降幅达三到五成，其中东南亚线路价格降幅最明显，加上气候适宜，游客报名踊跃。与此同时，一些国家为吸引中国游客推出的促销活动层出不穷，旅游者可以通过各种渠道获得或大或小的旅行实惠。

一、澳大利亚旅游促销活动

1．“私奔澳大利亚”旅游推广活动

2011年10月25日，“私奔澳大利亚”大型招募活动揭晓终极大奖名单。本次活动由澳大利亚旅游局携手旅游卫视、新浪旅游频道联合推出，经过为期4周的网络招募及评审面试，来自北京和杭州的三组选手凭借其对赴澳旅游的热爱与向往、独特的私奔创意、感人的“私奔”理由和出色的镜头表现力，获得评委组青睐，赢得免费去澳大利亚实现“私奔”梦想的机会，并成为旅游卫视《有多远走多远》的节目主角。

“私奔澳大利亚”的推广是澳大利亚旅游局2011年的主打活动之一，通过网友上

① 阅读材料来源：《中国旅游报》，2011－10－28.

传的个人照片、视频、专题页面丰富的旅游信息及后续的电视特辑节目全方位展示澳大利亚多元的自然风光、人文风情及个性化的自由行旅游体验，促使更多消费者亲身前往澳大利亚，感受不同的澳式魅力。同时，借助数字媒体和平面媒体等多样化手段综合宣传澳大利亚。

三组选手将于2011年11月初奔赴澳大利亚，从亲情、友情、爱情三个不同的角度诠释全新的“私奔”定义。

2. 美丽达人免费乐享澳洲海豚岛“完美之旅”

由屈臣氏和澳大利亚天阁露玛度假村联合举办的“活出美丽，我的美人计”——享澳洲海豚岛完美旅行活动也正在进行中。本次活动采用线上与线下相结合的方式，在屈臣氏的近千家中国大陆门店及人人网、微博等社会媒体平台进行宣传，征集符合条件的美丽达人，免费乐享澳洲海豚岛完美之旅。

天阁露玛海豚岛位于澳大利亚布里斯班以东，以喂食野生海豚的独特体验、纯净的海岛风光而闻名。随着在中国市场的推广工作日渐深入，天阁露玛度假村日益受到中国游客的欢迎，已经成为澳洲东海岸不可错过的去处之一。屈臣氏是国内首屈一指的个人护理零售品牌，拥有上千万会员。此次双方联合推出此活动，是澳洲天阁露玛野生海豚度假村第一次和国内零售业展开针对前沿消费者的合作，并将范围扩大到整个中国市场，从力度和范围来说都是空前的。

“我们希望通过屈臣氏的强大平台，进一步提高天阁露玛度假村在中国中高端消费群体中的知名度，吸引更多中国游客来体验跟野生海豚亲密接触的独特经历以及充满活力的海岛假期。”据天阁露玛度假村总监大卫·詹姆斯介绍，天阁露玛度假村此次用于回馈中国消费者的3个“完美双人行程”总价值约18万人民币，包括广州至布里斯班的往返机票、布里斯班国际机场至天阁露玛度假村的往返交通、天阁露玛海豚岛的最高档的客房——帝博套房三晚住宿以及在海豚岛上的各种美食和活动体验。

二、设计线路赢取赴日“免费试玩”

为了促进中国游客特别是自由行群体赴日旅游，日本旅游部门除了推行的签证简化和优惠政策，还首次在华招募“免费试玩员”。记者近日了解到，携程旅游与日本关西广域机构、关西国际观光推进中心合作推出了网络招募“免费试玩团”，反响非常火爆，吸引了1 000多人参与报名。

此次免费试玩的是关西大阪+京都4日游体验行程，招募10名试玩员。网友通过携程网上旅游论坛发帖，或者在携程旅游加为粉丝微博报名，同时设计并提交“大阪一日自由行”计划书。主办方汇总所有计划书选出最优秀的10份。11月初，入选的10名试玩员将从上海出发免费游日本关西，还可以在行程中按照自己的计划书自由体验。

携程旅游业务部副总经理陈彦伊告诉记者，此次“免费试玩团”网络招募活动反响非常热烈，显示了中国游客赴日旅游热情的回升和巨大潜力。特别是赴日个人观光的需求正在迅速增加，他们相对年轻，旅游经验丰富，习惯网络查询和预订旅游产品。目前携程组织的赴日游客，已经有半数是自由行。预计今后年轻游客采用自由行方式前往日本旅游，会成为市场的一个重要组成部分。

据了解，赴日旅游的热度在刚刚过去的国庆长假期重又升温，以上海相关部门的统计看，十一期间上海赴日人数接近1.75万人次，跃居出境游首位，其中青年人所占比例较大，尤以70后、80后游客为主。

秋季是日本旅游旺季，旅行社产品信息显示，价格优惠依然是秋季赴日旅游一大卖点。

【案例分析6】

云南香格里拉雨崩村村民参与旅游开发的“轮流制”模式分析①

20世纪80年代，墨菲（Murphy）在其著作《旅游：社区方法》（*Tourism*：*A Community Approach*）一书中提出“社区参与式旅游发展”理论，较为详细地阐述了旅游业对社区的影响，社区对旅游的响应及如何从社区角度去开发和规划旅游。墨菲把“社区方法（Community Approach）”的理念与旅游发展思路相结合，旅游被看做一个社区产业，从社区利益出发，由社区确定发展目标，控制开发过程，追求社区经济、社会、文化与生态之间的平衡，最终实现社区的发展，社区参与被认为是实现旅游开发可持续发展的重要途径之一。现以雨崩村为例进行分析。

一、雨崩村简介

雨崩村位于我国世界自然遗产、国家重点风景名胜区“三江并流”核心地带，是云南省迪庆藏族自治州德钦县梅里雪山脚下典型的藏族村落，分雨崩上村和雨崩下村。雨崩村四周环山，人口密度较低，生活节奏缓慢，村民对自然生态环境的依存性较强，该景区的自然胜境被海内外游客称为“真正的香格里拉”和“世外桃源”。截止到2008年，全村共有34户人家，168口人。由于地理位置偏僻，雨崩村至今未通公路，各种因素导致该地区社会经济长期落后于周边村落及其他发达地区。2000年以前，该村很多成年人连小学都未上过，许多村民甚至不会讲普通话，受教育程度普遍较低。长期以来，雨崩村村民以农业为主，辅以牧业、林业和采集业，经济发展水平相当低下，生活较为贫困。村民们虔诚地信仰着藏传佛教，精神生活方面严格恪守着宗教礼规，凡逢年遇节祭会和人生仪礼都严格按照藏族风俗行事，日常文化创造活动保持着与周围自然世界与超自然世界的本质联系，村民的生产生活方式、宗教信仰、祭祀活动等都充满着神秘色彩。

二、雨崩村村民参与旅游开发“轮流制”模式分析

1. 村民参与旅游开发具有深刻的社会经济背景

（1）当地旅游资源景观奇特，民族文化保存完整，对外界有较大吸引力

雨崩村所在的旅游区环境至今还保持着原始状态，是梅里雪山植物分布最为丰富的区域和珍稀古老植物种子基因库，自然生态植被完整，垂直生态系列明显，在不到一个纬度的范围内包含了半个地球的水平地带性生态景观，这使雨崩村旅游景区生态

① 郭文. 乡村居民参与旅游开发的轮流制模式及社区增权效能研究——云南香格里拉雨崩社区个案［J］. 旅游学刊，2010（3）.

多样性程度特别高，对游客具有较大的吸引力，客源保障成为旅游得以开发的前提。

(2) 农村农业现代化受挫，发展急需打破地理生态环境屏障

与内地大部分农村相比，雨崩村地势陡峭，谷坡险峻，地貌区域属于横断山区，古、奇、幽、险是其基本特征，几乎无法找到平地，在雨崩村甚至连一台拖拉机都难以开进。脆弱的地质环境使该村农业现代化受挫，村民要想脱贫致富，必须打破当地地理生态环境屏障的不利因素，而参与旅游开发成为最好的选择。

(3) 传统生产关系比较松散，村民获利方式具有局限性

没有参与旅游开发前，村民对农业、畜牧业、林业和采集业等传统产业依赖程度比较大，村民的产业活动就是满足自身的生活之需，经济发展水平相当低下。这相对于旅游业所具有的低准入、高收益的优势而言，旅游业更能在乡村各大产业中取得支配性经济贡献。

2. “轮流制”模式的形成过程

20 世纪 90 年代，雨崩村已经出现了牵马服务，但不是直接服务于游客。村民最初尝到牵马的甜头是为政府部门修建景区运输物资后获得的报酬。对于雨崩村的社区旅游发展，村民们大多认为是由于 1989—1996 年中日联合登山队在雨崩村附近搭建大本营准备攀登卡格博峰，雨崩村才渐渐被外人所知，随后少量徒步者、背包客等探险型旅游者开始进入雨崩村。1997 年后，雨崩村村民在政府的带领和资助下，以当地独特的自然资源、民俗风情为依托，开发旅游景点，吸引了来自世界各地和国内北京、上海、广州等地的游客。

雨崩景区是梅里雪山内转经的必经之路，也是梅里雪山资源核心区所在，主要景点有雨崩神瀑、笑农牧场（大本营）和冰湖等。由于自然风光优美，民俗文化神秘，生态多样性构成了独特的神山文化，成为旅游者向往的世外桃源和心目中“真正的香格里拉”。在游览过程中，因当地交通不便，游客徒步行走自然感到困难，遂产生针对游客的“马帮”服务。此外，由于村庄美景奇特，文化底蕴深厚，地域闭塞，在此可获得心灵自由，使得游客更愿意在此长时间停留，围绕旅游需求，村民开办了家庭旅馆，开展居民接待服务。

不过，由于利益的驱使，村民在牵马送客和家庭接待出现之初曾经有过“单体家庭行为”，政府没有介入引导，村中也无相应规范的管理机制，整体上缺乏监管，各种各样新的矛盾如拉客、抢客、宰客现象时有发生，游客利益因此受到损害，甚至各户之间为争夺游客吵架、斗殴，严重影响了村民形象。为了遏制这一现象进一步发生，在村领导组织下，村民参与旅游接待的“契约”和参与各项旅游服务具体价格在与上级管理部门（德钦县旅游局）协商之后，遵循“资源共享、利益共享、共同致富”一体化共生理念，按照“轮流制”模式，把“不损害别人利益”作为每户（或每人）行动的伦理底线，村民任何不合契约的私自行为都将受到约束。长此以往，自然而成，共生共存的普遍价值成为全村参与旅游服务认同的“普遍真理”。随着“轮流制”的完善和落实，各种不良行为逐渐减少，村中恢复了往日的安宁与和谐。

3. “轮流制”模式的组织形式及分配制度

雨崩村“轮流制”是乡村居民在参与旅游业发展过程中形成的一套规范村民旅游

经营行为的准则，是一种对全体旅游参与者的行为具有普遍的、一致的约束力的社会规范，也是村民服务旅游产品交换、获取经济收益并进行分配的规则。

（1）牵马送客

追溯历史，云南牵马送客历史悠久，源自古代的“马帮运输”。如今雨崩村村民几乎家家户户都以牵马送客的方式参与当地旅游开发。在旅游开发前，这里几乎处于与世隔绝的状态，没有游客进入；旅游开发后，由于地理位置比较复杂，山路崎岖，坡多沟深，游客进出均不方便，这样村民牵马送客和运送货物的机会就比较多。2008 年，雨崩村共有34 户村民，户均2～3 匹马，牵马时每匹马需由一名专人牵管，将客人送至预定地点。牵马在全村34 户之间同样实行“轮流制”，由马队队长负责分配马号，依据一定的顺序轮流进行。

（2）家庭接待

家庭接待是雨崩村村民参与旅游开发实行“轮流制”的另一项主要业务，最早实施于 1998 年。该项制度规定：村民以户为单位轮流接待游客，如果游客太多，轮值户无法全部接待，剩余游客就按轮流制到下一户人家去住宿。

三、从“轮流制”模式看雨崩社区参与旅游开发中的增权内涵及意义

1.“轮流制”模式的特点

在我国提倡和谐社会，建设社会主义新农村的大环境下，雨崩村村民牵马送客完全是按照一定的契约和顺序参与旅游开发，用契约来捍卫公平、维护平等，这在一定程度上保证了参与机会的均等性。

2.“轮流制”模式下体现的社区增权

（1）经济增权：社区村民成为事实上的受益主体，增加了村民收入。

雨崩村旅游是以当地少数民族为本底和依托而发展起来的，走的是一条具有本地和本民族特色的发展民族经济的路子，在带动民族地区经济发展的同时也必然促使当地民族资源价值观念的转变和增收途径的拓展。雨崩村牵马送客和家庭接待“轮流制”模式的实施具有深刻的内涵，该模式的形成和运作实现了旅游收益在村民之间和谐配置问题，在缺少外来资本参与的情况下，依靠社区力量使全体村民获得了经济增权。

（2）政治增权：社区村民的民主意识得到强化，搭建了话语平台。

社区的政治结构在相当程度上代表了所有社区群体的需要与利益，并提供了一个平台供人们就旅游发展相关问题以及处理方法进行交流。“轮流制”模式的出台是出于旅游开发矛盾不断凸显下的集体性规范契约，经全体村民集体讨论并在协议条款上签字画押方能通过。在旅游开发过程中，社区经常召开旅游发展的有关会议，与旅游发展相关的重大事件必须听取村民的意见和建议，并由村民组成的“家长会议制”表决通过。这不仅提高了村民对旅游发展的参与程度，还提高了村民的民主参与意识。

（3）心理增权：主客形成共同体的“文化自觉”，提高了民族自信心。

雨崩村发展乡村旅游，从表面上看是一种经济利益的追求，但从深层上看是民族发展的一种现实努力，是对自身民族文化在新的历史条件下对新的存在意义的追寻。雨崩村传统文化是在特定的环境适应方式与改造过程中形成的文化积淀和精华，村民的文化自觉和社会结构是其传承和发展的关键。在“轮流制”模式下，外地游客前来旅游表现出了对异质性资源文化底蕴的兴趣，能更加尊重当地民族文化，增强对民族文化的理解深度，并能将其带回客源地，在日常生活和交往中融入到客源地的主流文化中，使民族文化得到有效的传播和发展。村民在获取经济收益作为支撑和动力的同时，民族文化也得到了可持续传承和发展，这大大激发了本民族的自豪感和自信心。

(4) 社会增权：参与行为规范了社会秩序，增进了民族团结。

雨崩村开发旅游具有典型的民间性特征，在自主参与式发展中，村民的思想观念发生了很大变化。一方面，习惯了传统思维定势的村民在各种宣传和引导下，会主动与旅游者相互接触和交流，主动参与到旅游商品经营中，有了交流意识和市场经济意识；另一方面，村民具备了参与旅游发展的服务意识和服务能力，为游客提供了主动热情的服务。不仅如此，雨崩社区制定的乡村旅游管理制度作为社区的乡村习惯法，一定程度上规避了村民之间的恶性竞争，在这一特殊区情中发展乡村旅游，有利于维护旅游接待市场秩序，对调整民族利益、改善民族关系、增进民族团结和维护边疆稳定等有着重要的促进作用。

案例思考题：

1. 请谈谈你对雨崩村村民参与旅游开发的“轮流制”模式的理解。
2. 试结合本案例分析旅游资源开发的主要原则。

【案例分析7】

成都“五朵金花”启示录①

四川省成都市锦江区三圣花乡近年绽开的“五朵金花”，不仅受到前往休闲的成都市民的好评，而且每年还会吸引600多批全国各地慕名前来参观的考察团。

所谓五朵金花，是指三圣乡东郊由红砂、幸福、万福、驸马、江家堰、大安桥六个行政村组成的五个乡村旅游风景区，即春有鲜花——花乡农居，夏有荷花——荷塘月色，秋有菊花——东篱菊园，冬有梅花——幸福梅林，四季皆宜有菜花——江家菜地。

“五朵金花”已被国家有关部委评定为5A级风景区，胡锦涛、温家宝等数位中央领导曾亲临视察。建成5年，年均接待游客900万人次左右，年产值达1.8亿元，村集体收入达到3 583万元。通过风景区建设，在区内从事经营的3 000多户农民（11 500多人），全部就地转为市民，解决了8 000多农民的就业安置，加快了城市化步伐；带动了相关产业发展，房地产向周边转移，地价由每亩50万元升到220多万元，仅去年160亩土地拍卖，地价升值收入就高达3.5亿元；服务业向周边发展，商贸业、服务业网点向区内不断扩张，促进了县域经济发展；“五朵金花”景区每年对地方财政收入贡献近千万元。

一、“五朵金花”发展的主要特点

“五朵金花”的前身是城乡结合部的“垃圾村”，也是“城中村”改造的难点村，

① 案例来源：乡旅中国网，2009-05-23.

又是未来成都市市区的风口绿地。市区两级政府提出了“开发、保护并举，利用、发展并重，建设国际化大都市周边环境”的思路，突出了四个方面开发建设：

1. 坚持高起点规划

2000年，在规划“五朵金花”建设规模时，成都市政府提出了用景点形式打造国家级品牌“农家乐”的总体方案。一是推进城乡一体化协调发展，能够给城乡居民提供市外休闲娱乐场所，有利于当地农民就地转市民。二是有利于保护大城市环境，按照国家5A级风景区标准，突出蜀文化民居风格，建成成都市郊区靓丽风景线。三是有利于形成“一村一品一业”产业特色，为失地农民就地安置提供就业支持等。对市政府的规划建设方案，多次举行由社会各界和规划区农民参加的听证会，广泛听取各方面的意见和建议。对确定的规划方案，政府、企业和农户一张蓝图干到底。通过5年的建设和经营，“五朵金花”一直保持着5A级风景区的风貌。

2. 坚持政府主导

“五朵金花”从建设到管理，始终体现了政府的强势推动。在任何情况下，政府抓规划蓝图不动摇，抓国家级名牌的标准不降低。5年来，在旧村庄改造中，涉及拆迁等各种农民实际利益的问题，各级政府不回避矛盾，按照“宜拆即拆，宜建则建”和“穿靴戴帽”等办法改造了3 000多户旧农居，把原来的六个行政村合并成五个景区，农民在新景区就地转市民，统一缴纳“三金”，按照城市社区进行管理。区政府和街道办先后投资9 745万元用于水、电、路、气和污水排放等公共设施建设，给企业和农户创造出了投资搞农村休闲娱乐场所有利可图的市场空间。在政府的推动引导下，企业和农户投资8 000多万元用于整修农居、新建花卉市场和游泳馆等经营性项目。

3. 坚持连片开发经营

“五朵金花”之所以能够快速发展，主要得益于规模化经营，用连片联户开发，共同扩大发展的市场空间，破解农民单家独户闯市场的风险，走出了一条专业化、产业化、规模化的发展之路。在产业布局上，围绕共同做大做强“农家乐”这一主导产业，五个景区实现一区一景一业错位发展的格局。

“花香农居”以建设中国花卉基地为重点，全方位深度开发符合观光产业的现代化农业，主办各种花卉艺术节，促进人流集聚。

“荷塘月色”以现有1 074亩水面为基础，大力发展水岸经济，建设融人、水、莲、蛙为一体的自然景观。

“东篱菊园”依托丘陵地貌，构建菊文化村，引导游客养菊、赏菊、品菊，陶冶道德情操。

“幸福梅林”用3 000亩坡地培育20万株梅花，建设以梅花博物馆为主要景点的梅林风景。

“江家菜地”把500余亩土地平整成0.1亩为一小块的菜地，以每块每年800元租给城市市民种植，激发了市民和儿童对发展绿色产业的兴趣。

连片联户经营和“一村一景一业”的新颖创意，打造出了乡村酒店、休闲会所、艺术村相互借景的和谐休闲娱乐场所，使“五朵金花”成为国内外享有盛名的“农字号”休闲娱乐品牌。

4. 坚持把农民摆在创业的主体位置

集中在一个区、一个街道搞涉及3 000多户、10 000多农民利益的大建设，是一项十分艰巨的任务。在5年的建设发展中，没有因拆迁、占地等问题出现一例农民“告状”、“上访”，非法修建、违法经营等现象，而是农民和政府拧成一股绳加快发展。最根本的做法是把农民摆在创业和受益的主体位置，从规划设计、建设发展到经营管理等重要环节，各级政府都坚持让农民受益，尊重农民意愿，利用农民传统产业优势，提升农民产业规模，在发展中提高农民生活水平。

二、五朵金花发展的启示

1. 各级政府要高度重视发展“农家乐”

四川省成都市做大“农家乐”的成功经验是政府的主导优势明显，特别是县一级政府把“农家乐”作为一个新兴产业来抓，有规划、有投入、有力度地推进实施。而我国其他大部分省市还没有制定相关的配套方案。因此，政府有关涉农、环保、城建、规划部门应加强引导，总结先进经验，推出一批好的典型，促进农村休闲娱乐度假产业向规模化发展。市、县政府应加强对城市特别是大中城市周边农村休闲娱乐度假区的规划，建成一批类似“五朵金花”规模的“农家乐”，打造具有地方特色的“农家乐”品牌。

2. 突出“三结合”的发展思路

一是同推进城乡一体化结合起来。“农家乐”的市场在城市周边，在建设时要紧密结合城市规划，“城中村”改造，失地农民再就业，农民转市民等同步发展。有条件的“农家乐”集中区，尽量形成新的小城镇。

二是同产业开发与环境保护结合起来。重点帮助解决“农家乐”集中区的外部环境、农户连片联户规模化发展、污水排放垃圾处理、农户卫生许可与检疫、片区社会治安等公共服务问题。

三是同新农村建设结合起来。在城乡结合部发展“农家乐”，对推进周边农村产业结构调整，农民思想观念转变、带动新农村建设等方面都有着十分重要的示范作用。农居风格设计、农村水、电、路建设等要符合新农村建设要求，力争带动一批农村新兴产业发展。

3. 着力抓好品牌化经营

“五朵金花”的品牌效应，吸引了大量人流、物流、资金流。对于在旅游产业上有独特历史文化、自然风光优势的地区，发展“农家乐”的市场前景十分广阔。各地区要重点抓一批具有地方特色的“农家乐”品牌，从而带动和促进各地“农家乐”向专业化、产业化和品牌化方向发展。

案例思考题：

1. 试结合案例分析成都“五朵金花”的成功之道。

2. 结合现实情况分析中国乡村旅游面临的问题，并就中国乡村旅游的可持续发展提出你的意见和建议。

第五章　旅游供求关系与调控方式

【本章学习目标】

通过本章的学习，了解旅游供求的依存性与矛盾性，明确旅游供求均衡的概念，掌握旅游供求的静态均衡和动态均衡。在此基础上，明确旅游供求规律，熟悉旅游供求均衡的调控方式。

第一节　旅游供求的依存性与矛盾性

在旅游市场中，旅游需求与旅游供给是旅游经济活动的两个主要环节。旅游需求主要反映旅游者一定时期内在各种可能的旅游价格下愿意并且能够购买的旅游产品的数量。旅游供给主要反映旅游经营者一定时期内在每一价格水平上愿意并且能够向旅游市场提供的旅游产品的数量。旅游需求与旅游供给通过旅游产品价格有机结合，二者既相互依存又相互矛盾，它们之间的对立统一关系形成了旅游经济活动的基本内容。

一、旅游供求的依存性

旅游供给与旅游需求以对方的存在作为自身存在与实现的前提条件，二者之间的相互依存性主要体现在以下两方面：

（一）旅游需求是旅游供给的基本前提

旅游供给虽然受多种因素影响，但最根本、最核心的影响因素是旅游需求。旅游供给源于旅游需求，旅游供给的规划和发展都要以旅游需求为基本前提，且必须通过有效的需求才能得以推动，离开旅游需求的供给往往是盲目的供给。

例如：1992 年的西班牙塞维利亚世博会，其举办地是一座名胜古迹众多、令人流连忘返的城市。主办者通过民意调查公司和世博会经营公司组织了多次市场调查，每次调查经费都超过 25 万美元。其中，对游客的预测进行了 8 次，在掌握充分数据后才确定投资规模，并制定了旅游、会展有机融合的周密计划。相比之下，德国汉诺威是一个会展业集中的城市，而非著名的旅游城市，主办者的精力集中在会展业务上，忽视了旅游宣传和旅游组织，使会展业失去了旅游业的支撑和依托，导致人流严重偏离预测数据一半，以致亏损高达 24 亿德国马克。

（二）旅游供给是旅游需求实现的保证

在旅游经济发展过程中，旅游供给的数量、质量和结构等均以旅游需求为前提。虽然旅游供给源于旅游需求，但随着社会经济水平和文明程度的不断提升，旅游业发展到一定程度后，旅游供给又会不断丰富和扩大旅游需求的内容，从而激发旅游者产生新的旅游需求，并为旅游需求的实现提供有效的保证。

从国际经验看，不乏以旅游产品创新带动旅游消费升级并保证旅游需求实现的案例。如：2007 年 4 月，美国迪士尼公司开始利用其丰富的卡通和童话作品资源，正式进军利润丰厚的婚庆旅游业务，为新婚夫妇打造童话般的浪漫婚礼。产品囊括童话婚纱的租赁和销售、梦幻迪士尼乐园游览、卡通婚宴、童话明星婚庆演出等，并在美国、香港、东京等地的迪士尼公司相继面世。由于迪士尼品牌所代表的浪漫意蕴，迪士尼乐园成为不少新人举办婚礼的首选之地，美国每年大约有 2 000 对情侣在迪士尼乐园举办婚礼。

二、旅游供求的矛盾性

旅游供给与旅游需求既相互依存，又相互矛盾。在一定时期内，旅游供给能力是既定的，但由于旅游需求受社会环境、经济状况、消费偏好、人口结构、季节等诸多因素影响，一般具有较大的随机性和不确定性。因此，在旅游市场上，旅游供给与旅游需求很难达到理想的均衡状态。两者的矛盾关系主要体现在数量、质量、时间、空间和结构等五个方面。

（一）数量方面的矛盾

旅游供给与旅游需求在数量方面的矛盾是指旅游供给或旅游接待能力与旅游者总人数之间的不平衡。

一般来讲，在一定时期内，旅游目的地国家或地区总是从自身社会经济发展水平出发，在考虑旅游需求的基础上形成自身的旅游供给能力，这种旅游供给能力在一定时期内具有相对稳定性。然而，由于旅游需求总是随社会经济、政治、文化、科技等的发展变化而不断变化，往往具有较大的不确定性。因此，在旅游市场中，旅游供给的相对稳定性与旅游需求的不确定性导致了旅游供给与需求之间很难达到均衡状态，供不应求和供过于求的现象屡有发生。

为缓和旅游供给与需求在数量方面的矛盾，旅游经营者应未雨绸缪，做好旅游市场的前期调研和旅游者旅游需求的预测工作，及早地根据旅游需求发展趋势调整自己的旅游供给计划，促进旅游供给与旅游需求的协调发展。

（二）质量方面的矛盾

旅游供给与旅游需求在质量方面的矛盾是指旅游供给面对不断变化和发展的旅游需求而表现出的相对滞后性。

随着社会经济、政治、文化等的不断发展，人们对旅游产品质量、旅游设施及旅游服务等提出了更高更新的要求。旅游供给在一定时期内具有相对稳定性，新的旅游产品的推出需要在市场调研基础上进行创新性研发，磨损老化的旅游设施需要进行维护或更新，旅游服务水平的提高也需要对旅游从业人员进行专门培训。由于上述工作的完成均需投入一定的资金、技术及时间，使得旅游供给很难对旅游需求的变化作出即时调整，因此旅游供给往往具有一定的滞后性。

为缓和旅游供给与需求在质量方面的矛盾，旅游经营者应当具有国际化视野和前瞻性的战略眼光，把握国内外旅游者对旅游产品及服务方面的新要求，提前做好相应的准备工作，提供更符合旅游者需要的高质量的旅游产品及服务，及时有效地满足旅游者不断变化的需求。

（三）时间方面的矛盾

旅游供给与旅游需求在时间方面的矛盾是指由旅游需求的时间性、旅游资源的季节性以及旅游设施的常年性之间的巨大反差而导致的旅游供求不平衡。

旅游供求在时间方面的矛盾主要由两大原因引发：一是旅游需求的时间性。在节假日期间，人们有更多的时间外出旅游，旅游目的地往往人满为患。如十一黄金周期间到北京故宫参观的游客量剧增，旅游设施及旅游服务难以满足游客要求，造成游客旅游体验质量的下滑。而在节假日之外，很多旅游景点游人寥寥、门可罗雀，旅游设施基本处于闲置状态。二是旅游资源的季节性。旅游资源受气候因素影响较大。在炎热的夏季，旅游者会纷纷涌向凉爽的避暑胜地，如四川都江堰和青城山每年夏天都会迎来大批避暑的游客；在寒冷的冬季，旅游者又会集中到温暖的旅游地，如海南三亚、广西北海等，旅游设施供不应求，往往超负荷运转，造成极大的安全隐患。旅游需求的时间性和季节性使得旅游景区往往有旺季和淡季之分。在旅游需求的高峰期，即旅游旺季时，旅游产品供不应求；而在旅游需求的低谷时期，即旅游淡季时，旅游产品又往往供过于求。

为协调旅游供求在时间方面的矛盾，旅游经营者应在旅游资源开发及旅游促销方式等方面多下工夫。如：在资源开发上，尽量使得旅游目的地在一年四季都有吸引游客的亮点，如四川九寨沟在春、夏、秋、冬四季都对旅游者具有极大吸引力，从而有效避免了旅游供求在季节上的矛盾；在旅游促销方式上，可加大淡季促销力度。此外，近年来，带薪休假制度的普遍实行也在一定程度上缓解了旅游供求在时间方面的矛盾。

（四）空间方面的矛盾

旅游供给与旅游需求在空间方面的矛盾是指由旅游资源空间分布不均衡所造成的旅游供求矛盾。

由于各个国家和地区自然历史背景不同，旅游资源丰富程度不同，旅游交通服务设施基础不同，使得旅游资源在空间分布上具有不均衡性，而这种不均衡也导致了旅游地区出现冷热不均现象。某些资源丰富，可进入性好的地区成为热点旅游地区，旅游者多以这些地区作为旅游目的地的首选；而旅游资源匮乏，可进入性较差的地区则很难吸引旅游者的目光。

为缓解旅游供求在空间方面的矛盾，旅游目的地国家或地区应合理进行旅游规划和开发，既要建设好传统的旅游热点地区，保证这些地区的可持续发展，又要培养和开发新的旅游目的地，使其成为新的旅游经济增长点。

例如：云南旅游成功的一条重要经验就是因为云南举全省之力，集中人力、财力、物力等有限的资源，每五年打造和推出一个旅游目的地，并且推出一个成功一个，使得云南旅游卖点不断，亮点不断。20 世纪 80 年代初期到中期，云南重点推出和打造西双版纳，80 年代中期到 90 年代初期转向大理旅游开发，随后依次是丽江、香格里拉、腾冲，从而带动了云南旅游的可持续发展。在20 世纪 80 年代中期以前，昆明市的旅游接待人数几乎占整个云南旅游市场的 70%，此后，西双版纳逐步跟进。1992 年，以云南省政府召开滇西北旅游开发大会为标志，政府在战略上结束了对滇中和西双版纳的投资倾斜，转而把旅游财政支持重点投向滇西北地区的大理、丽江和香格里拉。到 1999 年，经过约 8 年的发展，大理、丽江和香格里拉就发展成为全国三张著名的旅游名片。1999—2005 年期间，政府又启动了以腾冲为代表的滇西旅游的开发，目前腾冲已逐步热起来，成为温泉和珠宝旅游的知名品牌旅游目的地。2005 年以后，政府又把目光投向滇中旅游的提升，主要为滇中旅游注入休闲和会展的元素。①

（五）结构方面的矛盾

旅游供给与旅游需求在结构方面的矛盾是指同一时期内旅游产品的供给结构和旅游者的需求结构不相适应。

旅游供给主要根据旅游目的地的客观条件及客源地旅游市场的预测来设计，具有固定性和相对稳定性。旅游需求主要受旅游者的收入水平、民族习惯、宗教信仰、消费偏好等诸多因素影响，往往具有极大不确定性，由此导致了旅游供求在结构上的矛盾。这种矛盾主要表现为以下四方面：一是旅游供给类型或项目与旅游需求不相适应；二是旅游供给档次或等级与旅游需求不相适应；三是旅游供给方式与旅游需求不相适应；四是旅游供给质量与旅游需求不相适应。

为更好协调旅游供求在结构方面的矛盾，旅游经营者应当时时关注国内外旅游市场的变化趋势，能够敏锐捕捉最新的旅游需求信息，即时对旅游产品结构进行优化，使旅游供给能更迅速地反映旅游需求的变化，从而使旅游供求结构更加平衡。

第二节　旅游供求均衡

一、旅游供求均衡的概念

旅游供求均衡是指当旅游供给量和需求量达到一致时的市场状态。在旅游市场中，旅游供给与需求的矛盾是绝对的，而均衡则是相对的。

二、旅游供给与需求的静态均衡

在现代旅游市场中，旅游产品价格是决定旅游供给与需求的根本性要素。旅游供

① 李柏文．生命周期理论与旅游目的地轮耕［J］．广西大学学报：哲学社会科学版，2008（2）．

求的静态均衡主要探讨在影响旅游供给与旅游需求的其他因素保持不变时，旅游供给量、旅游需求量以及旅游产品价格之间的变动关系。旅游供求的静态均衡主要是指在其他因素保持不变的情况下，仅考虑旅游价格的影响而实现的旅游供给与旅游需求的均衡。

根据旅游供给规律与旅游需求规律，旅游产品价格决定旅游供给和旅游需求的均衡产量。在旅游市场中，旅游消费者总是希望以较低的价格购买更多的旅游产品，而旅游经营者则希望以较高的价格销售更多的旅游产品。旅游买卖双方实际上处于一种博弈状态，在旅游供给与需求两种矛盾力量作用下共同形成旅游市场上的均衡价格，进而最终形成旅游供给与需求的静态均衡。如图 5 - 1 所示：

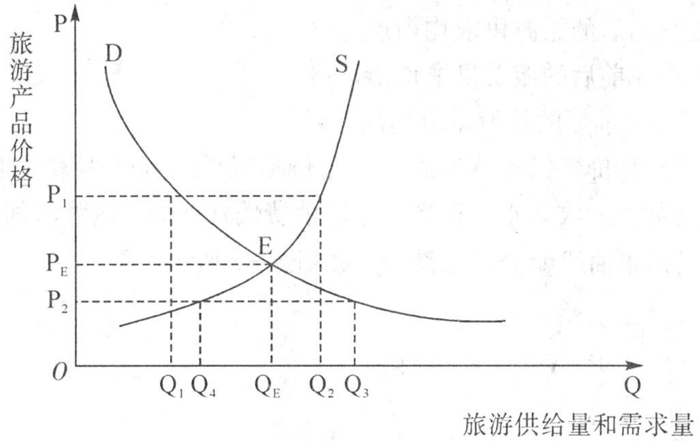

图 5 - 1　旅游供给与需求的静态均衡

在图 5 - 1 中，纵坐标代表旅游产品价格，横坐标代表旅游供给量和需求量，D 代表旅游需求曲线，S 代表旅游供给曲线，E 代表旅游需求曲线与旅游供给曲线的交点（即供求均衡点）。在均衡点 E 点，旅游供给量与需求量相等，P_E 代表均衡价格，Q_E 代表均衡产量。

由图 5 - 1 可知：当旅游产品价格为 P_E 时，旅游需求量与旅游供给量均为 Q_E，此时旅游供求处于均衡状态。

当旅游产品价格从 P_E 上涨为 P_1 时，旅游需求量由 Q_E 减少到 Q_1，旅游供给量则由 Q_E 增加到 Q_2，此时旅游市场上的产品出现供过于求的情况。

当旅游产品价格从 P_E 下降为 P_2 时，旅游需求量由 Q_E 增加到 Q_3，旅游供给量则由 Q_E 减少到 Q_4，此时旅游市场上的产品出现供不应求的情况。

三、旅游供给与需求的动态均衡

旅游供求的静态均衡主要分析在旅游供给与旅游需求的其他因素保持不变的情况下，旅游供给量、旅游需求量以及旅游产品价格之间的变动关系。但事实上，旅游供给与需求的影响因素众多，任何一种因素的变化都有可能引起旅游供给量或需求量的变化。

旅游供求的动态均衡主要指由于受到价格以外的其他因素影响而实现的旅游供求

的新均衡。

旅游供给与需求的动态均衡主要有以下三种情况：

(一）旅游需求变动引起的动态均衡

1. 旅游需求增加引起的动态均衡

在图 5-2 中，纵坐标代表旅游产品价格，横坐标代表旅游供给量和需求量，现对旅游需求增加时的旅游供求动态均衡进行探讨。

S——旅游供给曲线

Q_1——变化后价格为 P_E 时的旅游需求量

D，D′——变化前后的旅游需求曲线

E，E′——变化前后的旅游供求均衡点

P_E，P_E'——变化前后的旅游供求均衡价格

Q_E，Q_E'——变化前后的旅游供求均衡产量

分析：当旅游产品价格保持不变时，一旦价格以外的其他因素发生了有利于旅游需求发展的变化（如人们收入水平提高、旅游消费偏好增加、闲暇时间增加等），旅游需求量增加，旅游需求曲线就会向右移动。如图 5-2 所示：

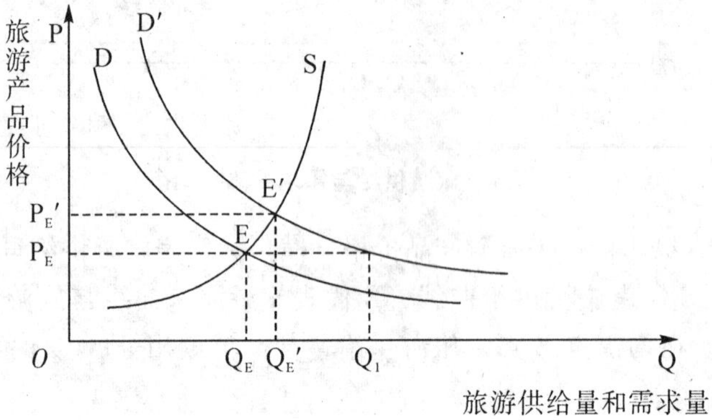

图 5-2 旅游需求增加引起的动态均衡

在旅游供求曲线分别为 S 和 D 的情况下，当旅游产品价格为 P_E 时，旅游需求量与旅游供给量均为 Q_E，此时旅游供求处于均衡状态，均衡点为 E 点。

在旅游供求曲线分别为 S 和 D′（即旅游需求增加）的情况下，当旅游产品价格为 P_E 时，旅游需求量为 Q_1，而旅游供给量为 Q_E，此时旅游市场出现供不应求的情况，旅游供给的短缺量为（$Q_1 - Q_E$）。为使旅游供求达到新的平衡，旅游产品价格必须提高，当旅游产品价格由 P_E 提高到 P_E'时，旅游供求达到新的均衡点 E′点。

2. 旅游需求减少引起的动态均衡

在图 5-3 中，纵坐标代表旅游产品价格，横坐标代表旅游供给量和需求量，现对旅游需求减少时的旅游供求动态均衡进行探讨。

S——旅游供给曲线

Q_1——变化后价格为 P_E 时的旅游需求量

D，D′——变化前后的旅游需求曲线

E，E′——变化前后的旅游供求均衡点

P_E，P_E'——变化前后的旅游供求均衡价格

Q_E，Q_E'——变化前后的旅游供求均衡产量

分析：当旅游产品价格保持不变时，一旦价格以外的其他因素发生了不利于旅游需求发展的变化（如：宏观经济发展不景气、人们收入水平下降、客源国货币贬值等），旅游需求量减少，旅游需求曲线就会向左移动。如图 5－3 所示：

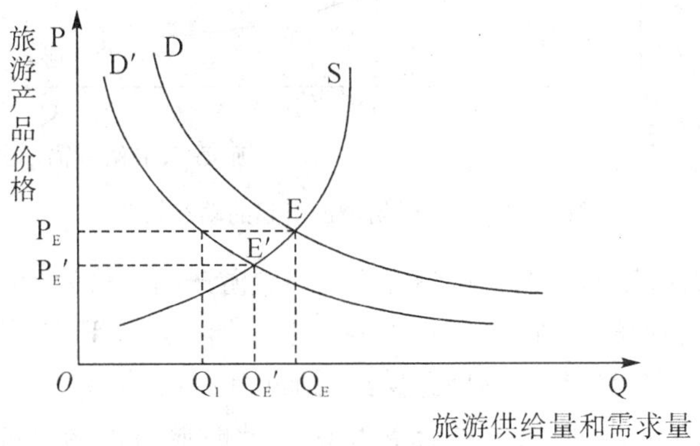

图 5－3　旅游需求减少引起的动态均衡

在旅游供求曲线分别为 S 和 D 的情况下，当旅游产品价格为 P_E 时，旅游需求量与旅游供给量均为 Q_E，此时旅游供求处于均衡状态，均衡点为 E 点。

在旅游供求曲线分别为 S 和 D′（即旅游需求减少）的情况下，当旅游产品价格为 P_E 时，旅游需求量为 Q_1，而旅游供给量为 Q_E，此时旅游市场出现供过于求的情况，旅游供给的过剩量为（$Q_E - Q_1$）。为使旅游供求达到新的平衡，旅游产品价格必须降低，当旅游产品价格由 P_E 降低到 P_E'时，旅游供求达到新的均衡点 E′点。

（二）旅游供给变动引起的动态均衡

1. 旅游供给增加引起的动态均衡

在图 5－4 中，纵坐标代表旅游产品价格，横坐标代表旅游供给量和需求量，现对旅游供给增加时的旅游供求动态均衡进行探讨。

分析：当旅游产品价格保持不变时，一旦价格以外的其他因素发生了有利于旅游供给发展的变化（如：在旅游企业贷款方面给予优惠政策、降低旅游产品税率等），旅游供给量增加，旅游供给曲线就会向右移动。如图 5－4 所示：

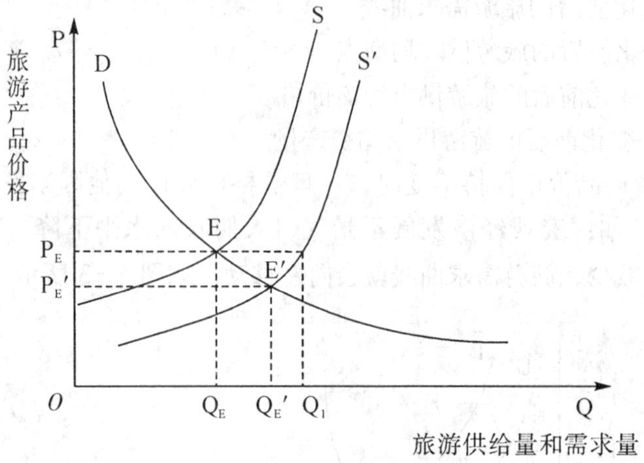

图 5－4　旅游供给增加引起的动态均衡

在旅游供求曲线分别为 S 和 D 的情况下，当旅游产品价格为 P_E 时，旅游需求量与旅游供给量均为 Q_E，此时旅游供求处于均衡状态，均衡点为 E 点。

在旅游供求曲线分别为 S′（即旅游供给增加）和 D 的情况下，当旅游产品价格为 P_E 时，旅游需求量为 Q_E，而旅游供给量为 Q_1，此时旅游市场出现供过于求的情况，旅游供给的过剩量为（$Q_1 - Q_E$）。为使旅游供求达到新的平衡，旅游产品价格必须降低，当旅游产品价格由 P_E 降低到 P_E'时，旅游供求达到新的均衡点 E′点。

2. 旅游供给减少引起的动态均衡

在图 5－5 中，纵坐标代表旅游产品价格，横坐标代表旅游供给量和需求量，现对旅游供给减少时的旅游供求动态均衡进行探讨。

分析：当旅游产品价格保持不变时，一旦价格以外的其他因素发生了不利于旅游供给发展的变化（如：对旅游企业贷款实行严格限制、提高旅游产品税率等），旅游供给量减少，旅游供给曲线就会向左移动。如图 5－5 所示：

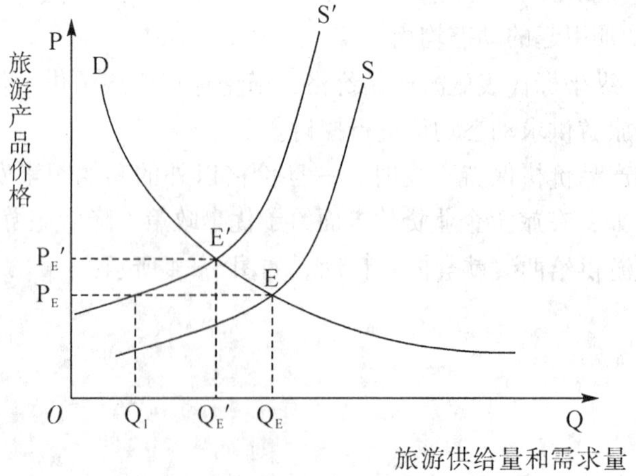

图 5－5　旅游供给减少引起的动态均衡

在旅游供求曲线分别为 S 和 D 的情况下，当旅游产品价格为 P_E 时，旅游需求量与旅游供给量均为 Q_E，此时旅游供求处于均衡状态，均衡点为 E 点。

在旅游供求曲线分别为 S′（即旅游供给减少）和 D 的情况下，当旅游产品价格为 P_E 时，旅游需求量为 Q_E，而旅游供给量为 Q_1，此时旅游市场出现供不应求的情况，旅游供给的短缺量为（$Q_E - Q_1$）。为使旅游供求达到新的平衡，旅游产品价格必须提高，当旅游产品价格由 P_E 提高到 P_E'时，旅游供求达到新的均衡点 E′点。

(三) 旅游供给与需求同时变动引起的动态均衡

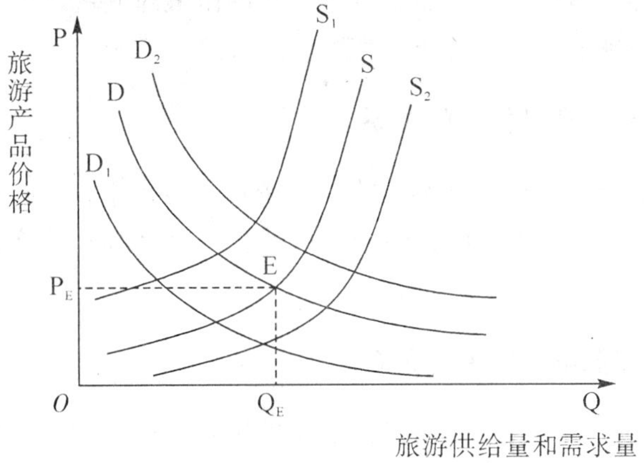

图 5-6 旅游供求同时变动引起的动态均衡

在图 5-6 中，纵坐标代表旅游产品价格，横坐标代表旅游供给量和需求量，现对旅游供给及需求同时变动时的旅游供求动态均衡进行探讨。

D——变动前的旅游需求曲线

D_1——需求减少后的旅游需求曲线

D_2——需求增加后的旅游需求曲线

S——变动前的旅游供给曲线

S_1——供给减少后的旅游供给曲线

S_2——供给增加后的旅游供给曲线

分析：根据图 5-6 可知，在旅游供求曲线分别为 S 和 D 的情况下，当旅游产品价格为 P_E 时，旅游需求量与旅游供给量均为 Q_E，此时旅游供求处于均衡状态，均衡点为 E 点。一旦价格以外的其他因素发生了影响旅游供求变化的情况时，旅游供给与需求曲线则会相应向左或向右移动，此时旅游市场会出现供过于求或供不应求的情况。为使旅游供求达到新的平衡，一般旅游产品价格也会根据市场情况进行调整并力求在新的价格水平下达到新的旅游供求平衡。

第三节　旅游供求规律

一、旅游供求规律的含义

旅游供求规律主要指旅游供给量和需求量与旅游产品价格变动之间的关系。其中，旅游供给量是指旅游目的地国家或地区在一定时期内向旅游市场提供的旅游产品数量，旅游需求量则是指在一定时期内有旅游欲望和足够闲暇时间的消费者在各种可能的旅游价格下愿意并且能够购买的旅游产品的数量。

二、旅游供求量与旅游产品价格的关系

旅游供给量和需求量与旅游产品价格关系密切。通常来讲，在其他因素既定的情况下，一旦旅游产品价格上涨，旅游供给量必然会随之增加；反之，一旦旅游产品价格下降，旅游供给量也必然会随之减少。

三、旅游供求量与其他影响因素的关系

旅游供给量和需求量不仅受旅游产品价格的影响，还受社会宏观经济政策、人们收入水平、旅游消费习惯多种因素影响。这些因素的变动往往会引起旅游供给量和需求量的增加或减少，导致旅游供求曲线出现变化，进而使得旅游市场出现供过于求或供不应求的情况。为使旅游市场达到新的均衡，旅游价格一般也会相应地提高或降低。

四、旅游供求规律的具体表现

（1）旅游产品价格影响和决定旅游需求和供给的数量。

（2）旅游需求和旅游供给共同决定旅游产品价格及旅游均衡价格，与旅游均衡价格相对应的产量为旅游均衡产量，此时，旅游供给量与旅游需求量相等。

（3）旅游均衡价格和均衡产量与旅游需求呈同方向变动，旅游均衡价格和均衡产量与旅游供给呈反方向变动。

（4）旅游需求和旅游供给同增或同减，会引起旅游均衡产量的同方向变动，而旅游均衡价格则会出现提高、降低或不变三种情况。

（5）从旅游市场的长期发展来看，旅游供求会因旅游供给弹性和旅游需求弹性的不一致而出现稳定的动态均衡和非稳定的动态均衡。

第四节　旅游供求均衡的调控方式

旅游供求均衡不但要求旅游供给量和需求量要均衡，而且在供求的质方面也要彼此适应。一般来讲，旅游供求均衡具有均衡的相对性、不均衡的绝对性、供求均衡的

随机性等特点。在现代旅游市场中，为了更好地实现旅游供求均衡的调控目标，可以采取多种方式进行调控。其中，最主要的调控方式是旅游规划调控和旅游过程调控。

一、旅游规划调控

（一）旅游规划调控的概念

旅游规划调控是指通过调节旅游供给（主要是对旅游供给的发展给出目标限定和范围）来实现旅游供求均衡的调控方式。

（二）旅游规划调控的主要内容

旅游规划调控主要包括旅游需求预测、供给规定确定、旅游资源开发、旅游区建设、旅游接待设施供给、相关旅游基础设施发展计划、行业规范管理和旅游业从业人员培训等内容。

二、旅游过程调控

（一）旅游过程调控的概念

旅游过程调控是指根据旅游市场上旅游供给与需求的变化来实现旅游供求均衡的调控方式，主要包括旅游过程的宏观调控和微观调控。

（二）旅游过程的宏观调控

旅游过程的宏观调控是指根据旅游经济发展目标和旅游供求均衡的现实状况，通过政策对旅游供求变化进行引导或限制，促成旅游供求的均衡。

1. 旅游过程宏观调控的主体

旅游过程宏观调控的主体包括政府管理部门和旅游行业组织。我国各级旅游局作为主要的政府旅游管理部门，其主要职责是对旅游行业的发展进行规范与引导，对旅游行业的发展进行宏观调控。此外，旅游行业组织具有双重职能，既是政府管理部门的延伸，又是整个行业利益的代表，其主要职责是规范旅游市场，监督旅游企业，同时通过与政府管理部门的沟通为旅游企业争取公平的行业发展环境，并协调旅游行业与其他行业之间的关系。

2. 旅游过程宏观调控的主要内容

（1）指明旅游业发展方向

旅游业作为现代经济中的新兴产业，在促进社会经济发展方面具有重要的地位和作用。政府对旅游过程进行宏观调控的具体目标包括满足人们不断增长的旅游需求、平衡旅游经济总量、扩大旅游业就业机会、有效保护利用旅游资源和生态环境、推动旅游经济可持续发展等，为旅游业的发展指明了方向。

（2）完善旅游市场

完善旅游市场的主要内容包括：通过制定旅游业各项行政法规及行业标准来建立旅游市场运行规则；加强旅游市场的监管，规范旅游市场竞争秩序；通过经济杠杆的运用和产业政策的调整完善宏观的间接调控机制。

(3) 服务旅游企业

服务旅游企业的主要内容包括：完善旅游信息系统，为旅游企业提供便捷的信息服务；协调旅游企业与国民经济其他管理部门及企事业单位之间的关系，为旅游企业的发展提供良好平台；鼓励旅游企业制定并实施国际旅游市场开拓战略规划，推动旅游企业与国际接轨。

3. 旅游过程宏观调控的主要手段

(1) 发展规划调控

在现代市场经济体制中，应用发展规划调控旅游经济是一种重要的必不可少的调控方法和手段。旅游发展规划调控，不同于传统的指令性计划，而是一种建立在市场经济基础上的以指导计划和中长期发展规划为主的调控手段。应用发展规划调控旅游经济运行和发展有以下要求：一是要正确确定旅游经济发展的宏观目标，这个目标必须综合平衡经济、社会和环境等各种因素，有利于政府从宏观上有计划、有调控的发展旅游业，指导旅游经济的健康运行和发展；二是旅游规划的制定要注重科学性和可能性；三是发展规划的内容既要全面又要突出重点，规划内容要充分考虑旅游经济发展的各个方面，同时在不同时期或阶段又应有不同重点，成为阶段性调控旅游经济运行的目标和内容；四是发展规划要有明确的量化指标和要求，以便进行定期的检查和比较，并根据不同时期经济社会环境的变化而做出及时的调整。

(2) 经济政策调整

经济政策是由政府制定并用于指导旅游经济活动，调整各种经济利益关系，促进旅游经济发展的各种准则和措施。它是在充分认识客观经济规律基础上，对旅游经济进行宏观调控的主要手段和方法之一。

(3) 经济杠杆调控

经济杠杆是指对旅游经济运行具有调节和转化作用的各种手段和方法。政府间接调节旅游经济的经济杠杆主要有四种方式：财政杠杆、信贷杠杆、价格杠杆和对外经济杠杆。价格杠杆是比较常用的旅游经济调控方式，主要根据价值规律的要求，通过确定旅游产品的指导价格，规定最高限价和最低限价，从而规制和引导旅游企业的经营行为，保证旅游经济的健康运行和发展。

(4) 行为规制调控

行为规制调控是政府或社会对各旅游经济的主体及其行为进行限制、规范的具体行动和措施，主要包括政府规制调控和行为规制调控。

政府规制调控通常是指政府对旅游企业和旅游者的行为采取具有法律约束力的限制和规范，是针对旅游市场失灵而采取的治理行动和措施，其目的是为了维护旅游市场的良好秩序。比如我国现行的《旅行社管理条例》、《旅游饭店星级的划分与评定》等均属于旅游规制的范畴。

行业规制调控是指由旅游行业协会自主地对旅游企业行为进行约束和规范的行动和措施，是一种旅游企业之间相互约定的组织规则。

(三) 旅游过程的微观调控

旅游过程的微观调控主要是根据旅游供求规律来调节旅游供给的数量，即通过市场机制对旅游供求均衡进行调控，促成旅游供求的均衡。

根据旅游供求规律，当旅游市场上旅游产品供不应求时，旅游产品价格一般会提高，旅游供给量也会相应增加，从而促使市场供求达到新的均衡；当旅游市场上旅游产品供过于求时，旅游产品价格一般会降低，旅游供给量也会相应减少，从而促使市场供求达到新的均衡。

【复习思考题】

1. 旅游供求的依存性主要体现在哪些方面？
2. 旅游供求的矛盾性主要体现在哪些方面？试结合实际加以分析。
3. 如何理解旅游需求的静态均衡和动态均衡？
4. 旅游供求的具体表现是什么？
5. 旅游过程宏观调控的主要内容是什么？
6. 旅游过程宏观调控的主要手段有哪些？

【阅读材料7】

环境保护与旅游经济协调发展①

随着我国经济的快速增长，我国旅游业也快速发展为一个粗具规模的独立产业，并跻身于世界旅游大国的行列：入境旅游者从1978年的180.92万人次增加到2008年的1.31亿人次；旅游外汇收入从1978年的2.63亿美元猛增到2008年的408.37亿美元，2008年全国旅游总收入达1.16万亿元。

旅游产业的快速发展对我国不同旅游目的地的就业、收入、税收、社会文化等方面产生了深远影响，成为其新的经济增长点，也引起了各个不同地区政府对旅游产业发展的进一步重视。目前，全国已有山西、黑龙江、江苏、浙江等20多个省、市将旅游业列为国民经济的支柱产业来发展。

但是，伴随着旅游经济快速发展的严重问题是旅游目的地的生态环境日益恶化。首先是以利为先的开发模式导致景区三化，即人工化、商业化、城镇化，使景区的自然美学价值大为降低，破坏了资源高品质、高层次的精神文化功能和社会公益性质。其次是游客大量涌入及不文明的经营行为，导致目的地环境质量下降，生态系统遭到破坏。一些旅游区的环境保护设施不配套，对旅游产生的污水、废气和固体废弃物不能进行有效及时处置，污染了附近水体和局部大气环境。根据我国人与生物圈国家委员会的调查，在已开展旅游活动的自然遗产保护区中，有44%的保护区存在垃圾公害，12%出现水污染，11%有噪声污染，3%有空气污染。此外，旅游活动对生态旅游资源

---

① 刘长生，简玉峰．环境保护与旅游经济协调发展研究——基于中国四大世界自然与文化遗产旅游目的地的面板数据分析［J］．旅游学刊，2010（10）．

造成巨大破坏。一些旅游区自行调整自然保护区的功能分区，甚至把核心区调整为实验区，大兴土木，严重影响到景区生态系统和生物多样性。自然保护区的旅游开发、旅游设施、交通噪声、游人活动对野生动物迁徙及正常栖息也产生了不良影响。

通过上述分析，我们可以得到如下启示：

1. 发展与环保并举的思想是指导中国旅游产业和谐发展的指针

旅游产业发展与旅游生态环境保护是辩证统一、相互依赖的有机体：单纯注重环境保护而不注重开发旅游资源，不具有现实基础；单纯地注重旅游产业发展而不注重旅游生态环境保护，则注定是一种短暂的、不可持续的发展模式。应在旅游产业发展中不断解决相伴而来的环境污染问题，在有效环境保护的基础上实现更快、更好的发展。

2. 解决旅游产业发展过程中环境污染治理问题首先必须突破费改税瓶颈

在我国旅游产业发展中，解决环境污染问题的方式大多是对产生污染或环境破坏行为的旅游企业收取一定的费用，对其实行处罚，以制止其环境破坏行为的发生。但是，事实上，这种方式并没有阻止其环境破坏行为，这些收费资金由于制度上的缺陷并没有转化成环境污染治理的资金，反而成为某些部门的相关费用或去向不明，使得环境保护问题进一步恶化。所以，要想实现旅游产业发展中的环境保护，应将各旅游产业的经济主体所交纳的各种环境保护收费按照法定的税率，根据其收入多少，转化为法定的税收收入，然后作为专项资金用于环境治理。否则就会造成收而不治的现象，不仅环境污染没得到治理，反而会减少旅游产业本身的资金积累，减弱其自我治理环境的能力。

3. 从法制与旅游规划入手，规范旅游生产者行为，实现环境保护与旅游经济协调发展

旅游生态环境污染主要来自追求利益最大化的旅游服务生产者，从理论与实证分析来看，通过收取排污费的惩罚方式不能有效使二者协调发展，应以旅游规划来约束其行为，以法制来强制其执行。目前，各级环保部门要会同有关部门，重点抓紧旅游发展总体规划中环境保护编制规范的制定，包括自然保护区、国家森林公园和风景名胜区旅游开发的生态保护规划和生态旅游规划的制定。要想使得这些规划有效实施，亟须建立对旅游资源不合理开发和生态环境破坏行为进行防范和惩处的法律、法规和制度。但这些法律、法规和制度的建立涉及面广、难度大，全国性的法规难以在近期出台。各旅游重点地区和当前问题突出的地区，应由地方政府牵头，先行制定地方性法规、制度和办法。

4. 加强环境保护的政府公共职能，提高政府支出效率，促进旅游经济与环境保护的协调发展

从实证分析可以知道，政府公共支出对旅游产业的生态环境保护具有显著的正向作用，且生态环境具有较强的外部性，责任很难在不同的经济主体之间完全分清界限，所以，政府应该在环境保护的支出上承担公共服务职能。但是，从实证分析可知，政府在环境保护支出上具有较低的支出效率，这就要求相关管理部门在环境保护合理规划的基础上，加强环保资金的监管，以提高资金的使用效率，达到应有的环境保护的

目标。

5. 加强宣传教育，提高广大公民的环境保护意识与素质

从理论模型来看，旅游环境质量与广大公民的环境保护意识呈正相关关系，随着公民生态意识的提高，环境质量也将逐步提高。所以，应加强日常宣传的力度，使广大公民的环境保护意识随着旅游经济的发展而提高。广大旅游经营管理单位、从业人员和游客是实施可持续旅游的主体，其环保意识与素质的高低，直接关系到可持续旅游的成效。各级环保部门要会同有关部门，分层次抓好各部门的旅游生态环境保护职业培训，努力提高生态保护素质。

6. 加强横向联系与合作，做好旅游区生态环境保护监管工作

旅游环境保护涉及多方面、多领域，需要加强部门间的沟通、协调与合作。各级环境保护部门要主动做好服务，联合旅游、建设、林业、文物以及国土资源、水利、农业等部门的支持，在各自职责范围内，共同推进旅游环境保护目标的实现。在当地政府领导下，各地应不定期开展联合执法检查，推动有关法律、法规、制度的落实。各地环保部门要继续加大旅游区的环境治理力度，加强旅游开发建设项目的环境管理，严格执行环境影响评价制度。

【阅读材料 8】

北京欢乐谷探寻旗舰之路①

2010 年，作为中国有较大影响力的主题公园品牌，北京欢乐谷再掀新一轮旅游狂欢新潮，二期欢乐时光区开启欢乐 2.0 时代，保鲜动感、时尚、激情的欢乐谷品牌形象。北京欢乐谷凭借持续升级的硬件设施、软件服务，在安全运营的基础上，依托首都区位优势，强化差异化竞争实力，造特色，树品牌，与 2009 年相比，全年累计接待游客近 278 万人次，同比增长 20%，营业收入增长 22%。

北京欢乐谷承袭华侨城独有的创想文化内核，以游客需求为导向，秉承“建不完的欢乐谷，玩不完的欢乐谷”的开发理念，为城市打造多元组合的休闲旅游目的地，集成世界领先高科技游乐设施、国际接轨都市文化演艺、人文魅力主题文化体验，游客重游率达 33%，满意度达 95%。辉煌的背后，是北京欢乐谷人探寻华侨城欢乐谷连锁旗舰之路的艰辛努力与汗水。

一、欢乐风暴引领旅游市场

2010 年暑期，北京欢乐谷二期欢乐时光区盛大面世，全新推出 7 大游乐、4 大表演、4 大餐饮、4 大便利店、5 大互动游戏，并以汽车文化体验主题和家庭欢乐共享设计理念，成功实现引领北京体验旅游、都市娱乐进入 2.0 时代的里程碑式转变。

北京欢乐谷精心酝酿，将时下最前卫、最流行的汽车文化主题引入公园——欢乐时光区在期盼中诞生。它与一期历史人文主题景观相得益彰、互为补充，并凭借巅峰

① 案例来源：《中国旅游报》，2011－01－03.

的游乐设施和更炫酷的体验感受重塑欢乐标准。欢乐时光区一经推出，就凭借其创新的规划设计理念、合理的产品组合分布、优质的特色服务水准和精准的市场营销举措，在京城旅游行业中脱颖而出，领跑旅游市场，不仅丰富了进京游客的体验选择，更为京城文化创意产业的持续发展注入了新的信心与活力，为北京区域经济发展及促进经济发展方式转型做出了难以替代的贡献，并成功引领北中国旅游的发展方向。

二、主题演艺创建传世品牌

秉承创造、传递、分享欢乐，引领主题公园产业的发展方向的品牌发展理念，北京欢乐谷作为融主题性、文化性、娱乐性、休闲性为一体的新兴娱乐产品，正日渐成为北京这座以历史文化旅游资源为主导的旅游名城的有益补充。北京欢乐谷根据京城市民节庆消费的习惯，策划了新春百艺欢乐节、国际时尚文化节、欢乐谷狂欢节、国际魔术节、欢乐万圣节、冰雪狂欢节六大主题活动，通过极富有吸引力及轰动性的主题活动打造全新的旅游亮点和热点，直接刺激北京本地游客的消费欲望，同时吸引更多的外地游客前来。

精彩纷呈的主题活动受到了社会各界的一致好评：新春百艺欢乐节获北京市旅游局2010北京请您来过年最受喜爱的十大景区节庆活动第一名，最受喜爱的十大庙会第三名；五一小长假期间，在北京市旅游局监控的北京22家主要景区中，北京欢乐谷再超故宫，取得营业收入和门票收入排名第一、入园人数排名第八的好成绩；十一黄金周期间，营业收入在北京市22家重点监测的旅游景区排名第二。

作为北京文化创意产业集聚区，北京欢乐谷一直充当着北京重要文化活动的承办场所。《非诚勿扰2》全球首映礼、国家质监局情系特种设备晚会、可口可乐足球嘉年华、懂车、懂生活——丰田服务嘉年华等大型活动纷纷走进北京欢乐谷，充分显示了华侨城旅游品牌的魅力。同时，夜场嘉年华、北京欢乐谷第二届音乐节、全球至尊魔术盛典等原创品牌活动，更是丰富了京城文化娱乐内容，树立了京城时尚娱乐风向标。北京欢乐谷动感、时尚、激情的活动内容饱含煽动力和号召力，激活特定的游客群体，起到催化和带动全部游客的作用。

三、京城一秀铸就永恒经典

北京欢乐谷原创大型舞蹈诗剧《金面王朝》，自2009年全新升级改版面世以来，以其卓越的创新性、探索性和艺术性，借助超越国界的人文主题、精美大气的艺术制作、饱满丰富的视听效果不仅在国内颇受好评，在海外旅游市场上也受到了热烈的追捧，已成为韩国、东南亚等旅游团队到京必看剧目。2010年，《金面王朝》再次新装亮相，四万颗LED灯点亮通天神树，加之舞台运作数字化、环绕立体声全新渲染、主演奢华服饰添装和情节舞段精细化编排等创新提升，演出效果更显震撼、辉煌，使得《金面王朝》成为京城旅游演艺市场上的一朵奇葩，1 000余家旅行社，5 000余名导游高度赞叹《金面王朝》无与伦比的舞台魅力，全年接待观众超35万人次，上座率高达85%，游客满意度达95%。《金面王朝》已逐渐成为京城深受海内外观众喜爱的唯一一台全天候演艺剧目。

北京欢乐谷对北京的历史文化旅游资源提供了一种有益的补充，同时也满足了人们对新型文化娱乐休闲方式的追求。落地京城四年时间，北京欢乐谷迅速带动了所在区域的发展速度，为区域带来了大量人气与社会经济效益，同时也产生了良好的连带效益和集聚效应。

四、居安思危，构建和谐出游

2010年，北京欢乐谷紧抓安全生产和廉政建设两项安全重任，不断强化监督检查，狠抓预防、防范措施，营造了和谐、安全的旅游和经营环境，让游客玩得安心，玩得放心。在日常运营安全管理方面，紧密围绕安全是旅游企业的生命线管理理念，坚持安全第一、预防为主、综合治理方针，全面落实安全生产责任制，逐级签订安全生产责任书。全年开展消防、用电、高空作业、动火作业等各类安全培训共13次，覆盖率100%，实现了安全零事故。各节假日和节庆活动前，严格开展安全大检查，通过部门自查、交叉检查、安委办检查和公司领导带队排查四个阶段，消除安全隐患。相继开展66次设备应急演练，确保了旅游高峰期的安全环境。

创意无限，创想无边，作为华侨城旅游一支战斗力十足的生力军，北京欢乐谷群策群力，撼动京城，震荡华北，响彻中国。未来的北京欢乐谷将在“爱创想、共成长、同分享”九字箴言中，携手深圳、成都、上海三地欢乐谷，昂首阔步在世界一流的连锁主题公园探索之路，放眼国际旅游行业，深度钻研超越世界级水准，散发无与伦比的品牌魅力。

【案例分析8】

黄金周集中出游并非游客不理性①

2011年十一黄金周，全国共接待游客3.02亿人次，比2010年同期增长18.8%。2011年10月2日，故宫单日游客达到12.78万人，突破此前发布的故宫2011年十一黄金周期间每日游客人数固定在8万人次的规定。

随之而来的，除了对文物保护的强烈担忧，各旅游景点人满为患，游客没看到风景只看到人的抱怨也不绝于耳，还有不少对旅游者不理性的指责以及关于理性消费的大声疾呼。黄金周全国各地景区的人山人海果真是游客非理性的聚集吗?

在笔者看来，判断黄金周集中出游是否理性的核心标准有二：一是是否知情；二是是否自愿。

首先是知情权，民众特别是游客有全面知悉旅游信息的权利。黄金周非自今日始，今年已经是第13个了。除了首个十一黄金周（1999年），特别是首个五一黄金周（2000年）的井喷可以看成信息不对称导致的结果以外，其后的几乎每个黄金周的爆棚都是毫无悬念地应时而出。为了尽可能削减这种爆棚和人潮的烈度，中央政府成立了全国假日旅游部际协调会议制度，调动包括各种媒体在内的各种社会力量，发布旅游信息，开发新的旅游产品，引导游客多元化理性消费。

十余年以来，无论是社会精英，还是平民百姓，几乎都对黄金周的得失耳熟能详。

① 案例来源：《中国旅游报》，2011-10-10.

每次黄金周之后，黄金周旅游都会成为舆论热点，每次有关黄金周的调查都会应者云集，就是很好的例证。因此，如果说黄金周期间，各地景区拥堵的游客人流都是由对黄金周注定或可能人山人海的情形毫不知情而上路的人组成，无论如何是不具备说服力的。

其次是选择权。民众拥有自主选择行为方式的权利。当今社会，政治越来越走向开明，那种具有强迫性质的集体活动越来越少。但强迫或半强迫的事情并非绝迹了，往往体现为道德或民俗或人情的强迫与半强迫。比如，为亲朋好友的婚礼随份子，既然是亲朋好友，恭喜的心意肯定是有的，但如果密度很大、份子钱行情又看涨的话，纵然因为经济承受力有限而内心有一万个不情愿或者勉强，也是不敢免俗的；在外谋生，春节是团聚的传统节日，一次两次不回老家或许可以，但经常不回去肯定不合适，落得一个不孝不仁不义的骂名也未可知。通常来说，春节回家，几乎是不容思考的，无论是出于亲情还是民俗，实际上都具有半强迫的性质。春节黄金周因之也主要扮演了走亲访友而非旅游、休闲等其他角色。

既然现今的旅游者对黄金周可能或注定发生的拥堵情形完全知情或完全可预见，黄金周特别是十一黄金周的旅游活动又不具有任何强迫性，黄金周旅游的质量与体验又广受诟病，具有自主、自愿选择权的游客们为啥还要“千军万马”去挤黄金周集中出游这座“独木桥”呢？

排除一些游客具有凑热闹的天性（这种天性也值得尊重），还有一些游客或许具有越是艰险越向前的独特素质，但大多数游客应该不喜欢凑这种热闹。那么，为什么会出现黄金周拥堵这种貌似不理性的结果呢？其实，这里面隐含了一个真相，就是长假供给短缺和带薪休假落实不到位或暂时无法落实到位。

一位带着孩子到北京故宫的外地家长在接受中央电视台新闻直播间采访的时候，道出了其中的苦衷：没有办法啊，孩子太想看故宫了，孩子的寒暑假我们上班，春节要团聚，只有这个十一黄金周了，为了孩子我们必须来啊。

根据国际经验，带薪休假是一种比较理想的休假模式，也正是不少专家开出的替代黄金周的药方。但“废黄派”可能无法回答这样的逻辑推论——既然带薪休假是社会各界针对黄金周的弊端众口一词共同开出的药方，那么理论上讲，如果带薪休假不能落实或落实不到位，就还需要黄金周；如果带薪休假落实了，黄金周依然拥挤不堪，就说明带薪休假这个药方不灵验；如果带薪休假这个药方灵验了，消费需求分散释放了，黄金周就不会像现在这样拥堵了；如果不拥堵了，已经运行了多年、没有增加假日总量、没有再增加社会总成本的黄金周还有什么必要取消？何况目前要在中国普遍实行带薪休假有相当的难度，不可能一蹴而就。同时，由于国情不同，具有与我国较大相似性的成功样本基本没有。因此，没有任何一个国家和地区的假日制度可以为我国所照搬，更何况带薪休假也与我国民众以孩子为中心、从众心理普遍的休假习惯有冲突。黄金周和带薪休假并行不悖，集中与分散结合，反倒完全有可能成为中国对于人类休闲模式的一种创造。

综上所述，黄金周景区拥堵是现阶段民众理性选择的结果，虽然具有无奈的情形，却是在可预见的将来无法避免的现实问题。面对现实，黄金周就是最契合中国现实的休假制度安排，集中休假将在较长时期内一直占据我国休假模式的主流地位。

由于长假供给的短缺，民众出游需求的堰塞湖正在形成，十一黄金周井喷只是一连串的报警信号之一。疏通民众出游堰塞湖的根本之道是，在进一步切实推进带薪休假制度的基础上，研究如何进一步完善假日制度，使长假安排不再成为稀有资源，游客出行选择也就更加理性。

案例思考题：

1. 结合本案例说明你对十一黄金周游客集中出游现象的理解。
2. 针对如何进一步完善假日制度这一话题，谈谈你的想法和思路。

【案例分析9】

新华国际时评：把世界遗产完整地交给下一代①

当地时间2011年7月31日晚间，在巴西利亚举行的联合国教科文组织世界遗产委员会第34届年会上，中国登封天地之中历史建筑群项目正式通过审批被列入世界文化遗产名录，成为中国的第39处世界遗产。

世界遗产是经联合国教科文组织确认的具有重要价值的人类共同财富。让人类共同财富得到全世界的关注和保护，是申报世界遗产的初衷。如今，许多国家把拥有世界文化遗产的数量视为本国在历史上对人类文明进程的贡献和影响的指针，是国家综合国力的一种体现。因此，无论在国内还是在国外，申报世界遗产的热潮方兴未艾。

在已被确定的900余个世界遗产中，有的具有十分深刻的文化内涵，有的拥有世所罕见的美丽景致。联合国教科文组织世界遗产委员会设置了严格的门槛，能进入世界文化遗产名录同时也意味着，人们为保护这些自然和文化遗产付出了艰辛努力，使这些人类的共同财富能世代相传。

我们看到，此次被列入世界文化遗产名录的中国登封天地之中历史建筑群，也见证了中国各界在这方面的努力。按照不改变文物原状及其环境、地貌的总体原则，登封市对8处11项古代建筑进行了修缮，甚至不惜搬迁村庄。令世界遗产委员会专家们感动的是，中国人在兵荒马乱的第二次世界大战期间还建立专门的保护房来保护这些历史遗产，如今这些保护房本身也已成为遗产的一部分。

无论国内国外，世界遗产大都已成为热门的旅游景点。申遗成功，对于这些景点来说，意味着知名度的进一步提高和经济价值的进一步提升。然而，一些世界遗产因此也面临被过度开发的危险，值得警惕。

比如，美国佛罗里达南端的大沼泽地国家公园曾是著名的水鸟世界，但是由于外围土地的开发，水鸟数量已减少了90%。在中国，敦煌莫高窟、丽江古城、苏州古典园林等世界文化遗产都面临很大的旅游压力，如何做到旅游开发与保护相得益彰，值

① 案例来源：新华网 http：//www.xinhuanet.com/，2010-08-01.

得研究。正如联合国教科文组织世界遗产中心主任弗朗西斯科巴达兰在年会上指出，建立《世界遗产名录》的目的在于保护而非开发，要注意开发旅游与保护的平衡关系。

世界遗产是全人类的宝贵财富而非摇钱树，它不同于普通的旅游资源，一旦遭到破坏将无法挽回。被列为世界遗产，不仅是荣誉，更是一种责任。根据《保护世界文化和自然遗产公约》的规定，保护世界遗产的真实性和完整性，是每一个缔约国应尽的责任。世界遗产所在的国家必须尽到保护、保存、展出和遗传后代的责任。

在世界遗产保护问题上，一些国家在实践中已经获得了许多宝贵经验。比如，巴西的猎鹿人台地在20世纪80年代成为世界自然遗产后，巴西政府加大了保护力度，曾经一度嚣张的非法采矿现象彻底消失。在中国，北京市政府为了保护颐和园景观的完整性，不惜增加投入，将经过景区附近的高压线路全部埋入地下。

世界遗产是大自然和我们的祖先经历漫长岁月留下来的宝贵财富，每一代人有责任把它们完好地交给下一代永续利用，而不是急功近利地毁了它们。保护好世界遗产，是对子孙后代负责！

案例思考题：

1. 结合案例分析申遗对于旅游景区景点的影响。

2. 针对申遗成功后，如何将世界遗产完整地交给下一代这一话题，阐明你的观点。

第六章　旅游市场竞争与开拓

【本章学习目标】

在市场经济条件下，旅游市场作为旅游产品交换的场所，不仅是旅游经济运行的轴心，也是实现旅游供求平衡的重要机制。通过本章的学习，掌握旅游市场的概念、特点和分类，了解旅游市场的功能及运行机制，掌握旅游市场的竞争结构及市场竞争规制，在此基础上理解如何去选择和开拓目标旅游市场。

第一节　旅游市场的特点及功能

一、旅游市场的含义

市场是商品交换的场所，是社会分工和商品经济发展到一定阶段的产物。旅游市场所交换的旅游产品以及旅游市场的供给和需求反映了旅游产品生产者和旅游产品消费者之间的经济关系。

（一）广义的旅游市场

广义的旅游市场是指旅游产品交换过程中所反映的有关旅游者与旅游经营者之间各种经济行为和经济关系的总和。

广义旅游市场的构成要素主要包括：市场主体旅游消费者、市场中介旅游经营者、市场客体旅游产品。

（二）狭义的旅游市场

狭义的旅游市场主要指旅游需求市场或旅游客源市场，即在一定时期内某个国家或地区对旅游产品具有支付能力的消费群体。

狭义旅游市场的构成要素主要包括：旅游者、旅游购买力、旅游购买欲望和购买权利。

二、旅游市场的特点

（一）旅游市场的异地性

旅游活动的完成通常伴随着旅游者地理位置的移动，旅游接待企业的客源也主要是非当地居民，因此旅游市场通常都远离旅游产品的生产地（旅游目的地）。旅游市场的异地性特点增加了旅游者和企业获取信息的难度，也增加了旅游企业的经营成本。

（二）旅游市场的季节性

旅游市场的季节性是指大众旅游者在旅游时间上具有明显的不均衡性，导致市场出现淡旺季差异。旅游市场的季节性产生的原因主要来自旅游目的地和客源地两方面。就旅游目的地而言，当地的气候条件对旅游者来访具有重要影响；就旅游客源地而言，人们在何时具有可自由支配时间则是左右出游市场的主要因素。

（三）旅游市场的全球性

全球性是就国际旅游而言的。随着世界经济一体化进程的加快，国与国之间的往来越来越频繁，由此带动了政治、经济、文化、生活等各方面的全球化进程。世界变得越来越小，国与国之间的界限越来越模糊，人们渴望走出国门，了解其他国家或地区的风俗文化，这就使国际旅游在近几十年得到了巨大发展。由于各国在经济上相互依存度的提高，跨国旅行、特别是商务旅游已经成为旅游业中的一个重要组成部分。

（四）旅游市场的波动性

旅游消费属于非生活必需品的消费，因此，旅游需求受外部环境的影响往往很明显，诸如国际局势、突发事件、季节性、重大节事活动或节假日、汇率变化、通货膨胀率、物价、旅游者心态变化等都是影响旅游需求的因素。

（五）旅游市场的多样性

随着旅游经济的蓬勃发展，目前世界不同国家和地区凭借其不同的旅游资源，已经开发了大量种类各异的旅游产品，以满足不同旅游者的消费需求。由于旅游产品的替代效应极强，于是对游客而言，就增加了可选择性。此外，由于旅游者的社会层次、成长经历、经济收入、兴趣爱好、受教育程度、职业及性别等各不相同，表现出不同的旅游需求，这种需求又伴随着时间和环境的变化而不断变化，呈现出多样性和多层次性。

（六）旅游市场的竞争性

旅游市场的竞争性主要体现在旅游者对稀缺旅游资源的竞争以及旅游经营者对旅游者的竞争两方面。从整体上看，由于旅游业进入壁垒较低，旅游市场呈现出高度竞争性。由于绝大部分旅游资源不具备垄断性，且旅游产品易于模仿，新的进入者不断出现，开发出许多相似的旅游产品，进一步加大了旅游市场竞争力度。

三、旅游市场的功能

旅游市场是社会经济高度发展的产物，是旅游业赖以生存和发展的条件，对旅游经济活动的有效运行起着十分重要的作用。就旅游市场的功能而言主要表现在以下几个方面。

（一）旅游产品交换功能

旅游市场是实现旅游产品的价值和使用价值，保证旅游经济正常运行的重要环节。

通常，旅游市场上总是存在着许多不同的旅游产品供给者和需求者。旅游产品开发出来以后，必须经过市场才能销售，使旅游产品的价值得以体现，旅游者的需求得以满足，旅游企业的再生产得以继续维持和扩大。而旅游产品需求者则通过市场选择并购买自己感兴趣的旅游产品，旅游市场把旅游供给者和旅游需求者衔接起来，解决了供求之间的矛盾。旅游市场是连接旅游产品供给者和需求者的纽带，承担着旅游产品交换和价值实现的任务。

（二）旅游资源配置功能

资源配置是指在社会经济活动中，如何把社会经济资源（人、财、物等要素）进行有效分配，以充分利用稀缺资源来生产出更多、更好的产品。因此，通过旅游市场的资源配置作用，可以促进整个旅游业中吃、住、行、游、购、娱六大要素按比例发展，实现社会经济资源的优化配置，并通过市场机制使旅游企业按照市场供求状况，及时调整自己经营的旅游产品结构、投资结构，以适应旅游者需求和旅游市场的变化，不断提高旅游经济效益。

（三）旅游信息反馈功能

在市场经济条件下，旅游市场动态变化是旅游供求动态变化最直观的体现。一方面，旅游企业可通过市场将产品信息传递给消费者，以引导、调节旅游需求的变化；另一方面，通过旅游市场，可以收集大量信息，了解竞争者的动态，掌握旅游者的需求，使本国、本企业的旅游产品开发和经营适应旅游者的需求，适应世界旅游市场发展变化的趋势。因此，旅游市场通过信息传导和反馈功能，形成旅游活动的“晴雨表”，综合反映了旅游市场的供求变化和旅游经济的发展状况。

（四）旅游经济调节功能

旅游市场是调节旅游经济活动和旅游供求平衡的重要杠杆。在旅游市场上，当旅游供求双方出现矛盾时，就会引起旅游市场竞争加剧和价格波动，影响到旅游经济活动的顺利进行。此时，就需要通过市场机制和价格机制的作用，调节旅游产品生产和销售，使供求重新趋于平衡。

第二节 旅游市场的类型及细分

一、旅游市场的分类

旅游市场是一个整体。在旅游市场中，任何一个旅游产品的供给者都不能占领整个市场，满足所有旅游者的需求。因此，要从不同角度对旅游市场做进一步的分类，以便更全面、更深入地反映其历史、现状和发展趋势，把握旅游市场变化的规律。

（一）按地域划分

按地域划分是以现有及潜在客源的发生地为基础，根据旅游者来源于不同的国家或地区而划分的旅游市场。世界旅游组织根据全球地区在地理、经济、文化、交通以及旅游者流向、流量等方面的联系，将整个世界旅游市场划分为六个大的区域，即欧洲市场、美洲市场、东亚及太平洋市场、南亚市场、中东市场和非洲市场。

这是一种传统的市场划分方法，世界旅游组织每年均按此划分口径公布每个区域的统计数字，这对于了解各地区旅游业的发展状况，把握世界旅游市场的动态具有重要价值。

（二）按国境划分

按国境划分旅游市场，一般分为国内旅游市场和国际旅游市场。国内旅游市场是指接待本国居民在国境线范围内旅游的市场。国际旅游市场是指旅游活动超出国境线范围的市场。国际旅游市场又可进一步区分为出境旅游市场和入境旅游市场。出境旅游市场是指组织本国居民赴境外旅游的市场。入境旅游市场是指接待境外旅游者前来本国旅游的市场。国内旅游市场、出境旅游市场和入境旅游市场对于一个国家或地区的经济具有不同的意义。国内旅游市场作为一个消费市场，在满足居民物质生活和精神生活需求、促进国内商品流通和货币回笼等方面起着日益重要的作用，居民生活水平越高，这方面的作用就越明显。出境旅游会导致客源产生国外汇的流出，而入境旅游则会增加一个国家或地区的外汇收入，增加其国际支付能力。

（三）按消费水平划分

按旅游者的实际消费水平，可以将旅游市场分为高档旅游市场、中档旅游市场和经济档旅游市场。在现实生活中，由于人们的收入、职业、年龄和社会地位等多种因素的影响，人们的旅游需求和旅游消费水平会呈现出很大差别。通常，高档旅游市场的主体是少数社会上层人士，他们有着丰厚的收入，价格不是他们所考虑的主要因素，在满足旅游目的的同时也处处期望显示其与众不同的身份和地位，所以尽管高档旅游市场的规模有限，但其高额消费支出对经营者有着很大的吸引力。中档和经济型旅游市场主要是由广大中产阶级、固定收入者和青年学生等人群所组成，虽然他们个人的消费能力不及社会上层人士，但这个市场的规模和潜力巨大，是经营者不容忽视的一个市场。

（四）按旅游目的和内容划分

按旅游目的和内容的不同，可以划分出各种专项旅游市场。旅游形式和内容的多样化是当今旅游业的一大特点。在20世纪50年代以前的传统旅游市场中，根据旅游目的可将旅游市场分为观光市场、度假市场、宗教市场等。自20世纪50年代以来，除了以上传统市场外，又出现了一些新兴的旅游市场，如满足旅游者健康需求的体育旅游市场、疗养保健旅游市场和狩猎旅游市场等，满足旅游者业务发展需求的修学旅游市场、学艺旅游市场等，满足旅游者享受需求的豪华旅游市场、美食旅游市场等，满足旅游者寻求刺激心理需求的探险旅游市场、秘境旅游市场等。

（五）按旅游组织形式划分

按旅游组织形式的不同，可将旅游市场划分为团体旅游市场和散客旅游市场。团体旅游和散客旅游是两种基本的旅游组织形式。团体旅游也叫包价旅游，其特点是旅游者在出发前参加一个旅游团体，并向当地旅行社交付该次旅游所需费用，然后由其负责安排旅游团的全部活动。团体旅游的最大的优点是操作简单易行，节约时间，安全系数大，语言障碍少；缺点是不能很好地满足旅游者个人的特殊兴趣和爱好。散客旅游是指单个或自愿结伴的旅游者，按照其兴趣、爱好自主进行的旅游活动。散客旅游最大的优点是高度灵活，能最大限度地满足旅游者个人的兴趣和爱好；缺点是所购买的各旅游单项服务的价格往往较高。

除了上述划分方法外，旅游市场的划分方法还有很多。如根据国别划分为日本旅游市场、美国旅游市场、德国旅游市场等，根据年龄划分为老年旅游市场、中年旅游市场、青少年旅游市场等，根据旅行距离远近划分为远程旅游市场、中程旅游市场、近程旅游市场。还可以同时以两个或两个以上的因素来划分，比如日本女青年旅游市场。总之，划分旅游市场本身不是主要目的，主要目的是为了掌握不同旅游市场的特点，然后根据需要，有针对性地开发旅游产品，开展市场经营活动，提高市场占有率。

二、旅游市场细分

（一）旅游市场细分的概念

1．旅游市场细分的含义

市场细分是20世纪50年代中期由美国的市场学家温德尔·斯密（Wendel Smith）提出的，现在已经成为市场营销理论中的核心概念之一，被广泛运用于各种营销活动中。

旅游市场细分是指根据顾客对旅游产品和服务需求的差异性，将一个错综复杂的异质市场划分为若干个具有相同需求的亚市场，从而使旅游企业有效地分配和使用有限资源，进行各种经营活动的过程。

2．旅游市场细分的必要性

旅游市场是由许多不同的消费者组成的，它包括商务旅游者、度假旅游者、体育旅游者、会议旅游者等。这些旅游者具有不同的需求、不同的消费行为、不同的价值观；同时，旅游市场还包括许多只购买旅游产品和服务而不作为最终使用者的旅游经营者，如旅行社、航空公司、旅游批发商等。因此，旅游市场是一个异质市场，任何一个企业的旅游产品都不可能同时使所有旅游者满意。也正是如此，每个旅游企业都必须根据自己的特点进行市场细分，寻找适合自己经营的目标市场。

（二）旅游市场细分的作用

旅游市场细分的实质就是选择属于不同类型的旅游者，通过识别具有不同需求的旅游者群体，将整体市场划分为不同类型的市场，这种细分的意义在于发现市场机会，开发占领对旅游企业最具价值的市场。旅游市场细分具有以下几个方面的作用：

1．有利于发现新的市场机会

通过市场细分，旅游企业可以对每个细分市场的需求状况进行了解，掌握不同旅游者群体的需求满足程度，了解哪些旅游者群体的需求得到了满足，哪些旅游者群体的需求尚未得到充分满足；还可以分析比较不同细分市场中竞争者的营销状况，着眼于未满足的需求或竞争对手较弱的细分市场，寻找有利时机，开拓新市场。

2. 有利于旅游企业准确进行市场定位

由于市场供求状况的影响和旅游企业的实力所限，一个旅游企业难以在整体市场或者较大的市场上建立自己的竞争优势。特别是对于旅游业中绝大多数中小企业而言，通过市场细分，可以根据自身的实际情况，寻找并集中服务于某一细分市场的旅游者，推出相应的营销策略，避免与大旅游企业进行直接竞争，从而在市场上占据一席之地。

3. 有利于提高营销策略的针对性

通过市场细分，各个目标市场的特征明确，旅游企业可以更清楚地了解目标市场旅游者的需求和欲望，有针对性地收集细分市场的信息，使旅游企业能迅速调整营销策略。同时，市场细分还能使旅游企业比较容易了解目标市场的旅游者对营销策略的反应，营销人员可以有针对性地选择促销媒介和技巧，从而进行准确的定位。

4. 有利于提高营销效率

通过市场细分，旅游企业可以根据目标市场的特点集中使用人力、物力和财力等各种资源来满足旅游者的需求，提高经济效益。同时，旅游企业还可以根据市场需求的变化，及时准确地调整产品和服务结构，使旅游产品和服务适销对路，扩大销售量，提高资金使用率。

（三）旅游市场细分的原则

对旅游市场进行细分，既不能过于粗放，忽视旅游者需求的差异，又不能过于琐碎，使市场细分失去经济意义。旅游市场细分要有实用价值，必须遵循以下原则：

1. 可衡量性原则

有效的市场细分必须使各个子市场之间界限明确，特征各异，可相互区别。细分市场应当具有明显的需求差异，且这些差异可以用具体的指标加以衡量，这样才能准确地定位市场，有针对性地开展营销活动。要做到这一点，就要求市场细分的标准要科学合理，必要时还要求有比较准确的数据。

2. 有效性原则

细分出来的市场必须足够大，在市场容量上达到一定的规模，并且有较好的发展前景，才能保证旅游企业有利可图。这就要求旅游企业对于市场既要采用市场细分来寻找机会，又不能分得太细、太小。西方国家目前出现的“反细分化”营销，就是由于对市场的过度细分会增大成本，增加消费者负担，并且企业也难以获得效益。

3. 可进入性原则

通过市场细分所形成的子市场应该是可以进入并能够占领的。旅游企业选择一个不能进入的市场毫无意义，哪怕这个市场的价值非常大，比如目前的太空旅游市场、国际上的狩猎旅游市场等，我国旅游企业进入非常困难。而且，旅游企业在细分市场时，可能会形成一些不能进入的市场。例如，非中国公民旅游目的地国家的旅游，属国家明令禁止的“黄、赌、毒”旅游项目的，旅游企业在细分市场时就应该非常慎重。

4. 稳定性原则

细分出来的市场是否能在一个较长的时期内保持较好的稳定性，对于旅游企业的发展至关重要。由于旅游项目的投资建设以及回收的周期往往较长，如果某个旅游项目还处在建设期间，细分市场就已经发生了变化，这对于旅游企业而言将是致命的打击。所以，旅游企业应该尽量选择那些具有长期、稳定购买力的市场。

5. 竞争优势原则

旅游企业进行市场细分的目的是选择目标市场并进入该市场，而有的细分市场已经有了一些竞争对手进入，如果本企业没有优势，就难以在该市场中生存。所以，旅游企业细分市场后所选择的目标市场，应该是能够形成自己独特优势的细分市场。

（四）旅游市场细分的标准

用什么标准来对市场进行细分，是所有旅游组织和旅游企业所要面临的最困难的问题之一，它将对旅游产品经营的有效性产生重要影响。由于市场细分的依据主要是旅游者需求的差异性，因此，这里主要以几种比较容易形成旅游需求差异的因素作为细分标准：地理因素、人口统计因素、心理因素和行为因素。如图6－1所示。

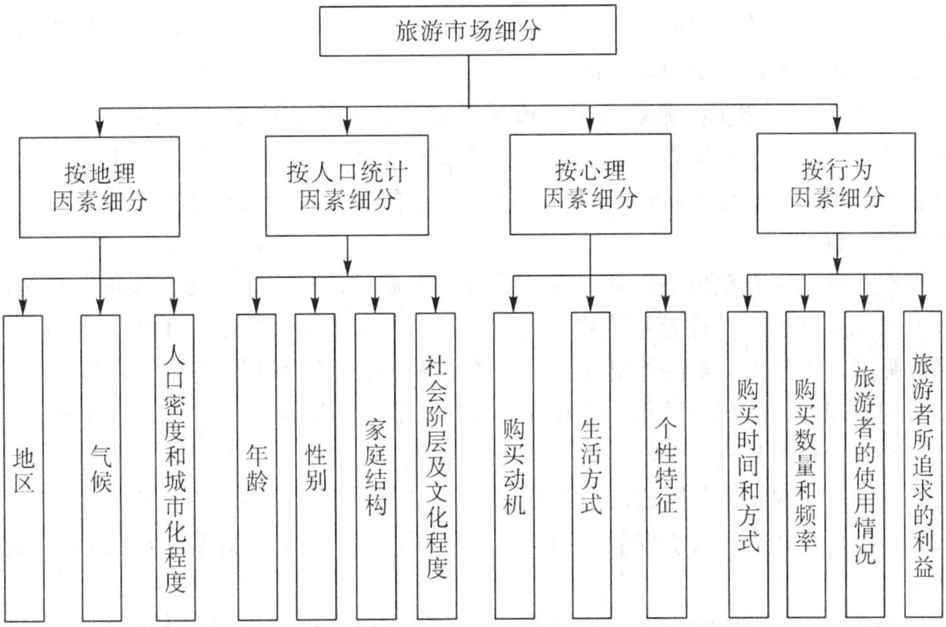

图6－1　旅游市场细分

1. 按地理因素细分

按地理因素细分市场主要是要了解旅游者的地理分布。它是按地理位置将整体市场分割为若干个旅游者群体，由于地理因素具有相对静止和稳定的特点，同时，由于大部分的旅游目的地和旅游企业往往都服务于特定的地理区域，将旅游产品和促销信息对准目标客户群就不可避免地要涉及地理细分，所以在地理因素市场细分中被旅游企业广泛使用。

运用地理因素进行市场细分，常常使用地区、国度、城市、气候、地形、交通、通信、旅行距离等作为细分变量。这些变量强调旅游者的需求特征与地理因素之间的相互关系，强调旅游者的文化背景及生活习俗的区域性特点，从而可以综合性地描述旅游者的需求特征。

世界旅游组织将国际旅游市场划分为六大块，即非洲、美洲、欧洲、中东、东亚及太平洋、南亚市场。这是一种市场分类，也属于一种市场细分。

我国旅游业一般采用国家这一地理因素来划分市场。如日本市场、韩国市场、美国市场、澳大利亚市场等。

我国旅游业的海外市场主要包括两种：近程市场和远程市场。其中，近程市场包括港澳台地区、日韩、俄罗斯、东盟、澳大利亚、中东，远程市场包括北美和西欧。另外，我国许多旅游企业还以国际客人入境城市来划分市场。

2. 按人口统计因素细分

按人口统计因素细分市场是指根据人口的不同特征，如年龄、性别、职业、收入、受教育程度、家庭生命周期、宗教、民族等变量，将整体市场划分为若干个亚市场。旅游者的各种要求、偏好、使用产品的频率等均与人口特征因素有关。

人口特征方面的资料相对来说比较容易统计和预测。因为人口特征方面的资料除了专门搞市场研究的机构进行统计分析外，国家各级政府和城市也要进行统计，因此，旅游企业可以很方便地获得这些资料。

国外把 24 ~65 岁称为旅游年龄。按照年龄可以把旅游市场细分为老年市场、中年市场、青少年市场。在国外，老年人由于有多年的积蓄，又没有家庭负担，因而消费水平较高；中年人旅行多伴有会议、商务活动；青年人旅游消费水平偏低，多为经济型的短途旅游。

男性和女性也表现出不同的行为，男性独自旅行的较多，对旅游设施、住宿的安全性要求比女性低；女性爱好购物，喜欢参与，注重安全、舒适、卫生，对色彩和气氛感受强烈。近年来，女性外出的比例越来越高，有逐年上升的趋势。

不同的职业，其闲暇时间、旅游机会和收入都不尽相同，相应的旅游行为也不同。相比较而言，政界要员和企业高管有较多的旅游机会。收入的高低会影响人们出游的次数以及消费层次，据英国旅游机构统计，年收入 3 万英镑以上者，更需要异国情调和昂贵的度假旅游，人均年度假在两次以上；而低收入者，则大多只能进行短途的户外活动。

处在不同生命周期的家庭，其消费水平和特点也有很大不同，旅游企业必须明确自己的目标市场，有针对性地开展工作。值得一提的是，在不同国家和不同文化背景下，由于不同的历史传统和伦理道德观念，家庭生命周期各个阶段的具体情况可能有很大差异。以老年阶段为例，西方国家的老年人往往不需要承担照顾第三代的责任，因此，老年人是旅游的主力军，也是重要的客源市场；而在中国，老年人往往要承担家庭抚养的责任，因此旅游消费水平相对较低。

3. 按心理因素细分

人们外出旅游主要追求的是一种精神享受，所以旅游者也可以按其心理特征进行细分。心理因素的研究就是测定人们的活动、兴趣、意见等，因此心理因素细分可以用来解释旅游者需求变化的原因和行为规律。

迄今为止，对心理因素的使用仍然缺乏成熟的理论，所以人们常用购买动机、生活方式、个性特征等变量来对旅游市场进行细分。最常用的是购买动机，根据这一变量，可将旅游市场细分为观光度假旅游市场、商务旅游市场、探亲旅游市场、奖励旅游市场等。

（1）观光度假旅游市场

观光度假旅游市场是最传统、最典型的旅游细分市场，旅游者的主要目的是了解不同的社会文化特征，理解人类历史的发展过程，观赏自然景色等。这一细分市场的旅游者的特征是：停留时间较长，尽可能选择位于风景区的旅游，季节性强，个人收入和闲暇时间是影响其出游的重要因素，受促销活动影响大，对于价格比较敏感。

（2）商务旅游市场

商务旅游市场主要由商务旅游者、会议旅游者和其他出差人员所构成。国际旅游市场的发展趋势表明：会议、商务旅游者每年以10% ~20%的速度增长。其特点是：选择线路、目的地以业务的内容来确定，对住宿设施的要求因旅游者的级别而定，基本不受旅游促销活动的影响，无明显的季节性，受价格影响小，对通信设施的要求很高，举办会议的城市要有较高的知名度和较好的旅游资源。这类市场的旅游频率高，购买力强，是重要的客源市场。

（3）探亲访友旅游市场

探亲访友旅游市场是以探亲、访友、寻根为目的的旅游细分市场，旅游者通常是到特定的目的地去访问，一般逗留时间较长。对我国而言，这一细分市场主要由港澳台同胞及华侨、华裔组成，也包括一部分日本和韩国的寻根者。

（4）奖励旅游市场

奖励旅游是20世纪80年代以来国际上兴起的一种旅游方式，是一些大企业、大公司对其员工的一种奖励方式。这种奖励不是物质或金钱，而是公司购买旅游产品供被奖励者消费。奖励旅游的特点是客源集中，组织方便，时间灵活，一般可以安排在旅游淡季。

4. 按行为因素细分

按行为因素细分是通过旅游者的使用频率、使用时机、使用情况、所寻求的利益和品牌偏好来细分旅游市场。

（1）使用频率

使用频率细分意味着以旅游产品和服务被购买的次数作为基础，对整个市场进行细分。部分旅游者倾向于比其他旅游者频率更高地购买旅游产品和服务，他们在旅游企业的业务中占据了一定的比例，所以对这些旅游者投入较大比例的企业资源也是很有意义的。

20世纪70年代以来，由于旅游业的激烈竞争，旅游企业开始更加关注旅游者的旅行频率以及他们重复使用旅游产品和服务的次数。有一些旅游者旅行的频率和次数超过了平均水平，这些人被称之为“频繁的旅行者”，目前国际上几乎所有的航空公司和旅游企业都对这些人给予了特别的回报。

“使用频率”的细分方式对旅游企业有很强的吸引力，因为对“使用频率”高的旅游者的投入比投入到其他目标市场产生的回报率要高。但值得注意的是，“使用频率”这一细分变量要与旅游目的以及地理细分进行组合才会更有效，因为频繁的旅游者往往会选择不常规的旅程。同时，旅游企业应当采用计算机数据库更多地收集、整理和运用客户资料，帮助企业进一步明确目标市场。

（2）使用时机

以使用时机为基础的细分市场是根据旅游者的购买时间和购买目的，将旅游者分为几个目标市场。主要的旅行时机是商务、度假和其他原因。而使用时机细分最经典的实例就是蜜月旅行，当一对情侣结婚时，通常都要进行这一传统的节目。此外，还有周年纪念、生日、退休、假日和授奖等所进行的特别旅游，这些都是旅游企业使用时机的细分部分。

（3）使用情况

按使用情况可以将旅游者划分为非使用者、以前使用者、经常使用者和潜在使用者。另外，还可以根据旅游者购买旅游产品和服务的次数将客户分为一次客户、二次客户等。

（4）旅游者所寻求的利益

旅游企业必须意识到这样一个事实：旅游者购买旅游产品和服务的主要目的不仅是为了得到产品和服务本身，还是为了获得旅游产品和服务给他们所带来的利益。旅游者所寻求的利益各不相同，有的旅游者希望旅游服务人员热情友好，有的希望旅游目的地处于较优越的位置，有的追求旅游活动的良好氛围，因此，可根据旅游者追求的不同利益将旅游者细分为不同的类型。

（五）选择细分市场的依据

由于旅游企业自身资源和实力的限制，任何企业都不可能把所有旅游者都作为自己的营销对象。因此，旅游企业有必要在进行市场细分的基础上，根据自身情况确定企业要选择多少类细分市场，以及要选择哪几类细分市场作为重点营销对象，并将有限的资源和精力集中在招徕最能增加营业额和利润的目标旅游者身上。由于细分市场直接关系到旅游企业的兴衰成败和未来发展，因此旅游企业必须对各个细分市场进行准确的评估，并依据竞争状况来进行选择。

1．市场规模及其增长潜力

市场规模是指旅游企业准备开发的客源市场人数足够多，消费能力足够强，具有适当规模。所谓“适当规模”是一个相对的概念，是与旅游企业的规模相对应的。大型旅游企业往往重视市场规模大的细分市场，而中小旅游企业则会避免进入过大的细分市场，因为开发较大的细分市场，一方面要求投入的资源太多，中小旅游企业难以具备这样的实力；另一方面这种大的细分市场，对大企业的吸引力非常强烈，常常是大旅游企业争夺的对象。所以，旅游企业只有在自身资源和能力许可的范围内，选择足够“适当规模”的细分市场，才能保证旅游企业投资和营销的效益。

市场增长潜力的大小，关系到旅游销售和利润的增长。有的目标市场尽管目前规模不是很大，但随着时间的推移和环境、政策的变化，会有较大的发展。比如自驾车旅游，这一细分市场在2003年以前是一个规模很小的市场，但随着我国个人拥有轿车数量的快速提高以及国家机关和企事业单位在用车制度上的改革，在2004年后，自驾车旅游逐渐成为一种时尚，这一细分市场已成为一个现实的市场。所以，旅游企业应分析本地区具有较大潜力的细分市场，分析本旅游企业是否有能力开发和满足这一细分市场的需要，以免忽视有潜力的市场。

2. 长期获利率的高低

一个细分市场可能具有适当的规模和增长潜力，但从获利的观点来看不一定具有吸引力。决定整体市场或细分市场是否具有长期的获利率，可以运用迈克尔·波特的行业竞争结构理论，即行业利润率的高低取决于行业的五种竞争力量的强弱，这五种竞争力量是：现实的竞争者、潜在的竞争者、替代的竞争者、购买者和供应者。

如果一个细分市场上已经有了为数众多、实力强大或竞争意识强烈的竞争者，该市场的长期获利率就会降低并失去吸引力；如果某个市场对新的竞争者有很强的吸引力，这些新的竞争者就会投入新的资源，并争夺市场份额，这个市场也会逐渐失去吸引力；如果某个市场已经存在现实和潜在的替代产品，这个市场就不具备吸引力；如果某个细分市场购买者的谈判能力很强或正在增强，或对产品和服务的要求越来越高，并强化卖方之间的竞争，那么这个市场就缺乏吸引力了。

所以，旅游企业在选择目标市场时，要考虑竞争对手构成的威胁，应避免与主要的竞争对手选择相同的市场而发生冲突。

3. 旅游企业的目标和资源

有些市场虽然规模适合，也具有吸引力，但旅游企业在选择目标市场时仍需考虑下述问题：

第一，进入该市场是否符合旅游企业的长远发展目标，如果不符合，就必须放弃。旅游业是一个综合性的行业，旅游企业经营的项目很多，但不同的经营项目在旅游企业中的地位不同，为旅游企业创造的利润也不同，因此每个旅游企业都应当在某一个或某几个方面树立自己的特色。

第二，旅游企业是否具有进入该市场的资源和能力，如果不具备，也必须放弃。每个旅游企业在投资建设时，一般都会根据自己的定位，将旅游配套设施配置好，这样可以更好地满足目标旅游者的需要。因此，旅游企业要进入的目标市场，必须是旅游企业能够有效为之提供服务的目标市场。

总之，旅游企业在选择目标市场时，要综合考虑多方面的因素，既要考虑自身实力，又要考虑旅游者的特点；既要看到现实市场，又要预测潜在市场；既要服务于旅游者，又要体现旅游企业自身的经济效益。

第三节　旅游市场的竞争

一、旅游市场竞争概述

竞争是指不同市场主体间为了争夺更多的市场份额和利润而展开的优胜劣汰的过程，它是市场经济的基本特征。市场竞争与市场同时存在，是价值规律得以实现的必要条件和必然反映。竞争所形成的优胜劣汰是推动市场经济运行的强大动力，旅游市场一经形成，市场竞争就存在并不断发生作用。

（一）市场竞争的必然性

1．竞争是市场经济的内在机制

商品经济对资源的配置主要是依靠竞争机制、价格机制和供求机制来完成的。其中，竞争机制是市场的动力机制，价格机制和供求机制是市场的运行机制，它们互相作用，共同完成社会资源的优化配置。同样，旅游市场也客观存在着市场机制的调节，旅游产品的供求矛盾、旅游产品价格的均衡、旅游资源的合理配置以及旅游产业的全面发展都是在市场中实现的，竞争机制是推动旅游经济活动的强劲动力。

2．竞争是企业求得生存与发展的动力

企业与企业之间的关系归根结底是经济利益关系，市场机制是调节这种关系的主要途径。为了求得在市场上的生存和发展，企业只有参与市场竞争，通过采用新技术、吸取先进的管理经验、改善经营管理、提高产品质量、降低成本等竞争手段，才能使本企业产品的个别劳动时间小于社会必要劳动时间，从而获得有利的竞争地位，使自己得到生存和发展的机会。

因此，在整个旅游市场日趋成熟、旅游市场竞争逐步升级的条件下，积极灵活地运用各种竞争战略和策略是旅游企业的必要选择。

（二）旅游企业的核心竞争力

旅游企业的核心竞争力是指企业内部经过整合的知识和技能，尤其是协调各方面资源的知识和技能，从而能够使企业比竞争对手以更快的速度推出各种产品的一系列核心能力，同时也是指企业在那些关系到自身生存和发展的关键环节上所独有的、比竞争对手更强的、更持久的某种优势、能力或知识体系。旅游企业的核心竞争力主要体现在以下几个方面。

1．价值优越性

核心竞争力是企业独特的竞争能力，它有利于企业效率的提高，能够使企业在创造价值和降低成本两方面比竞争对手更优秀。同时，也给消费者带来独特的价值和利益。

2．资源集中性

建立和提高核心竞争力的基本思想就是将企业的资源集中于少数关键的领域，以便使自己在这些领域建立优势。

3. 异质性

一个企业拥有的核心竞争力应该是其他企业所不具备的，它决定了企业之间的异质性和效率差异性。

4. 难以模仿性

核心竞争力是在企业长期的生产经营活动过程中积累形成的，它包含了企业的特殊组成和经历，其他公司难以模仿。

5. 不可交易性

核心竞争力与特定的企业相伴而生，虽然可以感受到，但无法像其他生产要素一样通过市场交易进行买卖。

6. 延伸性

核心竞争力通过实施专业化战略而建立，而且能延伸到企业的其他经营领域。

在激烈的旅游市场竞争环境下，企业不可能面面俱到，必须突出比较优势，更多地注重对自身独特资源和知识的积累、培养，发展核心竞争能力。同时，在选择核心竞争力的时候，还应关注未来竞争力的培养，提高产业预见能力。从而使企业长久地保持竞争中的有利地位，成为未来产业的领先者。

二、旅游市场竞争的类型和特点

（一）市场竞争的类型

经济学上根据竞争情况把市场区分为四种类型：完全竞争市场、垄断竞争市场、寡头垄断市场和完全垄断市场。这四种类型的市场存在着四种不同形式的竞争，随着垄断性的增强，市场竞争的激烈程度逐渐减弱。

1. 完全竞争市场的竞争

完全竞争市场又叫做纯粹竞争市场，是指竞争充分而不受任何阻碍和干扰的一种市场结构。在这种市场类型中，买卖人数众多，买者和卖者是价格的接受者，资源可自由流动，市场完全由“看不见的手”进行调节，政府对市场不作任何干预，只起维护社会安定和抵御外来侵略的作用，承担的只是“守夜人”的角色。

2. 完全垄断市场的竞争

完全垄断市场是一种与完全竞争市场相对立的极端形式的市场类型。完全垄断市场也叫做纯粹垄断市场，一般简称垄断市场。垄断一词出自于希腊语，意思是“一个销售者”，也就是指某一个人控制了一个产品的全部市场供给。因而，完全垄断市场就是指只有唯一一个供给者的市场类型。完全垄断市场的假设条件有三个：第一，整个市场的物品、劳务或资源都由一个供给者提供，消费者众多；第二，没有任何接近的替代品，消费者不可能购买到性能等方面相近的替代品；第三，进入限制使新的企业无法进入市场，从而完全排除了竞争。

3. 垄断竞争市场的竞争

垄断竞争市场是指一种既有垄断又有竞争，既不是完全竞争又不是完全垄断的市场，是处于完全竞争和完全垄断之间的一种市场。其特点是：市场上存在众多的厂商，各厂商所占的市场份额很小；虽然存在进入壁垒，但竞争者进入市场比较容易；各厂商生产的产品存在一定的差异性，并在很大程度上影响到产品价格。

4. 寡头垄断市场的竞争

寡头垄断市场是介于垄断竞争与完全垄断之间的一种比较现实的混合市场，是指少数寡头企业控制整个市场的生产和销售的市场。寡头企业之间存在相互影响、相互制约的关系，任何一家厂商的产量或价格的变动都会影响其他厂商的销售量。

（二）旅游市场竞争的特点

旅游市场不同于一般性的市场，有其特殊性。旅游市场是竞争性因素和垄断性因素同时并存的市场。

1. 旅游市场的竞争性因素

（1）旅游产品存在一定的可替代性。首先，各种旅游产品之间具有相当程度的可替代性，多数旅游产品虽然各具特色，但同类旅游项目也有不少的替代品。同时旅游者对于旅游产品可以自由选择，所以绝大多数旅游产品都难以垄断市场。其次，旅游产品是满足人们精神生活需要的产品，与具有相同性质和功能的休闲产品、娱乐产品之间也存在着相当程度的可替代性。

（2）旅游产品的可模仿性较强。如果旅游产品没有特别的客观条件优势，就很容易被模仿。例如主题公园等人工创造的旅游产品，其产品创意很容易被竞争对手模仿。虽然有一些旅游产品的开发或生产需要高科技和巨额资金的投入，但这些问题是可以解决的。至于旅游线路的创新，旅游服务内容的增加等软性因素则更容易被竞争对手效仿。

（3）旅游需求弹性大而旅游供给弹性小。一方面，旅游需求虽然强烈，但旅游消费仍是一种非生活必需品的消费，需求弹性较大。另一方面，旅游供给者很难在短时间内改变其供给量。在旅游旺季，因为受交通运输能力、旅游目的地容量、现有接待人员和设施设备数量等因素限制，旅游供给无法在保证旅游产品质量的前提下与旅游需求达到同步增长；而在旅游淡季，旅游供给又面临供过于求的局面，从而导致旅游供给者之间展开激烈竞争以获取更多的市场份额。

（4）旅游市场的波动性较大。旅游市场极为敏感，因为影响旅游需求的因素是多种多样的，任何一个因素的变化都会引起旅游市场的波动。

2. 旅游市场的垄断性因素

（1）旅游产品的差异性。一个国家或地区的自然以及人文资源所具有的独特文化是构成旅游资源吸引力的基本因素。而各个国家或地区的自然、人文资源是不可能完全相同的，即旅游资源状况不可能完全相同，因此旅游产品的差异和特色是普遍存在的。这种差异性在一定程度上构成了旅游产品的垄断条件。旅游资源的差异越大、特色越明显，旅游产品的垄断性就越强。例如中国的长城、埃及的金字塔等世界级文化遗产，美国的尼亚加拉大瀑布、黄石公园、夏威夷群岛等，都是差异性极大的旅游资源，从而享有很强的垄断性。

（2）旅游目的地选择的受限性。首先，旅游者受经济、交通、时间等的限制，不得不选择条件允许的目的地。一般来讲，旅游者往往对远距离的旅游目的地更感兴趣，而旅游者可以选择的旅游距离与其支付能力、可以一次连续性支配的时间、到达旅游目的地的交通便利程度呈一定的正相关关系。如果旅游者有较强的支付能力，可以连续支配的时间较充分，选择的范围就大。反之，选择的范围就小。其次，作为旅游吸引物的文化差异有时也会成为某种旅游障碍。旅游者受某些文化因素的影响，往往倾向于选择与自己所处地处于同一文化圈内的旅游目的地。例如，同处于汉文化圈中的中国与日本、韩国、朝鲜、新加坡、马来西亚等国家和地区之间有着特殊的历史文化联系，使后者成为我国重要的旅游市场。最后，虽然现代旅游市场是一个以全球为活动范围的统一的国际旅游市场，但因为某些非经济因素的制约，旅游者由一些国家或地区到另一些国家或地区进行旅游仍存在很大的困难，从而仍不能完全自由地选择旅游产品，进入有意向的旅游目的地。

3．旅游市场竞争的一般特点

根据上述旅游市场竞争中存在的竞争因素和垄断因素，旅游市场竞争具备垄断竞争模型的基本特点：

（1）旅游市场存在着众多的旅游经营者，个别旅游经营者对于旅游产品的价格和数量的影响是有限的，经营者之间的竞争相当激烈。

（2）旅游市场开放度较高，尽管存在着一些自然和非自然障碍，但新的竞争者进入旅游市场仍相对容易。

（3）旅游产品之间存在差异，每个国家和地区的旅游资源不可能完全相同，从而形成旅游产品的个性，构成了一定程度的垄断。

（4）随着网络技术的发展和普及以及现代通信技术、传播技术和营销技术的迅速发展，旅游者获取旅游市场的信息非常容易。

三、旅游市场竞争的内容

旅游企业经济活动的目标是获取利润，他们通过配置旅游资源，形成成本的节省，以实现利润最大化。在旅游市场上，旅游企业之间的竞争围绕着争夺旅游者和旅游中间商而展开，以便提高自己的旅游市场占有率，通过占领更多的市场份额来保证自身利润的实现。

（一）争夺旅游者

旅游者是旅游产品的最终消费者，一个国家、地区或企业吸引的旅游者数量及其消费能力决定了该国、该地区或该企业的旅游收入。同时，旅游产品又具有生产和消费同时性的特点，旅游产品无法直接运输到旅游者的所在地，旅游企业只有将旅游者吸引到旅游产品的生产地，才有可能出售自己的旅游产品。因此，争夺旅游者是旅游市场竞争的实质。

（二）争夺旅游中间商

旅游中间商是指从事转售目的地旅游企业的产品、具有法人资格的经济组织或个人，包括旅游批发商、旅游零售商、旅游代理商等，他们是连接旅游企业和消费者的桥梁。旅游者通过中间商提供的各种服务，可以使旅游活动更加安全、方便和经济。旅游企业借助中间商的力量，可以减少旅游目的地市场客源开发的难度，争夺更多的旅游者。因此，争夺旅游中间商是争夺旅游者的延续，旅游企业要高度重视旅游中间商，只有建立起稳定的销售和客户关系网络，才能保证旅游企业在竞争中的地位。

（三）提高旅游市场占有率

旅游市场占有率是反映旅游企业在市场竞争中的地位、实力和状况的基本指标，通常用旅游市场绝对占有率和旅游市场相对占有率来衡量。

1. 旅游市场绝对占有率

旅游市场绝对占有率是指在一定时期内，某一国家、地区或旅游企业实现的旅游产品的销售量与同期、同一旅游目标市场的旅游产品销售总量之间的比率。可用公式表示为：

$$\text{旅游市场绝对占有率}=\frac{\text{一定时期某一市场主体的旅游产品销售量}}{\text{同期同一目标市场的旅游产品销售总量}}\times 100\%$$

2. 旅游市场相对占有率

旅游市场相对占有率是指一定时期、一定范围内某一市场主体的旅游市场份额与同一时期、同一范围内最大竞争者旅游市场份额之间的比率。可用公式表示为：

$$\text{旅游市场相对占有率}=\frac{\text{一定时期某一市场主体的旅游市场份额}}{\text{同期同一目标市场上最大竞争者的旅游市场份额}}\times 100\%$$

通过旅游市场绝对占有率指标，可以了解本国、本地区、本企业在旅游市场上所处的地位和实力。通过旅游市场相对占有率指标，可以看出本国、本地区及本企业与其他国家、地区或企业在接待人次上的数量关系及其优劣。如果某一市场主体的旅游市场相对占有率大于1，表示该市场主体所占的市场份额最大，领先于其他竞争者；如果等于1，表示该市场主体与其他竞争主体实力相当；如果小于1，则表明该市场主体的实力弱于其他竞争者。

第四节　旅游市场开拓战略

一、旅游市场开拓的意义

旅游市场的开拓是指为了实现旅游企业的战略目标，扩大旅游产品销售，实现旅游产品价值，提高市场占有率而进行的一系列经营活动。旅游市场的开拓包括两个方面：一方面是充分挖掘现有市场的潜力，提高现有市场的占有率；另一方面是开发新的旅游市场。

旅游业自身的特点和旅游产品的特性，决定了旅游业对市场具有较强的依赖性。离开了市场的支撑，旅游业的生存和发展就失去了基本的条件。

首先，旅游产品的特性决定了必须要不断开拓市场。旅游业是一个服务性行业，旅游产品具有不可转移和不可储存的特点，比其他行业对市场有更强的依赖性。

其次，提高市场份额是确保旅游企业生存和发展的条件。对于旅游企业而言，无非面对两种市场，即现有市场和潜在市场。现有市场是企业已经进入和占领的市场，企业要生存，至少要维持现有市场的规模，但这仅仅解决了维持生存的问题，解决不了发展的问题。企业不能安于现状，在激烈竞争的旅游市场上，若不积极进取，努力开拓新的市场，只是消极防御，最终连现有的市场规模也难以维持。因此，企业必须积极挖掘市场潜力，扩大市场销售，提高市场占有率。

最后，市场开拓能力是企业经营能力的重要标志。旅游市场是竞争激烈的买方市场，在这个市场上，旅游者的需求在不断变化，竞争对手也在不断变化，旅游企业由于自身的发展也在不断变化。面对这个动态的市场，企业只有不断开发新产品，开拓新市场，才能满足旅游者的需要。僵化、保守、凝固不变必然要被激烈的市场竞争所淘汰。同时，也正因为旅游市场处在不断的变化之中，处处为旅游市场的开拓提供了机会和可能。

二、旅游企业市场开拓战略

旅游企业市场开拓战略是旅游企业参与市场开拓、对抗竞争、获得持久竞争优势的一种有效手段。旅游企业必须立足长远发展，站在战略的高度上来谋划抗衡与制胜的途径，以应对激烈的市场竞争。

（一）旅游企业创新战略

创新是知识经济时代促进经济发展的不竭动力。科技进步日新月异，特别是以信息技术、生物技术为代表的高新技术及其产业迅猛发展，深刻地影响着世界各国政治、经济、文化等各个领域。作为新兴的第三产业——旅游业，同时面临着机遇和挑战。旅游业是信息密集型行业，信息技术的发展对旅游企业产品的设计生产、销售及整体营销活动具有决定性的影响作用。创新在旅游企业竞争中的作用日益显著。

旅游企业创新就是旅游企业运用新知识、新技术、新工艺，采用新的经营管理模式、管理手段和方法，提高旅游企业的服务价值，为旅游者提供更高质量的产品。旅游企业创新包括技术创新、价值创新、组织创新和管理创新等几个层次。

1. 技术创新

以信息技术为标志的技术创新，将不断影响旅游企业的竞争力。首先，用信息技术更新和改造旅游企业，建立智能化信息系统和数据库，将信息作为重要的战略资源进行整合，并以此来改变旅游企业传统的生产经营方式。其次，电子商务为旅游企业提升核心竞争力提供了机会，旅游企业应加强客户管理，把客户视为最重要的资源，收集、加工、处理客户信息，并提供“客户产品”的反流程运作。最后，除提供面对旅游者一线服务的自动化管理外，旅游企业更重要的是利用计算机技术来加强内部管理和资源整合的信息化。

2. 价值创新

旅游企业价值创新是企业参与市场开拓的一个新理念，它不是通过单纯提高产品的技术生产力，而是通过为旅游者创造更多的价值来争取旅游者，赢得成功。如果说技术创新是正向竞争手段，那么价值创新则是侧向竞争手段。中小企业采用价值创新的方法，是避免同强手正面交锋而赢得市场的取胜之道。

3. 组织创新

组织创新是旅游企业创新的关键环节，一旦离开它，技术创新和价值创新都将不能很好地实现。旅游企业组织创新需要从以下几个方面入手：第一，突破传统层级制的束缚，以加快信息传递为基础，构建灵活、高效和扁平式的新型企业组织。第二，实现以人为本、以组织过程为中心和分权化的组织模式。“以人为本”是指通过改变组织成员的态度和人际工作关系来达到改变组织绩效的目的；“以组织过程为中心”是指把过去的专业化职能部门转变为以任务为导向、充分发挥个人能动性和多方面才能的过程小组；“分权化”强调的是有利于分散决策，提高决策效率。第三，加强团队建设，建立企业内部的市场化组织。

4. 管理创新

管理创新主要包括管理思想创新、管理方式创新、管理手段创新、管理制度创新、管理模式创新等。旅游企业经营中人力资源、信息资源作用的提升和科技含量的增大，大大弱化了硬件的作用，并产生了知识资源型管理业态，旅游企业要想有力地促进和带动技术创新、价值创新和组织创新，就必须不断地进行管理创新。

（二）市场开拓战略模型

根据旅游企业市场开拓的目标和特点，旅游企业的市场基本开拓战略主要有以下三种。

1. 成本领先战略

成本领先战略也称为低成本开拓战略。旅游企业成本领先战略是指旅游企业在提供相同的产品和服务时，其成本和费用明显低于同行业平均水平或主要竞争对手。这主要表现为：第一，旅游企业占据成本领先地位，可以主动采取价格竞争策略，抢占市场份额，迫使竞争对手跟着降价，对方在丧失利润的情况下，可能退出市场。第二，旅游企业在竞争中占据低成本的位置，一方面可以灵活地参与价格竞争；另一方面在旅游淡季，面临消费者降价购买的压力时，可以减少损失，保证稳定的收益。第三，旅游企业保持成本领先优势，可以为潜在的竞争对手设置坚固的进入壁垒。

成本领先战略的局限性如下：

（1）差异化地位的丧失。旅游企业如果长期实施单一的成本领先战略，过分重视降低成本，就有可能忽视特色产品的开发和旅游市场的变化，提供的旅游产品就很有可能达不到旅游者新的需求水平，不能满足旅游市场发展变化的需要。

（2）成本领先优势难以长期维持。目前的科技水平发展很快，技术产品的生命周期日趋缩短，企业先前所依赖的生产技术优势可能因技术更新而消失，这时企业原有的成本优势就将不复存在。

（3）面临成本集聚企业的挑战。市场上采取目标集聚战略的旅游企业可能实行新的成本集聚，获得更低的成本，这将严重威胁原先拥有成本优势的企业。

2. 产品差异战略

产品差异战略也称特色经营开拓战略或差异化战略。旅游企业产品差异化战略的主要内容和特征是在旅游企业市场开拓中以突出旅游企业产品特色为中心，生产出其他竞争对手所没有的独特产品，从而在市场上形成垄断优势。

旅游企业产品的差异化可以表现在很多方面，如旅游企业产品的地方特色、旅游企业产品的附加功能、旅游企业线路的个性设计、旅游企业服务的个性化、旅游企业营销方式的别出心裁、旅游企业产品供给者所在的地理位置优势等，它既包括实体性差异，也包括观念性差异。

旅游企业在开发产品时，要创造出本地区或本企业产品的特色，使之与同行业其他产品相比具有明显的差异化优势，吸引旅游者的兴趣，降低旅游者对价格的敏感度。因此，实行产品差异战略的前提条件是：旅游企业在产品的研究和开发上具有较强的创新能力和较高的应变能力，具有产品质量或技术领先的声望，同时还具有很强的市场营销能力，在营销中有明确的目标市场，能采取有效的经营手段和方法。

产品差异战略的局限性如下：

（1）成本优势的丧失。旅游企业如果过分追求差异化，就会增加成本。而特色旅游产品远高于一般旅游产品的价格，将会削弱部分消费者对企业产品的偏爱，降低他们的购买欲望，使企业原有的市场份额减少。

（2）难以适应消费者需求的改变。市场需求是千变万化的，一旦消费需求发生变化，特色旅游产品原有的差异化形象以及对消费者的吸引力就会大幅度降低，竞争中的优势随即丧失。

（3）他人模仿不可避免。趋利的竞争导向，会造成其他企业纷纷模仿，构成对产品特色的冲击，影响垄断优势。

（4）差异化集聚企业的挑战。采取目标集聚战略的企业可能会在部分市场加大成本投入，实行针锋相对的差异化战略，从而加剧竞争。

3. 目标集聚战略

目标集聚战略也称集中化战略，是指旅游企业将力量集中到整个市场中的某一部分，在这一部分中建立自己在产品成本或产品差异上的优势地位。这里所指的某一部分，可以是特定类别的旅游消费者，也可以是特定的旅游产品，还可以是某一特定的地区。

采取目标集聚战略首先要对整个旅游市场进行细分，然后根据自己的条件确定一个或几个细分市场作为目标市场，着力开发针对目标市场的旅游产品。如集中力量发展欧美旅游市场或中国港澳台旅游市场，或重点开发学生旅游产品、银色旅游产品等。采用目标集聚战略必须重视旅游产品的宣传，要求旅游企业对旅游者的需求有较为深入的了解。一个实力和经验都有限的旅游企业若想进入已经成熟的旅游领域，又无能力与大企业正面竞争，就可以寻找对手的一些弱点或尚未满足的市场需求，在这个小小的细分市场上去获得相对优势。

目标集聚战略的局限性如下：

（1）更难适应需求偏好的转移。选择目标集聚战略的旅游企业由于市场范围狭小，企业全部力量和资源都投入了一种产品或服务于一个特定的市场，所以一旦旅游目标市场的需求发生转移，企业很难在短时间内调整经营方向，造成十分被动的局面。

（2）细分市场之间的差异会减小。选择了目标集聚战略的企业所选择的目标市场与其他市场之间的区别可能会缩小，消费者在选择时的范围增大，其他企业很可能会抢去原有的市场份额。

（三）市场开拓战略的选择

1．基本原则

实施市场开拓战略实质上就是在市场开拓中扬长避短，建立自身的竞争优势，创造核心竞争力。核心竞争力的实质是组织中的积累性学识，是关于如何协调不同的生产技能和有机结合多种技术流的学识，是企业在竞争中具有的比较优势。市场开拓战略选择的基本原则就是从企业内在的资源、知识和能力出发，形成能够随着外部环境的变化而调整的某种竞争优势。

旅游产品的特殊性决定了旅游企业服务资源与技术是衡量旅游企业核心竞争力的重要方面，因此在分析利用资源时应该充分利用系统论的思想，不仅注重单一资源能力的发挥，更关注整体效能的提高。同时，技术是服务资源中的重要内容，它附着在物质实体和人体上，对服务效能有很大的影响，有机地组合服务资源、合理运用技术是形成旅游企业核心竞争力的重要因素。因此，旅游企业应该根据现有的资源、知识、能力状况，突出自身的优势，通过市场开拓战略形成企业的核心竞争力。

2．影响因素

旅游企业选择开拓战略时，除了上述必备的条件以外，还需考虑以下一些影响因素：

（1）旅游企业所面临的目标市场的消费水平和观念。如果旅游企业所面临的目标市场的消费水平比较高，在消费观念上更注重差异化、个性化的满足，追求高档次的享受，那么，成本领先战略就失去了它的意义，此时，差异化战略更为有效。如果旅游企业所面临的目标市场的消费水平不高，差异化价格超出了消费者所愿意接受的范围或是消费者对个性化的追求不够强烈，此时，成本领先战略则比产品差异战略更有效。

（2）旅游企业的生产与销售能力。一般来说，规模比较小的旅游企业生产与销售能力比较薄弱，应选择目标集聚战略，以便集中优势力量于某一特定消费群、特定地区或特定的产品，避免与大企业发生正面的竞争。如果旅游企业的生产能力较强而营销能力较弱，则可考虑运用成本领先战略；相反，如果旅游企业营销能力强而生产能力较弱，则可以考虑差异化战略。但如果旅游企业的生产与营销能力都很强，就可以考虑在生产上采用成本领先战略，而在销售上采用产品差异战略。

（3）旅游企业所提供的旅游产品的特点。这里的旅游产品特点主要是指旅游企业产品的差异性程度。如果企业占据着独特的自然、历史、文化、人文等旅游资源优势，即拥有创造旅游产品个性的资源条件优势，就可以优先考虑产品差异战略；如果旅游企业所提供的旅游产品具有很大程度的同质性，即该产品的可替代性较强，则应考虑采取成本领先战略。

（4）旅游产品的生命周期。通常，如果旅游产品处于投入期或成长期，为了抢占市场防止潜在竞争者的加入，旅游企业可以采用成本领先战略，以刺激需求，使企业处于低成本、高市场占有率、高收益和更新设备投资的良性循环中。如果旅游产品到了成熟期或衰退期，其消费需求呈多样化、复杂化，这时旅游企业则应采取产品差异战略或目标集聚战略。

3. 基本步骤

（1）正确判断本企业的资源，发现与竞争对手相比较的优势和劣势所在，寻找使资源得到最佳组合的机会。其中，旅游企业的资源主要包括实体资源、技术资源、财务资源、人力资源、营销资源、企业声誉等。

（2）客观认识本企业的能力，寻找使企业在竞争中更具效益的方法，并将企业拥有的资源更有效地融入到企业的能力之中。其中，旅游企业的能力主要包括：服务生产能力（有效的服务生产系统、灵活快速的应变能力、高质有效的服务能力等）、营销能力（产品管理和营销组合的能力、对市场变化的反应能力、促进和利用企业声誉的能力等）、研发能力和管理能力。

（3）分析企业拥有的资源和能力转化为竞争优势的条件，正确评估企业所具有的独特的、可持续发展的竞争优势。资源和能力转化为竞争优势的条件主要包括：稀缺性（普遍存在的资源或能力不能构成优势，只有稀缺的资源和能力才能转化为竞争优势）、相关性（资源和能力与该行业中的成功因素相关时，才能转化为竞争优势）、持久性（依靠持久性资源和能力建立起来的优势才相对稳定）、不宜模仿性（资源和能力不容易被竞争者所模仿，优势才会持久）。

（4）选择一个能够充分利用企业能力、适应外部环境的开拓战略，保持并不断发展自身的竞争优势，按照战略的要求，加强对未来竞争所需要的资源的投资，并在战略思想的指导下，运用各种竞争策略，积极地参与市场开拓。

【复习思考题】

1. 什么是旅游市场？旅游市场有哪些特点和功能？
2. 旅游市场细分必须坚持哪些原则？
3. 目标市场选择的依据有哪些？
4. 试述什么是旅游市场竞争。怎样认识它们与一般物质产品市场竞争的不同？
5. 旅游市场开拓的策略有哪些？
6. 可以采用哪些因素来进行旅游市场细分？举例说明某一旅游企业是如何运用这些因素来细分市场的。

【阅读材料9】

华山旅游景区的市场细分①

陕西省的华山景区是国家首批颁布的44家风景名胜区之一，多年来和许多名山大川一样在国内旅游市场中拥有较高的地位。而近几年来旅游业发展迅猛，新开发景区如雨后春笋，旅游市场竞争日益激烈。没有一个科学的市场细分和有效的营销手段，就无法满足旅游者日益扩大的消费需求和瞬息万变的市场竞争。现结合华山的实际情况，探讨市场细分的四类因素。

1. 地理因素

按地理因素细分旅游市场是一种传统而重要的细分方法，主要以地域、距离、气候为划分依据。

华山地处我国北方地区，有北国之雄、南国之秀，是特点较为独特的山岳风景区。目前华山面对的市场主要是国内旅游市场，国际旅游市场占有份额非常小，每年外宾的旅游人数只占到全年游客量的6%左右。国内旅游市场以市场占有额相对稳定的黄河金三角地区为中心，循序渐进，向外辐射。近年来，在陕西、山西、河南的主要城市设立华山旅游服务咨询中心，与当地有一定影响的酒店、旅行社建立旅游协作关系，并通过一定形式的广告、信息宣传，使该地区成为华山旅游的重要客源市场，2000年该地区游客量占到52%。今后的营销目标应进一步向外延伸，主打交通较为便捷的西北、华北、华南地区，使之成为华山旅游市场的新亮点。在气候方面，华山地处北温带地区，可根据自身优势把旅游市场划分为南北两大市场。春夏的市场营销重心放在北方地区和交通较为便捷的地区，用秋冬品牌主打长江以南地区，效果会非常明显。国外旅游市场的营销必须突出区别于其他景区（点）的旅游产品，如华山攀岩就是一个推向国际市场相当好的产品，华山围棋赛也是占领日、韩市场的起点。

2. 人口因素

人口因素是一个复杂的变量系统，它包括年龄、性别、职业、收入、教育、家庭状况、民族、国籍等。

按年龄可将旅游市场细分为青年旅游市场（15~24岁）、成年旅游市场（25~34岁）、中年旅游市场（35~54岁）和老年旅游市场（55岁以上）。青年旅游市场以求知、猎奇为主要动机，如探险、骑自行车、武术、修学旅游等颇受青年人欢迎。在北京、上海的两次促销活动中，一幅《千尺幢》景点照片，引起两个大都市许多青年旅游者前来攀登；一部《笑傲江湖》倾倒无数青年人"华山论剑"，思过崖畔、铁剑寒情正好满足了青年人的猎奇心理。但华山旅游产品包装过于单一，深层次地反映华山文化内涵的旅游产品挖掘不够，旅游者来华山除了爬山就是看山，其他旅游项目寥寥无几，缺乏活力。老年旅游市场是一个长期稳定的市场，休疗、消遣、度假、寻根是

① 阅读材料来源：http：//blog. sina. com. cn/.

旅游的主要目标。寻根旅游是老年旅游市场和海外华侨旅游市场的一个亮点。“天下杨氏出华阴”，前些年华山曾尝试举办过一次杨氏寻根祭祖活动，在国内引起较大反响，杨振宁博士还专门发来信函。找准切入点，进一步挖掘杨氏先祖在华阴的踪迹，通过多种形式对外宣传，提高杨氏寻根旅游市场的效应，同时与道教文化相辅相成，也是对华山旅游产品的强有力补充。

3. 心理因素

按心理因素细分旅游市场，主要根据旅游者个性特征、兴趣爱好、生活方式等因素作为划分旅游者群的基础，注重了同一区域需求差异性，但具有相同心理因素的旅游者通常是分散于不同的地理区域，增加了景区（点）针对各细分市场布置营销力量的难度，而且，心理因素是动态的，不如地理因素容易把握，因此，在旅游市场细分中，应着重考虑将心理因素与地理因素结合起来。

4. 购买行为因素

购买行为因素是指根据旅游者的旅游动机、旅游组织方式、购买时机、对企业营销的敏感程度、购买频率、购买数量及对品牌的信赖程度等因素为基础进行市场细分。

（1）按旅游动机可细分为探亲访友旅游、观光旅游、度假旅游、公务旅游、奖励旅游五类。

第一，探亲访友自古以来就是人类社会交往、情感交流的一种方式，探亲访友旅游市场具有规模大、停留时间长、重游率高等特点。华山景区应当充分把握这一市场的特点，有针对性地进行旅游产品营销。

第二，观光旅游市场是最常见、最主要也是最原始的旅游市场。自汉武帝分封五岳开始，华山就迎来成千上万的观光旅游者。这属于相对稳定的市场，需要景区（点）的长期巩固，经常性地将风光介绍、图片、交通、价格、特色旅游活动等旅游信息通过媒体、旅行商推向目标市场，加大对旅游者的视觉冲击力，增强旅游者的选择信心。

第三，度假旅游市场主要以休闲、疗养、健身为目的，更强调宁静、安全的环境，对价格、距离、活动安排都有一定的要求。近年来华山非常关注度假旅游市场，每年对学生寒暑假旅游市场调整价格、专题促销宣传，投入很大的营销精力，成效也较为突出。但是对带薪阶层旅游度假市场只是适应，营销手段处于被动。目前，国内旅游消费日趋理性化，旅游者对旅游目的地、出游时间的选择都非常理智。华山在旅游产品安全、环境、设施完善后，完全可以实施目标市场的合理引导，逐渐消除旅游者的“黄金周”怕出游的心理，加之新景区（点）、森林公园的快速兴起，争抢“黄金周”旅游市场已迫在眉睫。

第四，公务旅游主要指会展和商务旅游市场。从目前该市场的规模和发展势头来看，该市场已成为国内外旅游市场中的一支生力军。以西安为例，每年举办“贸洽会”、“博览会”、“交易会”、“研讨会”、“学术会”、“经济论坛”等各类会议不下百次，加之日益繁多的商务往来活动，不亚于一次次“黄金周”。该市场的旅游者身份和社会地位都普遍较高，抓住这个机遇本身就是一次极富说服力、影响力的宣传，而且该市场对消费价格并不十分看重，尤其是不受季节和地区限制，出游高峰期大多在每周一至周五，正好填补了华山旅游小淡季的空白。做好这个市场，产品包装、旅游环境、服务质量、营销方式、策略都必须体现出高规格。单从营销方面来讲，追求一个市场冲击力，可以在各大中城市来陕西的火车上、飞机上分软卧、硬卧、硬座、头等舱、经济舱，以不同形式宣传华山的雄奇风光，使客人登上旅途就看到华山；与西安三星级以上宾馆达成经济协作意向，在客人的房间备放华山精美风光图片介绍（赠品）；与西安上档次的国际、国内旅行社在互惠互利的基础上共推华山旅游产品，在提高华山品牌感召力的同时，给旅游者来华山游览提供全方位旅游服务和旅游咨询。

第五，奖励旅游市场是一个新兴旅游市场，潜力较大，发展势头很猛。自20世纪90年代以来，东南亚旅游业较发达国家就开始接待为数可观的奖励旅行团，约占其接待总量的17%，尤其是泰国奖励旅游增长量每年在20%～30%之间。华山景区可以先行一步，对全国劳模、各大中城市的先进典型实行大幅度的旅游优惠，甚至可以全程免费服务。通过这些先进典型的传播，通过各地电视台的跟踪采访，华山不难做好奖励旅游市场这篇文章。

（2）按旅游组织方式可细分为团体旅游市场、散客旅游市场、组合旅游市场。

第一，团体旅游市场在华山旅游市场中占有较大的比例。经营主体应进一步挖掘团队旅游市场潜力，在互惠互利的基础上，建立目标市场的旅行社营销网络，使华山旅游品牌遍地开花。另外在提供给旅行商的华山旅游线路上尽最大可能地拉长时间，力争改变“华山一日游”的现状。

第二，散客在当今旅游市场所占比例越来越大。华山可在散客聚集地进行固定、长期的旅游标识宣传，合理引导游客，保障游客进得来出得去。

第三，组合旅游市场是一种灵活、方便的旅游组织方式，是为完成某一项旅游活动临时组合的旅游者群。主要表现在大的商务活动中，景区景点在环境、服务、市场引导上要给予高度的重视。

（3）按购买时机、频率、数量可细分为淡季旅游市场、旺季旅游市场和平季旅游市场。

在当前市场条件下，华山可尝试使用淡旺季门票价格平抑淡旺季旅游市场。同时充分利用华山季节变化形成的风光优势，进一步包装旅游产品，炒热淡季旅游。

【案例分析10】

超前谋划金砖国家旅游合作①

中国、巴西、俄罗斯、印度和南非五国首脑峰会日前在海南省三亚市举行，“金砖五国”受到国际社会的广泛关注。作为全球新兴经济体代表的金砖国家，其发展越来越受到国际社会的广泛关注。随着金砖国家之间合作的日益深化，旅游的合作必将进入议事日程，所以超前谋划金砖国家旅游合作具有重要的战略意义。

“金砖五国”分处全球四大洲，历史文化、社会制度和发展模式各不相同，已成世界最重要的五个新兴经济体。五国人口总和近30亿，占全球人口的43%；经济总量11

① 案例来源：《中国旅游报》，2011-04-18.

万亿美元，占全球经济的16%；贸易总量4.6万亿美元，占全球贸易的15%。近年来经济增长率超过了西方主要经济体。

"金砖五国"分别是亚洲、欧洲、拉美与非洲最大的新兴经济体，自然生态从寒带到热带各异，社会人文传统不同，中华文化、俄罗斯文化、印度文化、桑巴文化、祖鲁文化各呈风采，近代以来历史发展轨迹各有特点，对各成员国民众都具有很强的吸引力。就旅游业而言，金砖国家都是旅游业快速发展的新兴旅游地，旅游业正成为各国国民经济和社会发展的重要新兴产业。

按照巴西旅游发展《2020水彩计划》，至2020年，巴西将接待1 110万人次外国游客，旅游总收入将达到176亿美元，占南美旅游市场的27%，成为南美洲第一大旅游目的地国。俄罗斯为实现《俄罗斯至2015年旅游发展战略》，将投入3万亿卢布（约合1 000亿美元），预计每年到俄罗斯旅游的外国游客将达到3 200万人次。印度计划到2020年入境游客从2005年的392万人次增加到900万人次。南非入境游客已从1992年的289万人次增长到2010年的990万人次。

与此同时，这些国家正在成为我国重要的旅游服务贸易对象，来华旅游人数持续增长，是我国的新兴客源国。2010年，俄罗斯来华游客237.03万人次，是我国第3大客源国；印度来华游客54.93万人次，是我国第16大客源国；巴西来华游客8.51万人次，南非来华游客6.45万人次。2002年，俄罗斯、印度、南非成为中国公民自费旅游目的地国家。我国旅俄游客从1991年的19.7万人次增加到2009年的71.9万人次。我国旅印游客量从2003年的1.34万人次增加到2008年的8.38万人次，2008年举办了中印旅游友好年。我国公民赴南非游客量从2003年的2.54万人次增加到2009年的4.53万人次。2005年巴西成为中国公民自费旅游目的地国家，目前每年有近2万名游客赴巴西旅游。我国在莫斯科和新德里都设了旅游办事处。

发展与其他金砖国家的旅游交流与合作对于完善我国出入境旅游市场格局具有战略性意义。目前我国出入境旅游的目的地与客源地都以东亚太为主体，以西欧与北美为两翼，南亚、非洲与南美洲一直是薄弱环节。金砖国家分别是亚洲、欧洲、非洲和南美洲的旅游大国，通过它们可以进一步扩展到南亚次大陆、中南非洲和南美洲，进而形成以亚太洲内市场为重点，欧、美和非洲洲际市场为网络的全球旅游市场格局，为走向世界旅游强国构建完整的国际市场格局。

金砖国家是一个不断开放的新兴经济体。"金砖四国"概念的创立者、美国高盛公司经济学家吉姆·奥尼尔近日表示，符合"经济增长体"概念的还有墨西哥、印尼、韩国、土耳其等国家。金砖国家的队伍必将逐步扩大。因此，中国旅游人应以超前意识与全球视野来谋划下一个10年、20年、30年的国际旅游合作与发展，为迈向世界旅游强国未雨绸缪。

案例思考题：

1. 结合案例分析金砖国家旅游市场的发展前景。

2. 针对中国出入境旅游市场的发展现状，阐明与其他国家进行旅游合作的必要性和可能性。

第七章 旅游消费结构与消费决策

【本章学习目标】

通过本章的学习，对旅游消费的含义、作用、特点有所掌握，能够区分旅游消费与其他消费的差异，理解旅游消费结构的概念并能够认识旅游消费结构优化的重要意义，认识旅游消费行为的内在规律和特点以及旅游者旅游消费决策的过程。在此基础上，了解旅游消费效果评价的一般方法。

第一节 旅游消费概述

一、旅游消费的概念

所谓旅游消费，一般是指人们通过购买旅游产品来满足个人发展和享受需要的行为与活动。旅游消费连接了旅游供给与旅游需求双方。通过旅游消费这个桥梁，旅游供需双方的信息相互传递，因此旅游消费可以衡量旅游经济系统是否健康。一旦旅游供给的内容不符合旅游者的需求，或者旅游供给的信息没有能够通过有效途径传递到旅游需求方，旅游产品的价值就不能通过交换而实现，旅游企业的生产出现问题，旅游需求得不到满足，旅游经济运行体系则不能维持。

从内涵上看，旅游消费最重要的是旅游者对旅游吸引物、旅游景区（点）的消费，虽然从个人角度看，这部分消费支出可能在旅游消费支出中占的比重不大，但却是引致其他各种消费的火车头；其次，旅游消费也包括对支撑旅游活动正常进行的旅游交通、住宿设施、餐饮设施、通信设施以及其他相关设施的消费，这些消费组成虽然不是旅游者发生空间移动的根本原因，没有它们却显然会增加旅游者成行的障碍，这些方面供给的不完善也可能会降低旅游者对整个旅游行程的评价；最后，旅游消费还涉及购物消费，这也是我国旅游经济中非常迫切需要解决的问题。购物消费既有重要的经济意义，又有影响旅游者整个旅游行程满意度的重大作用。①

从性质上看，旅游消费属于个人或个体性消费。消费按其用途可分为中间消费和最终消费。中间消费是为满足生产最终消费品的生产性活动需要而进行的消费，最终消费则是直接满足人们物质和文化需要的消费。旅游消费是以直接满足个人需要为目

① 厉新建．旅游经济学：理论与发展［M］．大连：东北财经大学出版社，2002．

的的消费，属于最终消费，就其消费主体而言，属于个人消费范围。旅游消费的选择取决于旅游消费者个人的旅游消费意识、倾向、习惯、能力、水平等，旅游消费的效果也因人而异。

其次，旅游消费属于高层次消费。从消费层次看，个人消费包括满足基本生存需要的消费和发展与享受需要的消费两个方面。基本生存需要消费是维持个人和家庭最低生活水平需要的生活资料的消费，是保证劳动力再生产所必需的最低限度的消费；发展与享受需要消费是为了提高人们的文化素质，不断发展劳动者的智力、体力，从而达到劳动力内涵扩大再生产目的的消费。旅游消费是在基本生存需要得到满足之后产生的消费，因此，旅游消费更多的是一种满足发展与享受需要的高层次的消费。

最后，旅游消费属于精神消费。个人消费从内容方面来划分，可以分为物质消费与精神消费。旅游活动具有较强的体验性质，具备较丰富的娱乐性、享受性因素。因此，虽然旅游消费包括了对物质产品、精神产品和旅游服务三个方面的消费，但旅游消费实际等价于旅游者对核心旅游产品的消费，而核心旅游产品是旅游产品的原始形式，主要满足旅游者的审美需要和愉悦需要。①

综上所述，旅游消费实质上是以物质形态的旅游产品为依托、以服务为中介的精神文化消费，是对旅游者多层次、多方面的精神文化追求的最大满足。

二、旅游消费的特点

与一般产品消费相比，旅游消费具有自身的特殊性。分析和了解旅游消费的特点，有利于掌握旅游消费规律，保证旅游消费结构的合理化，提高旅游消费效果。

（一）旅游消费的综合性

首先，从旅游消费的对象看，旅游产品本身就具有很强的综合性。旅游产品由旅游资源、旅游设施、旅游服务等要素构成，它既有物质内容，又有精神内容；既表现为有形产品，又具有无形的服务；既有人类社会长期历史发展形成的人工造物，又有天然的自然造物。所谓“山不在高，有仙则灵；水不在深，有龙则灵”，一些自然资源与人文资源紧密结合的旅游资源，如我国的名山大川，往往是优美的自然景观与丰富的人文遗迹相得益彰。

其次，旅游消费的内容具有较强的综合性。从旅游消费的内容看，旅游者为了实现其旅游目的，必然要解决交通工具、吃饭、住宿、游览、休闲、娱乐等问题，因此旅游消费是集食、住、行、游、购、娱为一体的综合性消费。旅游消费是众多行业共同作用的结果，许多经济部门和非经济部门都参与了旅游消费的实现过程，前者包括了餐饮业、旅馆业、交通业、商业、邮电业、农业等多种直接经济方面的消费，后者包括了对环保、园林、文物、海关等多种非经济服务的消费，因此旅游消费也是涉及众多行业和部门的综合性消费。

最后，旅游消费效果具有综合性。旅游消费不仅可以满足旅游者的精神享受需要，

① 谢彦君. 基础旅游学［M］. 北京：中国旅游出版社，2004.

陶冶身心、增进健康，还可以开阔视野、增长知识，通过潜移默化提高旅游者的思想品德及文化素质。

（二）旅游消费的服务性

服务是以劳务活动形式存在的、可供满足某种特殊需要的经济活动。在旅行游览过程中，虽然旅游者首先必须消费一定量的实物形态的产品来满足基本层次的需要，但从总体上看，服务消费占有更大的比例，服务消费构成了旅游消费的核心。从旅游经济活动的整个过程看，旅游服务都贯穿其中。旅游者在从常住地向旅游地移动、到旅游地参观游览、再返回常住地这一消费过程中，一般要接受咨询服务、接待服务、饭店服务、交通服务、导游服务、文化娱乐服务等。因此，旅游消费的根本性质之一是服务性。

（三）旅游消费与旅游产品生产、交换的同一性

一般物质产品的生产、交换和消费是三个相对独立的环节，按照生产、交换、消费的顺序进行。旅游消费则与此有较大差异，由于旅游产品具有不可移动性，旅游者必须离开常住地，亲自到旅游目的地才能实现旅游产品的交换，而服务的提供必须以旅游者的存在即旅游者的实际购买为前提。因此，旅游产品的生产、交换和消费在时间上和空间上是同一的。

（四）旅游消费的不可重复性

旅游产品具有不可转移性和不可储存性的特点。例如，旅游服务所凭借的吸引物和旅游设施不能发生空间位置转移，不可能像一般的物质产品通过交通工具运输到目的地市场去，它只能让旅游者到旅游目的地来消费。旅游者购买消费旅游产品并不能获得旅游产品的所有权，而只有旅游产品特定时间段的使用权。旅游者只在他购买该次旅游活动的时间范围内，拥有该旅游产品的使用权，而在旅游活动结束后，旅游者就失去了对该旅游产品的使用权，若要再次享受该旅游产品，必须重新购买。

由于旅游消费具有前述服务性的根本特性，因此，旅游消费的不可重复性更加突出。从旅游需求角度看，旅游者对旅游产品的消费具有暂时性；从旅游供给角度看，由于服务环境、氛围、旅游人员的特定状态等都是不可重复的，因此旅游产品的供给在很大程度上也具有不可重复性。

（五）旅游消费具有较大的弹性

从一般情况看，满足人们生存需要的基本生活资料的消费弹性较小，而满足人们享受、发展需要的奢侈品、高级消费品的消费弹性较大。旅游消费是人们的基本需要得到一定满足后，为实现更高层次的需要而进行的高级消费形式，因此对各种影响因素的变动比较敏感。旅游消费的影响因素主要包括旅游者的收入、旅游者的职业、年龄、性别、受教育程度、宗教信仰、兴趣爱好、旅游地的社会经济发展水平、风俗习惯以及国际政治经济形势等，这些因素都直接或间接地影响着旅游消费的数量和质量。此外，由于气候条件和节假日的影响，旅游消费的季节性变化也较大，这也使得旅游消费具有较大的弹性。

（六）旅游消费同时具有互补性与替代性

在经济学中，互补品是指必须同时配合使用才能发挥特定使用价值的物品。旅游消费的互补性是由旅游产品组成要素的多样性所决定的。旅游者对某项旅游产品要素或环节的消费离不开对其他旅游产品要素或环节的消费。例如，旅游者进行观光游览时，必然离不开对交通运输的消费；旅游者进行休闲度假时，必然相应产生住宿、餐饮等方面的消费。因此，旅游消费的互补性要求各旅游相关行业及企业必须互相配合、密切合作，才能有效实现旅游消费并不断提高旅游业的综合经济效益。从总体看，食、住、行、游、购、娱的旅游六要素是一个整体，每个环节的合理搭配是旅游者获得一次满意的旅游体验的必要条件。

替代品是指使用价值可以部分或全部相互替代的物品。旅游消费的替代性主要体现在不同旅游产品之间的选择性，即旅游者在选定某一旅游产品及其组成部分后，势必要放弃其他旅游产品及内容。例如，旅游者从甲地到乙地旅游，当他乘火车前往时，就不可能再乘飞机；当旅游者选择了某一旅游饭店住宿，就放弃了再入住其他宾馆的可能。

三、旅游消费的作用

随着科学技术的发展、社会生产力的提高以及人们生活质量的不断改善，旅游已成为人们生活中不可缺少的一个组成部分，旅游消费在家庭消费总额中占据的比重也越来越大。旅游消费在满足人们生活需要的同时，对于促进人们全面发展、提高劳动力素质、提高劳动生产率和促进经济发展等都具有重要的作用。主要表现在以下几个方面。

（一）旅游消费是旅游需求的实现和满足，同时也是旅游产品开发的动力

产品的再生产过程包括生产、分配、交换和消费。生产取决于需要，而需要的形成和发展又在很大程度上取决于消费的发展。在旅游产品供给一定的前提下，这些旅游产品能否被旅游者享用，主要取决于旅游者参与旅游消费的程度，人们只有通过购买旅游产品，进行旅游消费，才能使消费者的需要得到满足。旅游消费使旅游产品的生产有了目的和对象，旅游企业根据旅游消费需求来进行生产。在旅游产品的再生产过程中，旅游消费实现了旅游产品的价值和使用价值，使再生产过程得以循环进行，同时又对再生产过程提出了新的需求。当新的旅游需求产生后，就需要设计和生产新的旅游产品来满足这种新的旅游需求，从而促进旅游经济的健康发展。因此，旅游消费的类型和消费水平决定和影响旅游生产的类型和发展速度，促进了旅游资源的优化配置。旅游消费的扩大，必然刺激社会生产更多符合旅游者需求的旅游产品，开发更多有吸引力的旅游资源，增设新颖健康的旅游项目，从而进一步推动旅游业自身的发展。

（二）旅游消费是旅游产品价值得以实现的条件

从旅游产品生产消费的同一性看，旅游产品只有在消费中才能得到最后的完成，

消费是使旅游产品价值实现的最后行为。此外，旅游消费又是对旅游产品的最终检查。旅游企业产品和服务既可能是自己生产，也可能来自于其他相关企业的采购。作为自负盈亏的企业，旅游企业必须尽快实现旅游产品的销售，而旅游产品销售情况的好坏主要由旅游消费情况决定。如果旅游产品不符合消费者的需求，旅游产品就会滞销，旅游经济仍不能顺利运行。旅游消费一方面使这些产品的价值和使用价值得到实现，另一方面也是旅游经济顺利运行的枢纽点，是促进旅游经济循环和旅游业健康、持续发展的原动力。

（三）旅游消费是区域经济发展的重要推动力之一

旅游消费对于区域经济的拉动效果非常明显，两者之间具有较强的相互促进作用。旅游消费水平依赖于区域经济发展水平的提高，旅游消费的发展又反过来促进区域经济发展速度和质量的提高，特别是对区域产业结构的优化和产业结构的升级换代具有重要的意义。旅游消费规模的扩大，不仅要求原有的旅游企业和部门进一步发展，要求增加一批新的旅游企业和部门，而且要求向旅游业提供产品和服务的其他部门和行业也要相应地发展，从而促进整个社会经济的繁荣，大幅度拉动就业。例如，根据相关统计，我国旅游业直接就业人数由 1989 年的 52 万人增长到 2004 年的 649 万人。2004 年，我国旅游业间接就业人数 3 244 万人，旅游就业总人数达 3 893 万人，占全国就业总人数的 5.2%，同年旅游业的收入达 6 840 亿元，占国民生产总值的 5.02%，充分显示了旅游业对于促进就业的拉动作用。①

（四）旅游消费是提高旅游者素质的重要途径

经济的发展离不开人，人的素质和能力是一个国家最重要的资源。无论是劳动工具的改进还是知识科技的进步，都要靠人来实现，并将最新的劳动成果转化为社会可供分配的财富。在当前知识经济迅速发展的趋势下，社会劳动分工对于劳动者的知识技能和素质要求也越来越高，旅游则是提升劳动者素质、开阔眼界、陶冶情操的重要途径。通过旅游消费，劳动者在身体和心灵两个方面都可以得到休息调整，并进一步充实自己，在劳动岗位上可以发挥更大的作用。

第二节　旅游消费结构及优化

旅游消费结构是指旅游者在旅游过程中所消费的各种类型的消费资料的数量、质量及其比例关系。旅游消费结构不仅反映了旅游消费方式的基本特征，还反映了由生产力所决定的旅游消费的质量和水平，本质上反映了由生产关系发展变化所引起的旅游消费的特点。随着现代旅游经济的发展，人们的旅游需求呈现出多样化发展的态势，由此决定了旅游消费结构也具有多种形式和多方面的内容。

① 田孝蓉．旅游经济学［M］．郑州：郑州大学出版社，2006．

一、旅游消费结构的类型

（一）按旅游消费满足人们旅游需求的不同层次分，可分为基本消费、享受消费和发展消费

旅游者在旅游过程中的消费包括餐饮消费、娱乐消费、游览消费、住宿消费、交通消费等，其中食、住、行是满足旅游者在游览中基本生理需求的消费；观赏、娱乐等消费则是满足旅游者精神享受和智力发展的需要。三种消费形态互有差异，同时又共同存在于旅游者旅游经济活动的整个过程，不可将其截然分开。

（二）按旅游消费资料的不同形态分，可分为物质产品消费和服务产品消费

旅游产品是综合性的整体产品，由多种旅游吸引物、旅游设施、旅游服务等组成，能满足旅游者在旅游活动中对食、住、行、游、购、娱等方面的需求。同时，旅游产品又是由每个单项产品组成的，这些具体产品可分为两大类，即有形的物质产品和无形的劳务服务，因而旅游消费也可分为物质产品消费和服务产品消费。

物质产品消费是指旅游者在旅游过程中所消耗的物质产品，如客房用品、食物、饮料和购买的纪念品、日用品等实物资料。物质产品的消费主要是满足旅游者基本生理需求，但在生理需求得到满足时，同样在精神需求上也得到满意和快乐。旅游服务产品消费主要是指旅游者在旅游过程中消耗的旅游服务人员提供的服务产品，包括交通运输服务、导游服务等。服务产品的消费具有无形性、不可重复性等特点，因此对于消费者来说，难以用物质产品的标准来对服务产品加以衡量。

（三）按旅游消费对旅游活动的重要程度分，可分为基本旅游消费和非基本旅游消费

基本旅游消费是指进行一次旅游活动所必需的而又基本稳定的消费，如旅游住宿、饮食、交通、游览等方面的消费；非基本旅游消费是指并非每次旅游活动都需要的具有较大弹性的消费，如旅游购物、旅游娱乐、医疗、通信消费等。

（四）按旅游消费的目的分，可分为观光旅游消费、商务旅游消费、度假旅游消费、休闲旅游消费、探险旅游消费、探亲旅游消费和其他旅游消费

从消费水平看，商务旅游消费水平较高，探亲旅游消费水平较低；从发展趋势看，自然观光旅游随着旅游需求的个性化趋势其份额稳中有降，而文化旅游、探险旅游等新形式的旅游消费份额上升，但在相当长一段时间内，观光旅游还将占较大份额。随着人们经济收入的增长，商务旅游消费、度假旅游消费、休闲旅游消费等在旅游消费总额中将占有越来越重要的地位。

（五）按旅游消费的特征分，可根据旅游者的年龄、性别、职业、出游目的等进行具体划分

旅游者的年龄、性别、职业、出游目的等旅游消费特征对其消费结构有较大影响，可对旅游消费结构进行不同的分类。如我国对旅游者年龄结构一般划分为 14 岁以下、15 ~ 24 岁、25 ~ 44 岁、45 ~ 64 岁、65 岁以上五个年龄段，对旅游者职业结构通常划

分为专业技术人员、行政管理人员、商贸人员、服务人员、技工和工人、退休人员、家庭妇女、军人、学生和其他人员等，对旅游者出游目的结构一般划分为观光度假、探亲访友、商务、会议、健康疗养、宗教朝拜、文体科技交流和其他等。

二、旅游消费结构的影响因素

旅游消费的需求弹性较大，往往受各种经济和社会因素影响。除了国际政治、经济、环境和气候变化等因素的影响外，旅游者的收入水平、年龄、性别、职业和受教育程度以及风俗习惯、兴趣爱好等，都是影响旅游消费结构的因素。此外，旅游产品供给的数量、质量、时间等因素也会对旅游消费造成较大影响。总的来说，旅游消费的主要影响因素包括三个方面。

（一）客源地与目的地的社会经济发展水平

旅游客源地的经济发展水平主要通过旅游者的收入水平和闲暇时间来影响旅游消费。一般情况下，国民经济发展水平越高，人们所获得的可自由支配收入和闲暇时间就越多，而这两个必要条件刺激了旅游需求水平和旅游消费水平的提高，因此客源地的经济发展水平是影响旅游消费最根本的因素。一般而言，经济发达国家的旅游者与发展中国家的旅游者相比，其食、住、行、游、购、娱的旅游消费比例结构存在较大差异，而这种差异主要由不同国家的经济发展水平决定。

旅游目的地的社会经济发展水平，包括旅游设施、旅游产品的数量和质量、旅游业的经营管理水平等，都会对消费者的旅游消费及其结构产生影响。经济发展水平较高的旅游目的地在高水平的旅游设施、服务、市政管理、旅游信息提供等方面对旅游者形成较强的吸引力。同时，一般来说，客源地与目的地的社会经济发展水平的差距较小且都处于较高水平，则旅游消费规模与质量都会达到一个很高的水平，美欧之间巨大的旅游客流就是典型的例子。

（二）旅游者的因素

1. 旅游者的收入

旅游消费处于家庭消费结构的高端，属于较高层次的消费需求。只有当人们的收入能够满足基本生存需要，同时有一定量的富余，在具有闲暇时间的条件下，人们才能外出旅游，旅游需求才能从潜在需求转化为实际需求。所以，消费者的收入水平决定着旅游消费水平，也决定着需求的满足程度，能促使旅游消费从低层次向高层次发展。由于旅游者的可自由支配收入水平不同，旅游消费的多少和消费层次就会出现明显差异。具体来说，如果旅游者自由支配收入水平较高，那么他就会选择高档饭店住宿和餐饮，在购物和游览方面也会消费较多。如果旅游者可自由支配收入水平较低，他就会选择较低档次的饭店住宿和餐饮，在购物和游览方面消费也较少。

2. 旅游者的结构

旅游者自身因素包括旅游者的年龄、性别、职业、文化程度、文化背景等方面存在的差异因素，这些因素对不同旅游者的旅游消费有很大的影响。例如，男性旅游者往往富于冒险精神，旅游的行程较远，而女性旅游者相对保守，行程较短，通常不会选择风险较大的旅游项目。从文化程度和职业方面看，文化程度较高的旅游者，更偏好富有文化内涵的旅游产品，会对历史文化、民俗风情产生较浓厚的兴趣，而文化程度不高的旅游者则偏好自然风光和人工景观，而对历史文化和民俗风情不感兴趣。从年龄来看，中青年旅游者偏重旅游中的游览娱乐，对于餐饮要求不高，而老年旅游者更注重交通、住宿、餐饮的舒适性。从旅游者身份差异看，城乡旅游者的旅游消费往往存在明显的差别。以2007年为例，我国城镇居民旅游消费支出为5 550.40亿元，而农村居民为2 220.20亿元，不足城镇居民的一半。

（三）旅游产品的质量和价格

理性的旅游市场对旅游产品既有数量上的要求也有质量上的要求，如果旅游产品的数量符合旅游需求的总量要求，但其同质性高、服务质量差、产品组织效率低、使用价值小，就仍然不能满足旅游者的旅游消费需求。旅游产品的质量包括向旅游者提供符合其需求的旅游产品，还包括旅游服务效率，对每一项旅游服务都要求做到熟练，为旅游者节约时间，提供方便，此外还包括旅游服务人员的服务态度，如礼貌、热情、主动周到等。只有提高旅游产品质量，才能使旅游者获得物质与精神的充分满足。

旅游产品价格的变化影响着旅游者的消费数量和消费结构。由于旅游产品的需求弹性大，所以当旅游产品的价格上涨而其他条件不变，消费者的旅游消费很容易转向其他替代商品的消费，使客源量受到很大影响。反之，当旅游产品价格下跌，或者旅游价格不变而增加了旅游产品的内容，人们又会把用于其他商品的消费转向旅游消费。因此，旅游产品价格的变化不仅影响旅游消费结构，而且影响旅游需求量的变化。

三、旅游消费结构的合理化

旅游消费合理化是一个动态的发展过程，它是指旅游消费从不合理状态向合理化状态不断调整优化的动态过程。同时，旅游消费结构的合理化也是相对的，在国民经济和人均收入水平的不同阶段、不同的区域、不同的社会文化背景下，旅游消费结构合理化的要求可能存在一定的差异。一般说来，在居民收入、闲暇时间一定的前提下，旅游消费结构的合理化主要体现在以下几个方面。

（一）旅游消费内容的丰富化和多样化

在旅游活动中，旅游消费结构包括食、住、行、游、购、娱等旅游产品，满足了旅游者在心理和精神方面的多重需要。旅游消费结构既要有利于促进物质文明和精神文明的建设，又要有利于促进文明、科学和健康的旅游消费方式的形成和发展。在旅游产品的内容设计上，应当为旅游者提供多种选择，满足旅游者的各种需要。

（二）旅游六要素的结构优化

食、住、行、游、购、娱之间及支出比例要恰当，要体现旅游消费的经济性、文化性、精神享受性等特点，满足旅游者身心健康全面发展的需要，从而最大限度地提高旅游消费的经济效益和社会效益。通过旅游六要素内部结构的优化，进一步提高旅游产品的内在价值和独特竞争力，避免陷入低水平价格竞争的陷阱。

(三) 旅游供需市场的平衡

旅游需求具有很大的变动性，而旅游供给则具有一定的稳定性。因此，合理的旅游消费方式应保证旅游"淡季"和旅游"温冷"地区仍有一定的旅游消费规模，从而提高旅游设施、设备的利用率，充分发挥旅游消费对饮食服务、宾馆、交通运输、邮电通信、金融、商业及娱乐等行业的带动和促进作用。同时，要尽量保证旅游热点地区旅游消费的水平和结构与旅游地的接待能力相适应，切实解决旅游"吃饭难"、"住宿难"、"乘车难"等问题，不断提高旅游消费的效果和水平。

(四) 旅游环境的可持续

旅游环境是旅游产品的重要组成部分，是旅游消费得以顺利高效进行的必备条件。因此，合理的旅游消费首先必须有利于环境的保护和生态平衡的维持，某些特定的旅游活动，如农家乐旅游等必须以不损害自然界的生态平衡为限。合理的旅游消费还应该通过旅游活动的开展，一方面增强人们对自然资源和历史文物的保护意识，另一方面筹集资金，建设必要的排污设施，改善旅游区的环境状况。

(五) 社会文明的进步

符合社会道德规范的旅游产品和合理的旅游消费结构能促使旅游者提高素养，激发人们热爱生活、积极进取、奋发向上的情感，提高其思想、艺术、文化等方面的修养，防止和打击各种腐败和不健康的现象，用丰富多彩的旅游活动内容和服务项目来充实旅游者的精神世界。

第三节 旅游消费行为与消费决策

一、旅游消费行为

旅游消费行为主要指旅游者的消费动机、消费能力、消费形式、消费途径等。它的主要影响因素既包括旅游者的消费意识、消费习惯等心理因素，也包括旅游者的消费能力、消费水平结构等客观因素。

(一) 旅游消费意识

旅游消费意识是旅游消费行为的起点，是潜在旅游者在各种刺激下产生旅游动机的基础。旅游消费意识包括旅游消费心理和旅游消费观念。

旅游消费心理包括产生旅游消费的意愿、兴趣和动机等，它是一种浅层的旅游消费意识，来源于对客观事物的印象，而不是纯主观的愿望和想象，主要受一定的社会环境影响而自发形成，并随着客观环境的变化而变化，因此具有相对变化性的特点。旅游消费观念是指人们在一定的人生观、价值观基础上形成的消费观，是对旅游消费的一种有倾向性的价值评判，因此是一种深层次的旅游消费意识，通常具有相对稳定性的特点。

旅游消费心理对旅游消费动机和行为具有决定性作用，而旅游消费观念则提供了一种内在的、主观的消费行为和效果的评价机制。

（二）旅游消费习惯

旅游消费习惯是指人们在一定环境条件影响下经常出现的，带有倾向性的旅游消费行为。旅游消费习惯带有地域性，和消费者的社会文化背景有较强的直接联系。不同国家和民族，在特定的经济、社会和文化条件下形成了相对稳定的社会心理行为规范，造成不同国家和地区旅游消费中文化形态和民族习俗的差异。旅游消费习惯对旅游消费方式的影响，主要反映在民族传统、风俗习惯和宗教信仰等对旅游者的食、住、行、游、购、娱等旅游消费各方面的影响，这种影响一般具有稳定性和连续性，即使是在人们经济收入变动的情况下，也不会发生大的变化。

（三）旅游消费能力、结构和水平

旅游消费能力是指人们为满足旅游需求而消费旅游产品的能力，主要包括物质消费能力和精神消费能力。旅游消费能力是由社会生产力所决定的，其大小取决于社会生产力发展的水平。旅游消费结构反映了旅游消费行为的基本特征，它表现为旅游消费既满足人们的生理需要，又满足人们的享乐需要和发展需要的比例关系；既满足个人消费、家庭消费，又满足社会公共消费的比例关系；既有商品性消费，又有自给性消费的比例关系。此外，旅游消费结构还包括在交通、住宿、餐饮、娱乐、游览、购物、通信、医疗等方面的比例关系，并且还反映了旅游消费的水准和质量。旅游消费水平主要是旅游者在旅游活动中物质和精神需求方面的满足程度，从质和量上反映了旅游产品满足旅游消费的程度和水平。旅游者的消费行为可以通过相应的消费水平反映出来，从而体现出旅游者消费行为的内在特点。

二、旅游消费决策

旅游消费决策是消费者根据自身需要及其他条件，通过搜集和加工有关的旅游信息，选择和确定旅游消费方式，并付诸行动的过程。旅游消费决策包括旅游需要和动机的产生、旅游信息收集、消费选择、购买决策、消费过程、购买评价等阶段。旅游消费决策的影响因素较多，而通过旅游者效用均衡来分析旅游消费决策的效果较好。

（一）旅游消费者最大效用均衡

旅游消费效用是指旅游者在消费旅游产品中所得到的需求满足程度，是对旅游消费的心理感受和主观评价，是消费者得到的总效用。旅游消费边际效用则是指在一定时间内，旅游者每增加一个单位旅游产品的消费所得到的效用的增量。

旅游消费者最大效用均衡是旅游者在支出一定费用和时间的基础上，通过合理的商品消费数量比例，获得旅游消费效用的最大化。基数效用论认为，根据边际效用递减规律，在一定时间内，在其他产品消费数量保持不变的条件下，随着旅游者对旅游产品消费量的增加，旅游者从增加的每一单位旅游产品中所得到的效用增量即边际效用是递减的。消费者在购买商品时可以改变货币分配方向，当消费者发现多花一元钱在一种商品上获得的增加的效用不如多花一元钱在另外一种商品上获得的增加的效用大时，他会把取得边际效用较小的那种商品的花费转移到较大的边际效用的商品上，只有当用最后一个单位货币购买的这些商品带来同等的边际效用时，才不再改变这一状态，这时达到消费者效用最大化。

假设消费者对商品 X、Y 进行消费，则：

消费者收入约束条件是：

$$P_xX + P_yY = I$$

消费者均衡公式是：

$$\frac{MU_x}{P_x} = \frac{MU_y}{P_y}$$

其中，X、Y 表示两种商品的数量，MU_x、MU_y 分别为商品 X 和 Y 的边际效用，P_x、P_y 分别为商品 X 和 Y 的价格，I 为消费者的收入预算。

序数效用论者认为，效用不能用基数来表示，而只能用序数。消费者在既定的消费预算限制下实现效用最大化，可以通过无差异曲线和预算约束线来分析其最优解。无差异曲线是用来表示消费者偏好相同的两种旅游产品的所有数量组合，它表示各种不同的旅游产品组合能给旅游者带来相同的效用或满足程度。在无差异曲线上的任意一点都表示一种旅游产品的组合，并提供同等的旅游消费效用。图 7－1 即为无差异曲线图。

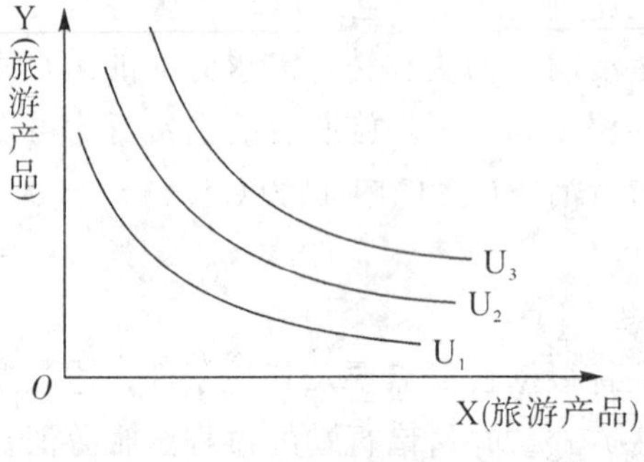

图 7－1　无差异曲线图

图 7－1 中，U 为无差异曲线，U_1、U_2、U_3 分别代表不同水平的三条无差异无线。无差异曲线具有以下三个主要特征：离原点越远的无差异曲线代表的效用满足程度越高，因此 $U_3 > U_2 > U_1$；无差异曲线凸向原点并向右下方倾斜；在同一坐标平面上，任意两条无差异曲线不相交。

无差异曲线表示了消费者从旅游产品不同数量组合的消费中获得的效用，但是，旅游者消费决策除了主观效用外，还受各种客观因素的约束。在旅游决策中，主要是受消费者可支配收入的约束，即消费者只能在既定的收入下安排消费。预算约束线就是收入和产品价格既定的条件下，消费者花掉全部货币收入所购买到的一系列商品或劳务的组合。如图 7－2 所示，消费者面临 X 产品和 Y 产品的两种选择。

消费者收入约束条件是：

$$P_xX + P_yY = I$$

该公式可转换为：

$$Y = \frac{I}{P_y} - \frac{P_x}{P_y}X$$

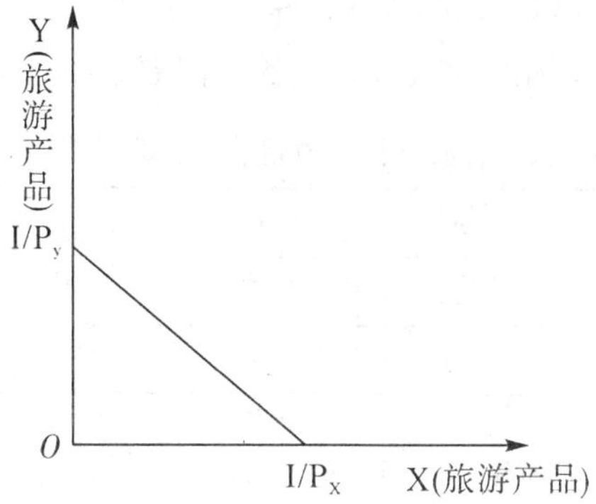

图7－2　预算约束线

序数效用论者认为，无差异曲线与预算约束线的切点，代表消费者在既定收入约束下所能达到的最大效用，即旅游消费者最大效用均衡。

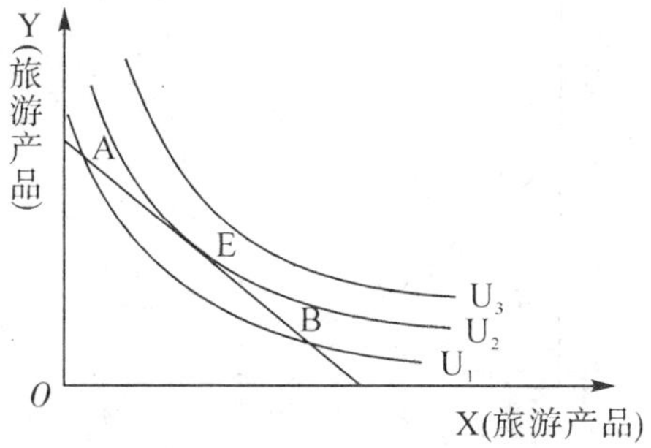

图7－3　旅游消费者最大效用均衡

如图7－3所示，预算约束线与旅游者效用水平为 U_2 的无差异曲线相切，切点是E点，在这一点上，消费者的预算全部用完，消费的X和Y商品的数量组合所达到的效用是最大的。无差异曲线 U_3 代表更高的效用水平，但是它与预算约束线不相交，因此现有的收入预算不能达到。预算约束线与 U_1 相交于A点和B点，因此A、B点所代表的 U_1 的效用水平可以达到，但是 U_1 的效用水平低于 U_2，因此A、B点不是旅游消费者最大效用均衡点。在A、B点，消费者可以在收入约束下，通过改变X和Y商品的数量组合而提高效用水平，使A、B点沿着预算约束线不断向E点移动，最终在E点实现效用最大化均衡。

（二）消费者最大效用均衡在旅游消费决策中的应用

在旅游消费决策中，消费者最大效用均衡主要应用于四个方面：旅游消费与其他产品消费数量组合的决策、不同旅游目的地的选择决策、不同旅游方式的选择决策以及各种旅游消费支出比例的决策。

1. 旅游产品消费与其他产品消费数量组合的决策

设某旅游者有2 000元预算可供消费，他想购买部分生活用品，同时还想外出旅游一次。目前，一个单位的生活用品价格设为50元，外出旅游一天的价格为100元。他在购买生活用品和旅游消费天数之间如何达到均衡？

首先，假设旅游者在2 000元的收入约束下，在生活用品价格和旅游价格不变的情况下，获得相同效用的生活用品和旅游天数的不同数量组合如表7-1所示：

表7-1　旅游者获得相同效用的产品数量组合

组合方式	A	B	C	D	E
旅游产品（天数）	0	5	10	15	20
生活用品（单位）	40	30	20	10	0

根据表7-1，画出消费者的无差异曲线与消费预算线。如图7-4所示，两者相切于C点，C点即为消费者的效用最大化均衡点。因此，C点所代表的商品组合，即购买生活用品20个单位，同时外出旅游10天，是消费者在当前的收入约束和价格水平下所能达到的最大效用组合。

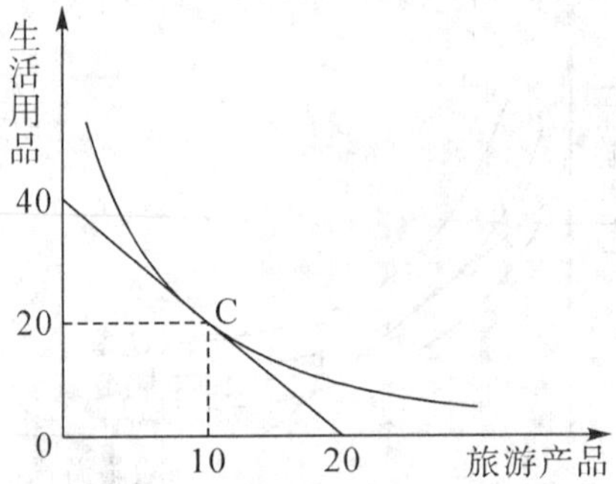

图7-4　消费者旅游产品消费与其他消费的最大效用均衡

2. 不同旅游目的地的选择决策

当某旅游者决定利用假期进行旅游时，首先面临对旅游目的地的选择。影响旅游者对旅游目的地作出决策的因素不仅有旅游目的地的吸引力，还有旅游者的收入、假期长短和不同旅游产品的价格。

假设旅游者可以选择成都和重庆两个旅游目的地，他的预算总额为1 500元，消费者获得相同效用的成都和重庆两地旅游天数的数量组合如表7-2所示：

表7-2　旅游者获得相同效用的旅游目的地产品组合

组合方式	A	B	C	D
成都（天数）	4	6	7.5	12
重庆（天数）	10	7	5	3

现假定到成都旅游每人每天价格为100元，到重庆旅游每人每天价格为150元，在当前1 500元的预算约束下，消费者的预算约束线为100×成都旅游天数+150×重庆旅游天数=1 500。现将旅游者的无差异曲线与预算约束线画出：

如图7－5所示，预算约束线与无差异曲线相切于C点，即在成都旅游7.5天，在重庆旅游5天，消费者获得的效用最大。

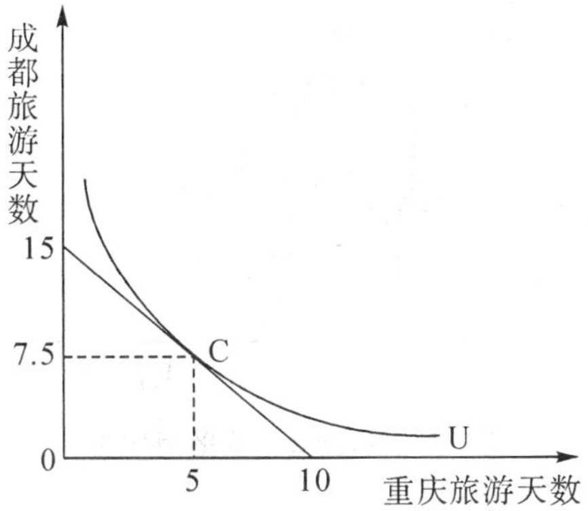

图7－5　旅游目的地决策的旅游者最大效用均衡

3. 不同旅行方式的选择决策

旅游者对不同旅行方式的选择主要取决于可自由支配收入及闲暇时间两个因素。对于消费者来说，货币效用和时间的机会成本大小各异，因此，有的消费者愿意多支付货币少占用时间，有的则希望少支出货币多占用时间。一般来说，高收入者的货币效用较小，而闲暇时间则显得相对重要，所以在选择旅行方式时往往倾向于多支出货币少支出时间；反之，低收入者则宁愿多付出时间而少支付货币。这种选择行为可以用无差异曲线的分析方法来解释。

如图7－6所示，纵轴表示货币支出，横轴表示时间支出，无差异曲线表示能给游客带来同样旅行满足程度的货币支出和时间支出的组合点的轨迹。在无差异曲线的A点，游客可以多支出货币少支出时间，即选择一个快捷的旅行方式，如乘飞机旅行；在B点，游客可以通过多支出时间少支出货币，即选择一个较慢但便宜的旅行方式，如乘轮船旅行。收入和时间构成一个游客的旅行约束。假定游客预算约束为I，单位时

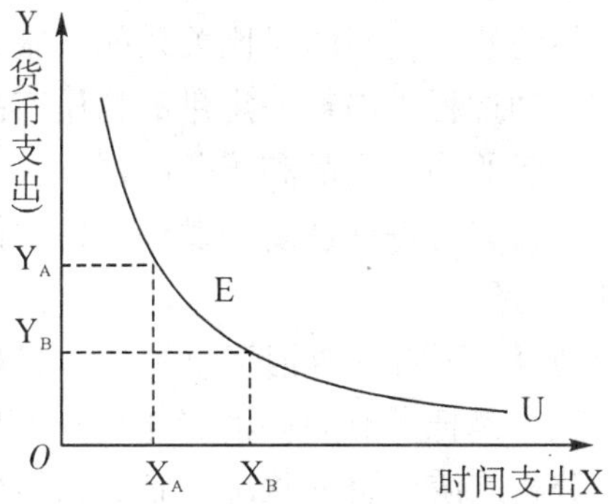

图7－6　旅游者选择旅行方式的无差异曲线

间的价值为 P_x，时间支出量为 X，货币支出量为 Y，则 $P_xX + Y = I$ 则是消费者均衡的约束条件，构成了消费者不同旅行方式消费决策的预算约束线。这条预算约束线与旅游者关于时间支出和货币支出的无差异曲线相切的切点，就是消费者的最大效用均衡。如图 7－7 所示，在既定的预算约束 I 下，旅游者的最大效用均衡点在 E 点。

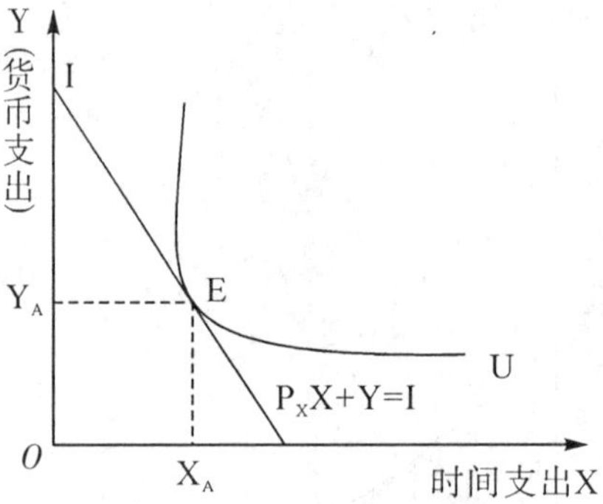

图 7－7　旅游者最大效用均衡

4. 不同旅游消费支出比例的决策

由于时间和收入的约束，旅游者不可能不加限制地对各种旅游项目进行消费，旅游者需要对旅游行程中的不同旅游消费支出（包括食、住、行、游、购、娱等）作出消费数量组合的决策，哪一项多支出，哪一项少支出，都需要旅游者依据消费者效用最大化原则作出决策。同样，在旅游者收入既定、各种旅游项目价格确定的情况下，可按照前述方法，建立预算约束线，找到预算约束线与无差异曲线的切点，则切点所代表的两种旅游项目的数量组合即为旅游者效用最大化均衡。

第四节　旅游消费效果的衡量与评价

一、旅游消费效果的含义

消费效果主要是指旅游者通过消费产品而获得的需求满足程度，还包括生产者通过消费生产资料而获得的收益状况。在旅游者的消费过程中，投入与产出、消耗与成果、消费支出与达到消费目的的效果之间的对比关系就是旅游消费效果。所谓旅游消费投入，是指旅游者在旅游活动过程中消耗一定量的物质产品和服务。或者说，旅游者支出一定的货币而获得一定量的物质产品和服务的消费。所谓旅游消费产出，指旅游者通过旅游消费使自己的体力智力得到恢复和发展，精神得到满足。人们通常从不同的角度对旅游消费效果进行划分。

按旅游消费的研究对象划分，可将旅游消费效果分为宏观旅游消费效果和微观旅游消费效果。宏观旅游消费效果是把所有旅游消费作为一个整体，从社会角度研究旅游产品的价值和使用价值，分析旅游消费的状况、旅游者的满足程度、旅游消费对社会生产和再生产的积极影响以及对社会经济发展所起的促进作用等。微观旅游消费效果是指旅游者通过旅游消费，在物质上和精神上得到的反映，如旅游消费能否达到旅游者预期效果，旅游者能否获得最大满足等。

从一定的消费投入与所取得的成果之间关系的密切程度划分，可将旅游消费效果分为直接旅游消费效果和间接旅游消费效果。直接旅游消费效果指的是一定的旅游消费投入直接取得的旅游消费成果，如旅游者花钱乘车实现了空间位移等；间接旅游消费效果是指旅游消费效果并不直接显示出来，而是潜在地反映，如旅游可以陶冶情操，提高人们的素质，需要通过人们的生活实践才能具体体现出来。

二、旅游消费效果的评价原则

旅游消费内容丰富，形式多样，应当从不同角度、不同方面进行比较分析，对于旅游消费的综合效果才能有较深入的认识。

（一）旅游产品价值和使用价值的一致性

在市场经济条件下，旅游产品作为消费品，要求在使用价值上必须使旅游者能够得到物质与精神上的享受，在价值上要符合社会必要劳动时间的客观要求。对于国际旅游者来说，旅游产品的价值还要符合国际社会必要劳动时间的要求，在旅游产品的价格上要能正确反映旅游产品的国际价值。因此，同等价格的旅游产品，必须使旅游者获得与其支付的货币相适应的物质产品和精神产品的价值，才能实现旅游消费的最大满足，实现旅游者预期的旅游消费效果。

（二）微观与宏观旅游消费效果的一致性

微观旅游消费反映了旅游者的个人主观评价，它和旅游者个人特征相关，包括年龄、性别、习惯、文化程度、性格爱好和宗教信仰等。因此，要满足不同旅游者的消费要求，就要做好旅游市场的调研和预测，分析研究旅游者的心理倾向，做好个性化服务。宏观旅游消费效果是指旅游消费对整个社会经济的促进和影响作用，反映了人们对旅游消费的整体评价。宏观旅游消费效果以微观旅游消费效果为基础，而微观旅游消费效果则以宏观旅游消费效果为指导，两者既相互联系，又相互矛盾，但最终以微观旅游消费效果为主要依据。

（三）旅游消费效果与经济社会效果的一致性

旅游消费的物质对象是生产成果，生产成果又直接影响旅游消费效果，因而考察旅游者的旅游消费效果必须同时考察旅游目的地的经济社会效果。例如，某旅游风景区开发的旅游产品很有欣赏价值，旅游消费效果也不错，但与此同时开发商的经济效果较差，这样就直接影响开发商的积极性，长期来看将对旅游产品的质量和数量造成不利影响，降低旅游消费的总体效果。再如，有些地区开发的旅游产品可能满足了旅游者的旅游消费效果，但旅游目的地的经济社会效果却很差，这也不符合宏观旅游消费效果的评价要求。因此片面强调旅游者的旅游消费效果，忽略旅游目的地的经济社会效果也是不科学的，必须兼顾旅游消费效果与经济社会效果，使两者更加紧密地结合起来。

(四) 短期与长期旅游消费效果的一致性

旅游消费既有短期消费效果，又有长期消费效果，因而在评价旅游消费效果时，必须坚持短期与长期旅游消费效果的一致性。对于短期旅游消费效果，应当注意掌握其特点以及变化趋势和方向，以便旅游企业灵活调整经营方针，不断满足市场需求。对于长期旅游消费效果，应当分析旅游消费是否符合社会发展的趋势和要求，评价旅游消费是否有利于旅游者的身心健康，是否有利于旅游目的地旅游业的发展，是否有利于旅游经营者持续的长期利益。此外，还要评价旅游消费是否有利于促进环境保护、实现旅游业的可持续发展。

【复习思考题】

1. 如何理解旅游消费的含义?
2. 怎样理解旅游消费的作用?
3. 旅游消费具有哪些特点?
4. 应该从哪些角度对旅游消费结构进行分类?
5. 影响旅游消费结构的因素有哪些?
6. 怎样理解旅游消费合理化的标准及基本要求?
7. 旅游消费效果的评价原则是什么?

【阅读材料 10】

列车上的旅游消费决策调查①

杭州至无锡的旅游列车途经江苏、浙江和上海三省市，沿线有众多旅游景点，也拥有国内最大的客源市场。曾有人在这趟列车上做过一次题为“2000 年的旅游计划”的调查，被调查者大多数为中青年，平均年龄在 35 岁左右，每人年收入从 1 万元到 4 万元不等，平均年收入在 2 万元左右，可以作为当今社会主要旅游消费层的代表。

在这次调查中，一位经常跟随父母外出的青年说：今年嘛，我想到哈尔滨去冻一冻，到海南去热一热。另一位在机关工作的女士则表示要充分利用休假日出去走走，散散心。调查统计表明：2008 年一年中，有 30% 的人出省市旅游超过 4 次以上，只有 10% 的人没有参加过出省市的旅游。

在旅游景点的选择上，大多数人表现出对新闻媒体的依赖性。在对你是通过何种途径了解旅游信息问题的回答中，有一半以上的人在报刊和电视这两种选择上同时打钩儿，有 20% 的人选择听朋友的介绍，只有 10% 的人选择到旅行社去索取宣传资料。

在旅游行程安排上，大多数被调查者的回答是，在费用一定的条件下，更愿意多

① 阅读材料来源：《中国旅游报》，2009 - 09 - 23.

跑几个地理位置比较集中，或者是沿线和环线较多的旅游景点，如泰山与曲阜，青岛、威海与烟台，而在长江沿线，不少旅游者将南京、天柱山、庐山连成一线。当然，也有部分人回答只想去一个休闲景点好好地待上一段时间，如云南丽江、大理或西双版纳等。

【案例分析 11】

儿童乐园提升了南山购物中心的销售竞争力①

南山购物中心坐落于纽约波福凯普斯的商业区，有西尔斯、亨斯、凯玛特等 90 多家商店进驻该购物中心。南山购物中心吸引了各种各样的消费群体，尤其是年龄较大的消费者群（45 岁以上）所带来的销售额几乎占全部销售额的一半。

最近，在南山购物中心附近又开设了一家大型高档购物中心，该中心有 167 家商店进驻。这个新的购物中心对青年消费者群（45 岁以下）有着巨大的吸引力，同时它还吸引了大量年收入超过 5 万美元的消费者。

新购物中心的开设，使南山购物中心失去了一部分年轻顾客（20 ~ 45 岁），这一重要顾客群的流失对南山购物中心的客流量和销售量产生了重要的影响。为应付愈来愈激烈的竞争，吸引年轻的顾客群，南山购物中心的营销主管基尔·霍夫斯塔（Jill Hofstra）决定把孩子作为“进攻”目标，并负责设立了南山购物中心儿童乐园，该儿童乐园的主要目标如下：

强化南山购物中心的定位——向消费者提供货真价实的商品和附加服务。

发展一种增强南山购物中心竞争力的项目，吸引年轻家庭顾客群，并使之对中心产生忠诚感。

强化针对年轻家庭顾客群的销售策略，从而增加来自这一群体的客流量。

儿童乐园在 1 月开张，庆典活动妙趣横生，包括魔术、音乐、木偶与喜剧小丑的表演以及涂面具等。此外，中心保安部门开展了按手印活动，交通安全委员会提供了孩子安全常识讲座，购物中心内各商店赞助了很多店内活动并分发奖品。为激励孩子们光顾该购物中心，霍夫斯塔每月用邮件向孩子们连续提供信息，包括提供获奖信息或其他给予刺激的承诺。

儿童乐园瞄准 12 岁和 12 岁以下的儿童，并发展他们为儿童乐园的会员。会员资格是免费的，只需孩子或家长在消费者服务中心填一张申请表即可获得。为招募会员，该购物中心向 550 名潜在的儿童乐园成员发出邀请。与此同时，还通过报纸、广播等媒体刊载广告对此事进行宣传。1 600 多名孩子来到购物中心，接受免费的会员袋、小饰物、气球和 T 恤衫。同时，儿童乐园的会员每个月将收到一张明信片，卡片上登载各种专门针对儿童及其家庭的促销事件与活动。孩子们除了感受收到私人信件的兴奋外，还可享受解开各种谜语、发现令人惊喜的礼物的乐趣。

---

① 罗明义. 旅游经济学：分析方法案例［M］. 天津：南开大学出版社，2005.

2月份，儿童乐园组织了一次地方马戏表演，并给会员免费发门票。在情人节，儿童乐园过去寄出的明信片可换成情人卡，此活动的响应率达到20.6%。3月份，27.6%的会员同复活节“儿童小兔”免费合影。4月份，特别促销活动包括免费赠送可膨胀的风筝和获取两张戏剧门票的机会，此活动的响应率达到29%。5月份，孩子们为母亲节专门绘制一幅肖像。6月份，孩子们选择一份免费礼品送给父亲。7月份的海滩纪念品则吸引了成千上万小孩子的参与。

新生婴儿也被邀请加入儿童乐园。年轻的父母会收到一小包礼品，内有儿童乐园的会员登记卡、小孩围兜、印有儿童乐园标志的鞋带等。同时，他们还被告知购物中心有免费使用的婴儿手推车，还可以从商家那里取得购物赠券。中心通过报刊、电台广告以及消费者服务人员来吸纳新会员，中心内的商家通过招募新会员、大派送等积极参与儿童乐园的活动。

儿童乐园的宗旨是使参与的每个人都受益：孩子们获得意外的惊喜，父母得到有关购物中心特别事件的信息，购物中心则由此增加客流量和获得忠诚的顾客。

通过儿童乐园的推出，南山购物中心的客流量不仅很快恢复和增加，而且提升了该购物中心的销售竞争力，销售收入出现了迅速增长。

案例思考题：

1. 儿童乐园项目反映了什么样的消费决策过程？
2. 该项目会增加购物中心的重复购买吗？

【案例分析12】

云南海外游客旅游消费支出分析①

随着“九五”以来云南接待海外旅游者人数的持续增长，云南旅游外汇收入也呈现出稳步增长，从1995年的1.65亿美元上升到2001年的3.67亿美元，6年中增加了2.02亿美元，年均增长14.3%，高于全国旅游外汇增长12.6%的平均水平；预计2002年旅游外汇收入将达到4.1亿美元，比上年增长11.7%。今后几年，为进一步优化结构、提质增效，促进云南旅游外汇收入和旅游经济效益的进一步提高，必须对赴滇海外游客的旅游消费支出做深入的分析。

（1）赴滇海外旅游者人均花费持续提高。赴滇海外旅游者人均每天花费从1997年的154.22美元持续上升到2001年的171.20美元，6年中人均每天花费增加了16.98美元；从横向比较看，1997年高于全国平均水平19.11美元，而2001年则高于全国平均水平32.44美元，人均每天花费水平从1997年在全国排位第14位上升到2001年的第10位。

（2）赴滇海外旅游者人均天花费构成不合理。由于云南地处中国西南边区，交通

① 罗明义．旅游经济学原理［M］．上海：复旦大学出版社，2004.

运输距离较长，直飞国外的航线还不多，导致赴滇海外旅游者的花费构成中，交通费用支出比重过大，而购物、餐饮、住宿比重过小。2001 年，在赴滇海外旅游者人均天花费构成中，长途交通费高达43.5%，高出全国28.2%的平均水平约15.3 个百分点，而购物花费的比重仅占15.1%，低于全国平均水平22.5%约7.4 个百分点；餐饮花费比重占5.0%，低于全国平均水平3.3 个百分点，住宿花费比重12.9%，低于全国平均水平1.7 个百分点。

（3）赴滇海外旅游者消费层次低而使总体消费水平不高。近年来赴滇海外旅游者消费旅游产品的结构主要以花费较低的观光游览为主，而消费水平较高的休闲度假、商务旅游、会议旅游、文体与科技交流的比重较低。2001 年，赴滇观光游览的海外旅游者比重占55.6%，而休闲度假的比重占21.1%，商务、会议旅游的比重仅为14.4%，远远低于全国平均水平。

（4）赴滇海外旅游者购物以土特产品为主。根据近几年抽样调查，80%以上的海外旅游者喜欢购买云南的土特产品，如茶叶、工艺品、纪念品、民族服装、扎染土布、中成药和保健品等、大约有18%～20%的海外旅游者喜欢在云南购买香烟、珠宝首饰、文物复制品、字画和瓷器等。

案例思考题：

1. 云南海外旅游者的消费支出人均量呈现什么样的特点?
2. 云南海外旅游者的消费结构具有什么样的特点?

第八章　旅游收入与分配

【本章学习目标】

通过本章的学习，掌握旅游收入的概念、分类及影响因素，认识旅游收入指标，了解旅游收入分配的内容及其过程，掌握旅游乘数的含义、类型及其影响因素，掌握旅游外汇漏损的原因及其对策。

第一节　旅游收入的概念及分类①

一、旅游收入的概念

旅游收入是指旅游目的地国家或地区在一定时期内（以年、季度、月为计算单位），通过销售旅游产品所获得的全部货币收入。

旅游产品是一种组合产品，由此决定了旅游收入的多样性，旅游收入不仅包括旅行社向旅游者销售整体旅游产品所获得的收入，也包括各类企业向旅游者提供交通、住宿、饮食、游览、娱乐等单项旅游产品所获得的收入，还包括旅游目的地通过向旅游者出售旅游商品和其他劳务所获得的收入。

（一）旅游收入反映了旅游经济活动的成果

旅游收入作为已售旅游产品价值的货币表现，体现了旅游经济活动的成果。一方面，反映了旅游产业部门和企业所提供的旅游产品价值得到体现；另一方面，旅游收入的增长不仅对旅游企业的积累和发展起着决定性作用，而且对国民经济和旅游业的持续发展也起着举足轻重的作用。

（二）旅游收入反映了旅游企业的经营状况

旅游企业是直接生产和经营旅游产品的基本单位，因而旅游收入的多少直接反映了旅游企业的经营状况。

（三）旅游收入体现着旅游业对国民经济的贡献

发展旅游业的目的是为了发展同全世界各国人民之间的友好往来，促进国际经济、文化、技术交流，满足国内外旅游者对旅游产品的需求。因此，旅游收入也体现着旅

① 吕宛青. 旅游经济学［M］. 北京：科学出版社，2009.

游业对国家作出贡献的大小以及对国民经济的促进和影响作用。

二、旅游收入的分类

（一）按照旅游收入的来源，可划分为国际旅游收入和国内旅游收入

国际旅游收入是指旅游目的地国家或地区通过经营国际旅游业务，向国际旅游者提供旅游产品所取得的外国货币收入。国内旅游收入是指旅游目的地国家或地区通过经营国内旅游业务，向国内旅游者提供旅游产品而取得的本国货币收入。在分析国际旅游收入和国内旅游收入时，应注意旅游收入计算上的差别和旅游收入计算货币的差别。

（二）按照旅游收入的弹性，可划分为基本旅游收入和非基本旅游收入

基本旅游收入是指旅游部门和交通部门向旅游者提供旅游设施、旅游物品和旅游服务等所获得的货币收入的总和，即旅游者在旅游过程中必须支出的费用，包括交通费、食宿费、游览费等。通常，基本旅游收入与旅游者的人次数、停留时间成正比例变化，由此可以大致估量一个国家或地区旅游业的发达程度。

非基本旅游收入是指其他相关部门向旅游者提供其设施、物品和服务所获得的货币收入，即旅游者在旅游过程中可能发生的消费支出，如邮电通信费、医疗保健费、修理费、咨询费及购物的费用等。非基本旅游收入具有较大的弹性，它既取决于旅游者的支付能力，也取决于他们的兴趣和爱好。非基本旅游收入也受旅游者人次数和停留天数的影响，但并不表现为相同的正比例关系。

基本旅游收入的刚性特点和非基本旅游收入的弹性特征，使我们可以通过两者的比例关系来了解某一地区的社会经济水平和旅游业的发达程度。一般来说，非基本旅游收入所占的比重越大，说明该国或该地区的社会经济水平和旅游业的发达程度越高，特别是旅游商品收入，最能反映一个国家或地区旅游业的发展水平。

（三）按照旅游收入的构成，可划分为商品性旅游收入和劳务性旅游收入

商品性旅游收入是指向游客提供实物形式的旅游产品而获得的货币收入，包括旅游购物品销售收入和饮食销售收入。劳务性旅游收入是指为游客提供各种旅游服务而获得的收入，主要包括旅行社旅游业务费收入、住宿费、交通费、文化娱乐费、邮电通信费以及医疗、美容、洗染等其他费用。

第二节 旅游收入的影响因素及收入指标

一、旅游收入的影响因素

旅游业是一个综合性和关联性较强的行业，各种经济、社会和环境因素的变化都会影响旅游目的地国家或地区在一定时期的旅游收入。从旅游经济的角度看，影响旅

游收入变化的因素主要有以下几个方面。[①]

(一) 旅游目的地的旅游价格

旅游价格是影响旅游收入高低的一个重要因素。一般而言，旅游收入等于单位旅游产品价格与销售数量的乘积。在销售数量不变的前提下，旅游产品价格越高，旅游收入越大，反之则旅游产品价格越低，旅游收入越小。这里还必须考虑旅游收入同旅游需求价格弹性的关系问题。

当旅游需求价格弹性系数大于1时，旅游产品需求量的变化幅度大于旅游产品价格的变化幅度。当旅游需求价格弹性系数小于1时，旅游产品需求量的变化幅度小于旅游产品价格的变化幅度。当旅游需求价格弹性系数等于1时，由于旅游产品需求量的变化幅度与旅游价格变化幅度相同，因而价格变动对旅游收入影响不大。

(二) 旅游目的地接待的游客人次

旅游目的地国家或地区接待的游客人次是决定其旅游收入高低的基本因素，一般而言，旅游收入与接待的游客人次成正比例关系。

(三) 游客的平均消费水平

在旅游接待人次一定的前提下，游客的平均消费水平是目的地国家或地区旅游收入增减变化的又一决定因素。游客平均消费水平与目的地国家或地区的旅游收入也成正比例关系。

(四) 游客在旅游地的停留时间

在游客人次、游客消费水平一定的前提下，游客在旅游目的地的停留时间长短对旅游目的地的旅游收入数量具有直接影响。游客停留时间越长，其消费支出就越多，旅游目的地的收入就会增加，反之则会减少。

(五) 外汇汇率

外汇汇率对旅游目的地的旅游收入有着重要影响。由于外汇汇率是各国不同种类货币之间的相互比价，因此，如果旅游目的地国家（地区）的货币币值相对于客源国（地区）货币币值而言上升了，则汇率提高将会抑制旅游客源国的旅游需求，减少目的地国家（地区）的入境旅游人次，进而减少该国（地区）旅游外汇收入；反之，如果汇率降低，而旅游目的地国家（地区）的旅游价格未相应提高，则会增加旅游目的地国家（地区）的入境旅游人次，旅游外汇收入自然也会增加。

(六) 旅游统计因素

旅游收入的统计是十分复杂困难的工作。受诸多因素影响，旅游统计部门统计出来的旅游收入往往并不能真实全面地反映旅游目的地国家或地区所取得的旅游收入，统计遗漏的情况时有发生。此外，由于旅游业的综合性、关联性很强，还有可能出现重复统计的现象。

① 田里，牟红．旅游经济学［M］．北京：清华大学出版社，2007．

（七）通货膨胀或通货紧缩

通货膨胀或紧缩都会直接影响货币购买力。旅游目的地国家（地区）的通货膨胀或紧缩，必然导致游客购买力下降或上升，从而使该国（地区）旅游人次和旅游收入减少或增加；反之，客源国的通货膨胀或紧缩，必然会促使其居民积极出境旅游或减少出境旅游。

二、旅游收入指标及计算

旅游收入指标是用货币单位计算并表示的价值指标，是用来反映和说明旅游经济活动的实质及其水平、规模、速度和比例的。旅游收入指标一般分为旅游收入总量指标、旅游收入水平指标和旅游收入比率指标等。

（一）旅游收入总量指标及计算

1. 国际旅游收入指标及计算

国际旅游收入即旅游外汇收入，是指旅游目的地国家或地区在一定时期内向外国旅游者提供旅游产品和其他相关服务所获得的外国货币收入的总额（通常用美元统一计算），也是外国旅游者入境后的全部消费支出总额。

国际旅游收入的计算是先通过对国际旅游者进行抽样调查，得到国际旅游者人均每天消费支出和人均停留时间，并通过公式 $R_f = N \times E \times T$ 计算国际旅游收入。其中，R_f 表示国际旅游收入，N 为接待国际旅游者人天数，E 为国际旅游者人均天消费支出，T 为国际旅游者平均停留时间。

2. 国内旅游收入指标及计算

国内旅游收入是指旅游目的地国家或地区在一定时期内向国内旅游者提供旅游产品和其他相关服务所获得的本国货币收入的总额，也是国内旅游者出游的全部消费支出的总额。国内旅游收入指标的计算方法与国际旅游收入的计算基本相同，即以国内旅游者人天数、国内旅游者人均天消费支出和人均停留时间，并参照国际旅游收入计算公式进行计算。

3. 旅游总收入指标

旅游总收入是指一定时期内旅游目的地国家或地区销售旅游产品所获得的货币收入的总额，是国际旅游收入和国内旅游收入之和。它反映了某一国家或地区旅游业总体规模和发达程度，是一项重要的综合性指标。

（二）旅游收入平均指标及计算①

1. 人均旅游（外汇）收入

人均旅游收入指标是指旅游目的地国家或地区平均每接待一个游客人次所取得的货币收入，也就是游客在旅游目的地国家或地区旅游活动过程中的平均货币支出额。它反映了游客的人均消费水平，一般以本国货币计量表示。人均旅游收入指标可以用

① 郭亚军. 旅游经济学［M］. 西安：西北大学出版社，2009.

某一时期内旅游总收入与同期接待的旅游总人次之比来计算，其公式如下：

$$R_u = R_t/N$$

上述公式中，R_u 为人均旅游收入，R_t 为旅游总收入，N 为旅游总人次。同理，当 N 为接待的海外游客总人次，R_t 为旅游外汇总收入时，则 R_u 为人均旅游外汇收入。

2. 人均天旅游（外汇）收入

人均天旅游收入是指旅游目的地国家或地区平均每天从每位游客那里获得的旅游收入。它等于一定时期内旅游目的地国家或地区的旅游总收入与游客停留总天数之比，或是一定时期内旅游目的地国家或地区人均旅游收入与人均停留天数之比。其公式如下：

$$R_d = R_t/(N \times D_a)；或 R_d = R_u/D_a$$

其中，R_d 表示人均天旅游收入，D_a 为一定时期旅游者在旅游目的地国家（地区）平均停留天数，R_t、R_u、N 的含义同前。

（三）旅游收入比率指标及计算

旅游收入比率指标是通过对不同指标的比较计算来反映旅游业发展及增长的状况、水平及其在国民经济中的地位和作用。

1. 旅游收入增长率

旅游收入增长率是指不同时期旅游收入（或外汇收入）相互比较的比率，反映了旅游收入在不同时期的增长水平。它有三种主要的表示方法：定基收入增长率、环比收入增长率和平均收入增长率。

2. 旅游收汇率

旅游收汇率又称旅游外汇净收入率，是指一定时期旅游外汇纯收入与同期旅游外汇总收入的比率。它等于一定时期内旅游外汇收入总额与同期旅游外汇支出总额的差除以旅游外汇总收入量。其公式如下：

$$R_e = (R_t - E)/R_t$$

其中，R_e 为旅游收汇率，R_t 为旅游外汇总收入，E 为旅游目的地国家或地区旅游外汇支出总额。

3. 旅游换汇率

旅游换汇率是指旅游目的地国家或地区向国际旅游者提供单位本国货币价值旅游产品所能获取外国货币的数量比例。旅游换汇率指标反映了旅游外汇收入对一个国家或地区国际收支平衡作用的大小，也是反映该国旅游创汇能力的综合性指标。其计算公式如下：

$$H_r = \frac{R_f}{R_s} \times 100\%$$

其中，H_r 为旅游换汇率，R_s 为单位旅游产品本币价格，R_f 为单位旅游产品外汇收入。

4. 旅游创汇率

旅游创汇率是指旅游目的地国家或地区在一定时期内经营入境旅游业务所获得的

非基本旅游外汇收入与基本旅游外汇收入的比率。其计算公式为：

$$C = R_o / R_b$$

其中，C 为旅游创汇率，R_o 为非基本旅游外汇收入，R_b 为基本旅游外汇收入。

第三节 旅游收入的分配

一、旅游收入分配的概念

旅游收入分配是旅游营业收入在直接经营旅游业务的部门、企业以及全社会范围内的分配。旅游收入分配是社会经济关系的重要组成部分，它反映了一国（地区）的政府部门、旅游部门和企业以及旅游从业人员各自的利益与义务，也反映了旅游部门与其他相关的物质生产部门、非物质生产部门的交换关系。同时，旅游收入的分配状况在很大程度上决定着旅游业发展的速度、规模和水平。

二、旅游收入的初次分配①

（一）旅游收入初次分配的含义

旅游收入的初次分配是直接经营旅游产品的旅游部门和企业将得到的营业收入根据一定的经济原则在其内部进行的分配。值得注意的是，企业所获得的营业收入并非全部参与初次分配，而仅是这些部门和企业获得的旅游净收入参与初次分配。旅游净收入在初次分配后分解为职工工资、政府税收和企业利润三大部分，这就使得国家、旅游部门和企业、旅游从业人员都得到了各自的初始收入。

（二）旅游收入初次分配的流向

旅游收入初次分配的流向主要体现在三个方面：一是旅游部门和企业支付给旅游从业人员工资作为他们提供劳务的报酬，用于满足他们及其家庭的生活需要；二是旅游部门和企业依法向政府纳税，成为国家财政预算收入的一部分；三是旅游企业和部门的纯利润，留归企业自行安排和使用。在我国的旅游企业和部门中可分为企业公积金和公益金两部分，分别用于企业自身发展和职工福利支出等。旅游收入初次分配流向见图 8 - 1。

（三）旅行社在旅游收入初次分配中的独特作用②

旅行社是旅游业赖以生存和发展的“三大支柱”之一。由于旅行社的特殊职能和地位，其在旅游收入的初次分配中具有独特的作用。旅行社作为旅游业的龙头行业，既是旅游产品的经营者，也是旅游产品的生产者，它把各类旅游企业生产的单项旅游产品组合起来，以包价或单价的形式销售给旅游者。因此，旅行社首先参与旅游收入的

---

① 郭亚军．旅游经济学［M］．西安：西北大学出版社，2009.

② 吕宛青．旅游经济学［M］．北京：科学出版社，2009.

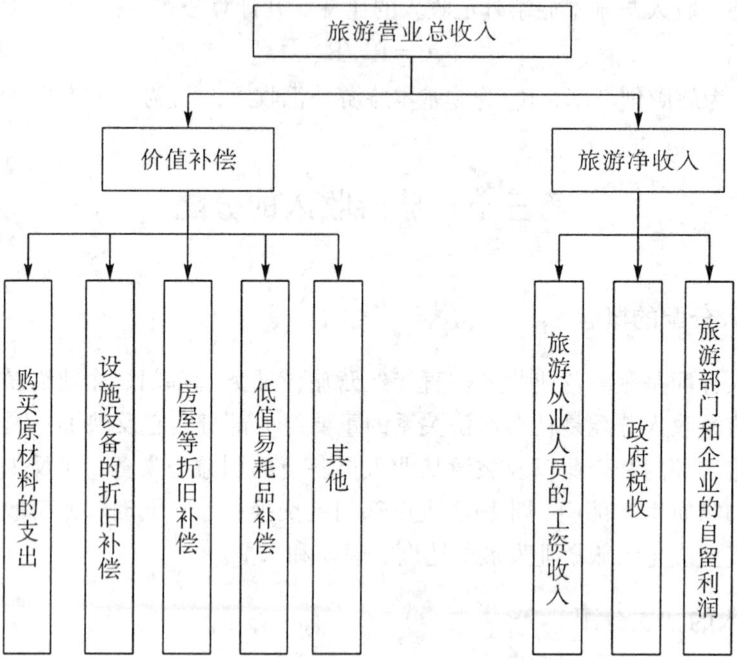

图 8－1　旅游营业总收入的初次分配图

初次分配，将旅游产品的销售所得转化为营业收入，而后，各个不同的旅游企业再将旅行社的大部分营业收入转化为各个旅游企业的营业收入，这就是旅游收入的初次分配过程，具体见图 8－2。

- 组团旅行社营业收入
  - 营业成本
    - 接团旅行社营业收入
      - 营业成本
        - 饭店费用（饭店收入）
        - 餐馆饮食费（餐馆收入）
        - 市内交通费（市内交通部门的收入）
        - 游览、娱乐费（游览及娱乐部门的收入）
      - 税金
        - 营业税
        - 所得税
      - 纯利润
    - 城市间的交通费（民航、铁路、航运部门的收入）
    - 营业费用
    - 职工工资
  - 税金
    - 营业税
    - 所得税
  - 纯利润

图 8－2　旅行社营业收入的初次分配图

三、旅游收入的再分配①

（一）旅游收入再分配的含义

旅游收入再分配是指直接从事旅游产品生产和供给的旅游服务部门或企业，按照一定的比例和原则将分配到的旅游收入在旅游目的地国家或地区全社会经济范围内进一步分配的过程。旅游收入再分配的结果是实现旅游收入的最终用途，其内容主要包括政府财政收入的再分配、旅游从业人员收入的再分配和旅游企业收入的再分配。

（二）旅游收入再分配的流向

上缴政府的各类税金又通过其他财政支出方式来实现旅游收入的再分配，支付给旅游从业人员个人的报酬流向社会经济中各相关部门和企业，企业自留部分为公积金和公益金两部分，还有一部分流向其他部门。旅游收入经过再分配之后，使全社会的各相关部门获得了应有的派生收入，体现了旅游业对旅游目的地国家或地区整体社会经济的促进和带动效应。旅游收入再分配的过程与流向参见图8－3。

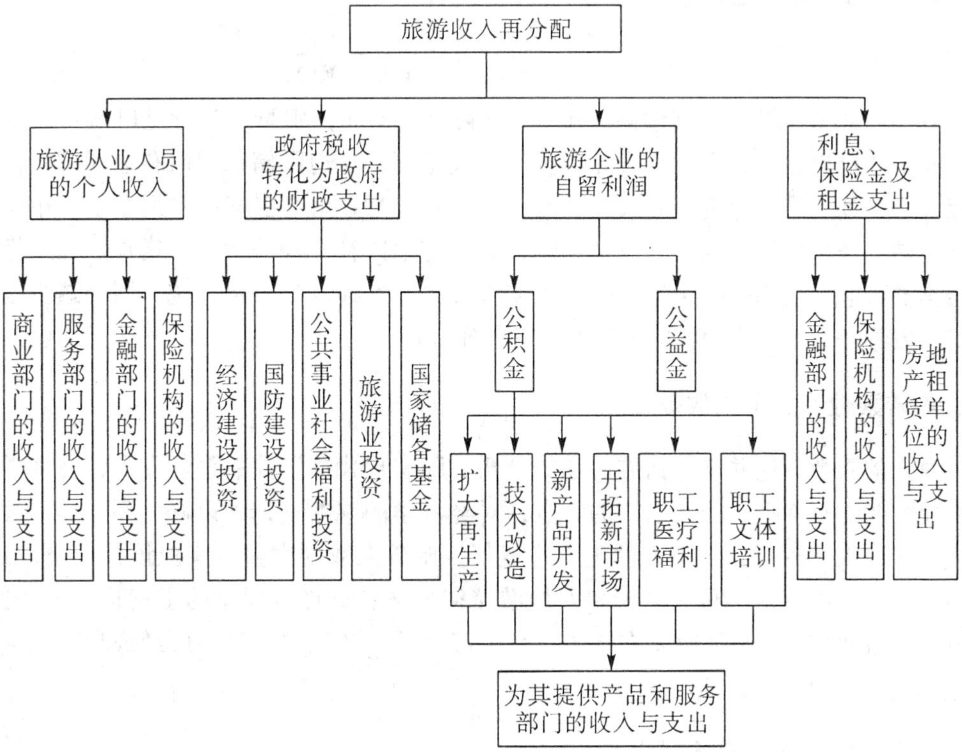

图8－3　旅游收入再分配流向图

① 郭亚军．旅游经济学［M］．西安：西北大学出版社，2009.

第四节　旅游乘数效应[1]

一、乘数效应概述

乘数概念起源于 19 世纪后半叶。1931 年，英国经济学家卡恩首先提出了乘数理论。其后，凯恩斯又将这一理论进一步加以完善。乘数（multiplier）又译作倍数，主要指经济活动中某一变量与其引起的其他经济量以及经济总量变化的比率。

在经济活动中，一种经济量的变化可以引起其他经济量的变化，最终使经济总量的变化数倍于最初的经济变量，我们把这种现象称为乘数效应。在经济活动中，之所以会产生乘数效应，是因为国民经济的各个行业是相互关联、相互促动的。例如，在某部门注入一笔投资，不仅会增加该部门的收入，而且会在各相关部门引起连锁反应，最终产生数倍于投资额的国民收入。

根据凯恩斯的乘数原理，乘数的计算公式如下：

$$K = \frac{1}{1 - MPC} \quad 或 \quad K = \frac{1}{MPS + MPM}$$

其中，MPC 为边际消费倾向，MPS 为边际储蓄倾向，MPM 为边际进口倾向。

从上式可以看出，乘数与边际消费倾向成正比，与边际储蓄倾向和边际进口倾向成反比。例如，当一笔资金流入某地区的经济系统时，就会引起一系列企事业单位的经济运转，产生经济活动中的连锁反应，导致该地区社会经济效益的增加。如果把这笔资金储蓄起来或用来购买进口物资，使资金离开本地区的经济系统，则会减少本地区经济发展的力度，本地区的乘数效应就会降低。

二、旅游乘数及旅游乘数效应

早期的乘数理论并未包括旅游业的分析。随着现代旅游业的蓬勃发展，许多学者根据旅游业综合性强、涉及面广的特点，对经济学的乘数理论加以修正和发展，逐步形成了旅游乘数理论。从全面的观点来概括，旅游乘数的完整定义应该作如下表述：旅游乘数是用以测定单位旅游消费对旅游接待地区各种经济现象的影响程度的系数。而旅游乘数效应是指旅游收入在旅游产品生产和再生产过程中对国民经济和其他部门产生的连锁作用。

三、旅游乘数效应的表现形式

旅游者的旅游消费除了有一部分被漏损外，其他留在当地的旅游消费会通过直接效应、间接效应和诱导效应，刺激目的地经济发展。旅游乘数效应在实践中表现为以下三种形式：

---

① 罗明义. 旅游经济学原理［M］. 上海：复旦大学出版社，2004.

（一）直接效应阶段

这是旅游乘数效应发挥作用的第一阶段。在这一阶段，旅游收入最初注入的一些部门和企业（如旅行社、餐饮业、交通运输业、邮电通信业及参观游览部门等），都会在旅游收入初次分配中获益。旅游者的原生旅游消费对于经济系统中旅游企业在产出、收入、就业等方面造成的影响，称为旅游消费的直接效应。

（二）间接效应阶段

这是旅游乘数效应发挥作用的第二阶段。在这一阶段，上一阶段中直接受益的各旅游部门和企业在再生产过程中要向有关部门和企业购进原材料、物料、设备，各级政府要把旅游业缴纳的税金投资于其他企事业、福利事业等，使这些部门在不断的经济运转中获得效益，即间接地从旅游收入中获利。国内外已有研究结果表明，旅游消费的间接效应往往超过它的直接效应。

（三）诱导效应阶段

这是旅游乘数效应发挥作用的第三阶段。在这一阶段，直接或间接为旅游者提供服务的旅游部门或其他企事业单位的职工把获得的工资、奖金等用于购置生活消费品或用于服务性消费的支出，促进了相关部门和企事业的发展。此外，那些从旅游收入的分配与再分配运转中受到间接影响的部门或企事业单位在再生产过程中不断购置生产资料，又推动了其他相关部门生产的发展。旅游收入通过如此多次的分配和再分配，对国民经济各部门产生了连续性的经济作用。因此，旅游消费的诱导效应是非常显著的。

四、旅游乘数的计算

如果一个国家或地区的旅游收入增加，即会引起该国或该地区国民收入的增加。这种关系可用 $y = kx$ 来表示，其中 y 为增长的国民收入总量，x 为旅游收入量，k 为两者之间的比例系数（即乘数）。

例如，某地区的边际消费倾向为80%，即80%的旅游收入在本地区的经济系统中运转，而20%的旅游收入则存储起来或用于进口物资，即有20%的旅游收入离开了本地区的经济系统。按照乘数的计算公式 $K = 1/(1-0.8)$ 或 $1/0.2 = 5$，表明该地区的旅游收入经过初次分配和再分配，产生了5倍于此的经济效益。假若该地区的边际消费倾向为70%，边际储蓄倾向为10%，边际进口倾向为20%，则 $K = 1/(1-0.7)$ 或 $1/(0.1+0.2) \approx 3.3$，表明该地区的旅游收入经过初次分配和再分配，产生了约3.3倍的经济效益。我们还可以用以下几类乘数模式来分析旅游收入对社会经济各个方面的影响。

（1）营业收入乘数：旅游营业收入增加额与由此导致的其他营业收入增加额之间的比率关系。该乘数表明某地区旅游业的发展对该地区营业收入的影响。

（2）政府收入乘数：旅游收入增加量与当地政府收入净增量之间的比例关系。政府收入的净增量是指政府从旅游业中获得的税收及各项收益减去政府向旅游业投资后的余额，该乘数主要用来衡量旅游经济活动对国家和地区财政收入的影响程度。

（3）就业乘数：旅游收入增加量与其所创造的直接和间接就业人数之间的比率关系。该乘数表明某一地区通过一定量的旅游收入，对本地区的就业机会所产生的影响。具体来说，一定时期内旅游从业人员的增加量与同期旅游收入的增加量之比，即为单位旅游收入可提供的就业机会。

（4）居民收入乘数：旅游收入的增加额与由此导致的某地区居民收入的比例关系。该乘数反映了旅游业的发展对居民收入的影响程度。

（5）进口额乘数：旅游收入增加量与由此导致的进口额增加量之间的比率关系。该乘数显示了相关部门和企业向国外进口物资、设备的增加量与旅游收入增加量之间的互动关系。

第五节　旅游收入漏损

一、旅游收入漏损的含义

旅游收入漏损是指旅游目的地国家或地区的旅游部门和企业把旅游收入用于购买进口商品和劳务，在国外进行旅游宣传，支付国外贷款利息等，由此所导致的旅游外汇收入的减少。

从公式 $K=1/(1-MPC)$ 及 $K=1/(MPS+MPM)$ 中可以看出，旅游乘数效应与边际储蓄倾向和边际进口倾向均有关系，MPS 或 MPM 越大，旅游乘数效应就越小。换句话说，旅游乘数效应小，是由于 MPS 或 MPM 变大引起的。其中，MPM 越大，表明旅游收入漏损就越大。

二、旅游外汇漏损的主要形式①

（一）直接漏损

这类旅游外汇漏损主要包括：①购买旅游开发建设与经营运转所需要的各种进口物资的外汇支出；②为发展旅游业而向国外筹措的外债和贷款的利息及合资或独资旅游企业中外国投资者所获利润的外流；③旅游业雇用外国雇员的薪金和其他外籍人员的劳务费用；④政府旅游管理部门、各个旅游团体或旅游企业在国外进行旅游推销宣传所支付的各种费用成本。

（二）间接漏损

这类旅游外汇漏损主要包括：①向旅游业供应各种物资和服务的各有关企业或其他机构为满足旅游业需要而从国外进口各种物品和劳动力所造成的外汇流失；②使用进口物资或劳动力程度较高的各种基础设施因旅游业的发展而引起其消耗加大、进口

① 郭亚军．旅游经济学［M］．西安：西北大学出版社，2009.

增多而造成的外汇支出。

（三）无形漏损

旅游接待地为了修复、弥补公共基础设施和旅游设施由于旅游者的大量使用而造成的磨损，或者为了清除游客过多而带来的自然环境污染，有时可能需要从国外进口某些物资或人力资源从而造成的外汇流失。

（四）黑市漏损

如果外国旅游者在旅游目的地国家（地区）购买旅游产品及服务时，没有全部用其所携带的外币或用通过合法正式渠道汇兑得到的当地货币来支付，而是用通过当地外汇黑市非法套汇而得到的当地货币来进行部分支付。那么，从旅游目的地官方角度来看，后面这部分外汇就从本国（地区）正常经济系统中流失了。

（五）先期漏损

先期漏损是指旅游经营商向旅游者销售某一国家的旅游产品所获得的全部收入中未进入这一旅游目的地国家的那部分收入。先期漏损主要影响因素包括旅游预订方式、旅行距离、使用他国交通工具、旅游者进入目的地国家（地区）线路等。

（六）后续漏损

后续漏损是指旅游从业人员个人生活消费中所涉及的外汇外流，亦称诱导性漏损。那些直接和间接从旅游企业获得薪酬的各类从业人员，为了生活需要而购买进口物品，旅游接待国或地区为进口这些物品必须支付外汇，就必然形成后续漏损。

三、旅游收入漏损的控制[①]

旅游收入漏损会影响一个国家或地区的收入，尤其是外汇收入的漏损会减少一个国家的外汇储备，影响国际收支平衡。因此，为了保证一个国家或地区旅游收入的稳定和增长，必须对旅游收入、特别是外汇的漏损进行控制。减少和避免旅游收入及外汇漏损的主要措施有：

（1）大力发展旅游进口的替代产品，通过努力改进和提高生产技术，调整本国生产结构和产品结构，不断提高本国产品的质量，生产出适应旅游经营活动所需要的各种产品，以减少旅游进口产品的数量，从而减少旅游进口产品的外汇支出。

（2）积极培养旅游管理人才，尤其是培养大量通晓国际旅游商务和经营管理，掌握现代旅游管理技术，具有现代经营观念的旅游管理人才，逐步减少对外方管理人员的引进，从而减少相应的引进外方管理人员的费用和外汇支出。

（3）大力发展国内旅游，通过积极开发国内旅游景点，替代同类出境旅游，并采取合理的价格引导本国居民参与国内旅游，适当控制出境旅游的数量。尤其在外汇缺失或外贸收支逆差的情况下，应采取相应政策限制本国居民出境旅游，以减少旅游外汇的漏损。

① 罗明义．旅游经济学原理［M］．上海：复旦大学出版社，2004.

（4）加强旅游外汇收入的管理，通过制定完善的经济法规和外汇管理制度及方法，建立良好的外汇市场秩序。对违反国家政策法规规定，扰乱外汇市场秩序的不法行为，应给予严厉的法律和经济制裁，以控制旅游外汇收入的流失。

【复习思考题】

1. 旅游收入是如何分类的？
2. 衡量旅游收入的指标有哪些？
3. 影响旅游收入的因素包括哪些方面？
4. 什么是旅游收入的初次分配和再分配？
5. 旅游乘数效应的表现形式有哪些？
6. 造成旅游收入漏损的原因有哪些？
7. 为避免和减少旅游收入漏损，应采取哪些措施？

【阅读材料 11】

旅游分配功能向行业发展与构建和谐社会转变①

一、旅游分配功能的正负向性

旅游业作为流动产业，在促进区域社会交流时，目前阶段会产生两种截然不同的社会效果：一方面是由旅游的分配功能决定的促进区域经济文化的流动，这种流动被广泛认为是大规模的“从国外到国内、城市到乡村、发达地区到落后地区的流动”，它可以平衡国际收支，缩小城乡间和地区间差别，有助于实现社会财富二次分配和区域经济文化均衡发展，从而推动和谐社会的公平正义。但这种功效不是天然的、纯粹的。另一方面，从旅游流的现实流向来看，旅游分配同时还具有再生产和放大区域社会经济文化不公平的功能，在当前阶段这种不公平还在继续着。这就产生了旅游分配功能的正负向性。

所谓旅游分配功能的正向性是指促进区域经济均衡发展，推动和谐社会构建的分配功能；旅游分配功能的负向性是指再生产和放大区域社会经济文化不公平，不利于统筹城乡、区域、经济社会、人与自然的和谐发展的功能。在我国当前创建和谐社会进程中，认识旅游分配功能的正负向性具有重要的现实意义和历史意义。

二、旅游分配功能的现实表现

1. 旅游活动主要集中于经济发达的区域

目前，国际国内旅游活动，无论是从旅游人数、旅游流向还是旅游收入来看，都主要集中于经济发达的区域。仅从我国来看，根据统计，2004 年旅游总收入超过 1 000

① 阅读材料来源：《中国旅游报》，2005 - 06 - 29.

亿元的省市有广东、江苏、上海、北京等，在500亿～1 000亿元的省市有浙江、山东、河南、辽宁、四川、天津、福建等，在100亿～500亿元的省市有湖北、湖南、云南、陕西、安徽、广西、河北、江西、内蒙古、新疆、海南、贵州等，100亿元以下的省市有青海、西藏、宁夏等。广东地区2004年旅游总收入为1 621亿元，黑龙江省为280亿元，宁夏仅有14.5亿元，相对比例高达111.79∶19.31∶1。上述数据显示了旅游活动集中于当今经济发达的区域，旅游活动地带主要分布于我国东部沿海地区、中部地区和西部地区。

2．旅游的城乡差异显著

尽管当前初步兴起了生态旅游、乡村旅游、农业生态旅游等热潮，但旅游的主流仍然是从城市到城市、从城市流向农村，城镇居民与农村农民的旅游差异显著。城市相对集中了支出与收入都较高的商务旅游、政务旅游、会议旅游、城市风光旅游等多种旅游产品，而乡村旅游产品虽然也较多，但多为新兴的、旅游支出与收入都较低的产品。从旅游者的角度看，2003年，城镇居民与农村农民的出游率分别为100.5%和55.7%，相差一半；旅游人均花费分别为684.9元人民币和200元人民币；虽然在8.7亿人次的国内旅游中，农村农民有5.19亿人次，占到60%，但考虑到我国是农业人口大国，这一比重与城乡人口的比重相比还是较低的。

3．旅游的地域竞争仍然很激烈

长期以来，地方保护主义在旅游发展中比较普遍，区域合作虽多次提出，但进展缓慢，收效甚微。中国旅游的地域竞争，经历了景点竞争、城市竞争、线路竞争三个阶段。2004年，长三角、泛珠三角、环渤海旅游协作区的形成开启了区域旅游合作的新阶段之后，旅游业开始进入到它的第四个阶段：区域协同与跨区域竞争的新时代。

因此，作为促进社会发展的旅游业，在一般意义上说，不能自动实现社会财富均衡分配和区域经济均衡发展，也不能自动创建和谐社会。但这只是问题的一个侧面。还应看到：和谐社会理论的确立和全面实践进程，为旅游业的和谐发展创造了基本理论基础和基本前提条件；旅游业的基本特征相对其他产业来说，更加具有和谐基础及和谐效应。构建和谐社会理论与实践客观要求旅游业充分实现旅游分配功能的正向转变。

三、旅游分配功能的正向转变

1．和谐社会实践为旅游分配功能的正向转变构建了基本的大前提条件

和谐社会的实践就是要统筹城乡发展，统筹区域发展，统筹经济社会发展，统筹人与自然和谐发展，统筹国内发展和对外开放。统筹城乡发展将改变城乡二元结构现状，提高广大农民的收入、社会地位及文化素养，增强农村经济实力，增加开发乡村旅游条件和乡村旅游产品，大力提高中部地区和西部地区的发展速度，为中西部地区的旅游快速发展提供良好的区域环境条件；统筹经济社会发展将扭转经济发展过快而文化等方面发展相对较慢的局面，为促进旅游业健康、协调、可持续发展创造完善的人与自然关系的条件；统筹国内发展和对外开放将有助于旅游业走向世界，为发展我国旅游业国际收支平衡能力创造和平的国际环境。

2．和谐社会理论的确立为旅游分配功能正向转变构建了基本的理论基础

和谐社会的科学发展观、特征观、“五个统筹”等理论为旅游开发理论的研究打开了新的视野，提出了新的要求，为构建旅游分配功能正向转变奠定了基本的理论基础。科学发展观突出以人为本，旅游业的发展就是建立在旅游者多元化的、个性化、可变化的需求基础上的，这样的需求产生了旅游产品的丰富多样性，因而以人为本理论是旅游分配功能正向转变的基本理论。特征观是和谐社会的基本内涵，包含了民主法制、公平正义、诚信友爱、充满活力、安定有序、人与自然和谐相处等内容，有利于真正发挥旅游业正向分配功能。

3．旅游分配功能正向转变的实现

加强新的以人为本的旅游资源研究，应突破传统旅游资源观的束缚，建立新的旅游资源观。新旅游资源观中，应突出和谐社会的内涵。旅游资源是满足人的旅游需求，具有和谐效应的资源总和。在传统的旅游资源观基础上，构建自然旅游资源、生态旅游资源、人才旅游资源、教育旅游资源、制度旅游资源、生产生活旅游资源、旅游开发资金资源、民风民俗旅游资源的多层次旅游资源体系。

构建新的旅游业和谐运行模式。一是和谐利用旅游资源，适度开发，适度利用。注重在开发规模、层次上与资源的规模、层次相适应，与资源的可持续利用相适应，尤其注重文化内涵的开发，使文化亲切化、形象化。二是和谐经营旅游活动各个环节。科学艺术化设计旅游形象、个性化旅游产品、人性化旅游服务、柔性化旅游管理。三是协调旅游业内外的关系。业内资源共享、相互促进、有序发展；业外结构合理、区域一体、协同发展。各行业、各相关部门之间密切配合与协作，形成全社会发展大旅游的良好局面，旅游分配功能的正向转变就能真正实现。

【案例分析13】

生态旅游地的收入与分配分析①

一、生态旅游地的旅游收入和分配构成

生态旅游地的收入来源一般由以下几部分构成：①旅游区门票收入；②政府拨款；③社会捐赠投资；④旅游区内旅游企业上缴税收及特许经营费；⑤旅游产品收入和专利使用收入。

生态旅游地的收入通常通过以下几种途径在主体间分配：①上缴上级政府机关；②经营者提取利润；③社区居民收入；④用于景区的进一步开发建设；⑤用于景区的资源环境保护。

旅游者带来的所有花费构成了生态旅游地的直接旅游收入，直接旅游收入扣除漏损额（区外人力资源工资、区外产品引进费用等）之后，剩下的旅游收入可以称为二次旅游收入。只有这一部分收入才可能在旅游地内进行分配，进一步产生旅游间接收

① 孙春华，何佳梅．生态旅游地收入分配问题初探［J］．山东省农业管理干部学院学报，2003（3）．

入和旅游累加收入。

二、生态旅游地的旅游收入和分配障碍

生态旅游地收入障碍有以下几种：①经济与环境的矛盾。这一矛盾集中体现在门票收入与可容纳游客量上，大量旅游者的介入必然对旅游地的生态环境造成威胁，控制游人数量又会使经济收益受限。②经济水平和产业结构的局限。在经济发达地区，旅游业促动其他行业部门而产出的间接经济效益远远大于旅游直接收入，而生态旅游地通常位于生态条件优越、人工干扰程度低的地区，这些地区大多经济落后、交通不便，生态旅游地由于受经济发展水平和地区产业结构的局限，对于旅游的强拉动力的反馈水平低，最终使间接收入低。③旅游收入漏损。由于旅游地经济体系和产业结构不完善，对旅游经营所需产品的数量、质量供给能力不足，需要大量向外购买产品和服务，致使旅游供给市场为区外经济实体控制。世界上优秀的生态旅游地多位于发展中国家和地区，而发展中国家和地区由于自身的局限，旅游收入的漏损现象尤其普遍。

一般而言，生态旅游地的诸多收入障碍会导致分配障碍，造成各利益主体间的矛盾，任何一方利益得不到保障都会带来负面影响。对经营者服务者分配不足会导致决策不合规范、服务质量下降、欺诈宰客行为增加，破坏旅游地的形象等；对景区分配不足会造成资源环境保护得不到物质保障，进一步的开发建设无法实施；对社区居民参与分配的不足会造成旅游地达不到预期的经济发展的目标，而旅游者进入旅游地对自然人文生态的干扰也会造成居民与旅游者之间的矛盾纠纷增加。此外，由于生态旅游地居民生活水平低，可能出现伐木、偷猎等现象，造成对旅游资源环境的压力。

三、生态旅游地的旅游收入和分配优化

（一）资源导向的定价原则

大众旅游产品的定价通常是市场导向（或称消费导向）。生态旅游产品由于其特殊的生态环境背景与脆弱易损的特性，必须遵从供给导向（或称资源导向）的定价原则，参照资源环境的生态脆弱性和承载能力，确定其所能承受的最大游客量，并根据季节性做必要的调整和引导。

（二）门票的梯度收费制

梯度收费制为生态旅游地的环境保护提供了经济支持。提高团队门票价格，可以限制过多的旅游者在同一时刻涌入旅游区，避免因客流超载而产生生态环境损害。降低本地居民门票，可以减少资源利用上的冲突和矛盾。

（三）政策倾向，减少漏损

为了避免收入大量流出区域经济系统，应该树立强烈的品牌意识和专利意识，对当地产业可以给予政策优惠或经济扶持，逐渐完善旅游目的地和旅游依托地的服务经济体系和旅游产业结构，真正实现以旅游发展带动整个地区经济发展的目标。

（四）收入途径的多元化

大力发展特色旅游商品，尤其是知识含量高和有地方特色的商品。以相关产品和服务扩大收入来源。生态旅游者一般对住宿、餐饮和娱乐等要求不高，他们更注重精神上的追求和提高，开发配套的产品和服务，既满足了消费需求，又增加了收入来源。

（五）资源环境保护费用单独列项

资源环境保护费用不能过分依赖门票收入，以免资源环境保护工作受到经济收入冲击而无法持续系统地进行。资源环境保护费用应单独列项，从稳定收入中单独划拨。

（六）扩大居民的参与分配额

通过为居民创造就业机会，提高居民对旅游的参与程度，扩大他们对旅游收入的分配额，提高其生活水平。具体可行的参与途径有：为旅游者提供向导服务、停留场所、特色食品、手工工艺品和旅游纪念物，种植地区特有的花卉、药材、食用菌类等。

案例思考题：

1．生态旅游地的分配障碍有哪些？为什么会存在这些障碍？

2．如何合理分配生态旅游地的收入？

第九章　旅游经济核算与效益

【本章学习目标】

通过本章的学习，掌握旅游经济效益核算的含义及评价指标体系，了解旅游卫星账户的内涵及在国内外的发展情况，掌握旅游微观效益的概念及其主要评价指标和评价方法，掌握旅游宏观效益的概念及其主要评价指标和评价方法，认识提高旅游微观效益与宏观效益的主要途径。

第一节　旅游经济核算①

一、旅游经济核算的概念

旅游经济核算是以整个旅游经济为对象的宏观分析与核算，是对一个国家或地区在一定时期内的整个旅游经济运行及其经济成果进行全面的统计、计算和测定，其目的是为一个国家或地区规划旅游经济发展、制定旅游经济政策、加强旅游经济宏观管理等提供准确的信息和科学的依据。

二、旅游经济核算的作用

（一）旅游经济核算可反映旅游经济运行的总体特征

在现代经济中，为了综合地反映整个国民经济的发展状况和特征，就必须研究国民经济的数量关系，由此形成了国民经济核算的理论和方法。旅游经济是国民经济的重要组成部分，因此旅游经济核算是建立在整个国民经济核算基础上的，即在国民经济核算理论和方法指导下，对旅游经济运行和经济成果进行宏观分析和研究。旅游经济核算通过建立一套系统、全面、科学的旅游经济指标体系，对一定时期旅游经济运行状况和经济成果进行计算、测定和分析，不仅能够揭示旅游经济和国民经济之间的相互关系和内在联系，而且能够综合地反映出整个旅游经济运行的总体特征，反映出旅游经济对国民经济的贡献及其在社会经济中的重要地位和作用。

① 罗明义．旅游经济学原理［M］．上海：复旦大学出版社，2004．

（二）旅游经济核算可增强旅游决策的科学性和正确性

任何科学的经济决策都离不开一套完善的经济指标体系和科学的数量分析。在缺乏旅游经济核算的情况下，人们只能根据旅游经济发展的规模状况以及对旅游市场现象的感知和有限分析进行决策，这样的决策必然存在着一定的盲目性和主观性。旅游经济核算不仅需要有一套旅游经济发展规模和质量的指标体系，而且需要建立一套反映旅游经济运行和经济成果的综合指标体系。通过对旅游经济综合指标体系的分析和研究，不仅能够深入揭示旅游经济的流量和结构关系，而且能够综合反映旅游经济效益及影响旅游经济效益变化的主要因素，有利于旅游企业和旅游目的地国家（或地区）科学地分析存在的差距和问题，正确地认识自己在旅游市场上的地位和竞争力，从而增强旅游企业经营决策和旅游经济宏观决策的科学性，促进旅游企业不断提高市场竞争力，促进旅游目的地国家（或地区）不断提升旅游经济综合素质和发展能力。

（三）旅游经济核算可推动旅游经济更快、更好地发展

旅游经济核算的基础是旅游企业的经济核算和分析，离开了科学的旅游企业的经济核算，或者旅游企业经济核算不健全、不可靠，则旅游经济核算就不能正确地进行。因此，通过旅游经济核算能够加强旅游企业的经济核算，促进对旅游企业财务结构和经营水平进行分析，从而有利于加强旅游企业的经营管理，推进旅游企业的改革和发展。同时，通过对旅游企业经济指标的统计汇总和核算分析，不仅能够从总体上计算和测定一个国家（或地区）在一定时期内的旅游经济活动和经济成果，而且有利于从国家（或地区）层面加强对旅游经济的总量分析，针对不同时期旅游经济运行特点和发展趋势进行宏观调控，采取有效的旅游经济政策和手段，促进旅游经济更快更好地发展。

三、旅游经济核算的指标体系

对一个国家或地区旅游经济发展状况和水平进行数量分析，通常用旅游接待总人数、旅游总收入等发展规模指标来反映。但由于这些经济指标与国民经济指标缺乏内在联系，无法从国民经济方面综合反映旅游经济发展的状况和水平，也不能科学地评价旅游经济对国民经济的重要作用和影响。因此，必须按照国民经济核算原理，遵循国民经济综合指标体系的要求，结合旅游经济自身的特点，从旅游总需求角度出发，建立一套能够反映旅游经济总体发展状况的综合指标体系。这套指标体系应该是包括旅游总消费、旅游总需求、旅游总供给、旅游增加值和旅游总就业在内的旅游经济综合指标体系，从而综合反映和评估旅游经济的发展状况、水平及其在社会经济中的地位和作用。

（一）旅游总消费指标

旅游总消费指标是指一个国家或地区在一定时期内（通常为一年）所接待的旅游者直接消费的全部旅游产品和服务的市场价值总和。该指标从经济产业的需求方面反映了整个国家或地区旅游业发展的规模和水平，可分为个人旅游消费支出、商务旅游

消费支出、政府支出（个人）、旅游出口等四个具体指标，是构成旅游总需求的基础部分。

（二）旅游总需求指标

旅游总需求指标是指一个国家或地区在一定时期内全部旅游经济活动对物质产品和服务消费的市场价值总和，包括旅游者的直接旅游消费和为保证直接旅游消费而发生的各种间接消费，并从经济活动需求方面较全面地反映了整个旅游经济发展的总量和旅游消费支出的结构。在旅游总需求指标中除了旅游总消费的四个具体指标外，还包括政府支出（集体）、资本投资和非旅游出口等指标。这些指标是为了满足旅游者直接旅游消费而发生的各种间接消费，如政府用于各种公共基础设施和社区利益所发生的支出，所有私人部门和公共部门为旅游者提供各种接待设施而发生的资本投资，为旅游者和旅游业务服务而发生的其他非旅游产品的出口等。

（三）旅游总供给指标

旅游总供给指标是从旅游经济活动供给方面考虑的，主要指一个国家或地区在一定时期内向旅游者和旅游经营者所提供的全部物质产品和服务产品的市场价值总和，既包括向旅游者提供的各种直接旅游产品和服务，也包括向旅游经营者提供的政府支出（集体）、资本投资和非旅游出口等。旅游总供给也是全部旅游要素收入之和加上旅游进口的总值，具体包括劳动报酬、折旧、税收、利润和进口支出等。由于旅游总需求指标和旅游总供给指标从不同角度反映整个旅游经济运作的状况，因此旅游经济账户体系中旅游总需求和旅游总供给应该是相等的。在对旅游经济运行进行分析时，往往直接用旅游总需求反映整个旅游经济活动的总供给规模和水平。

（四）旅游增加值指标

旅游增加值指标亦称为旅游国内生产总值，是指一个国家或地区在一定时期内全部最终旅游产品和服务的市场价值总和，即整个旅游经济活动的新增价值。从旅游总供给角度看，旅游增加值是旅游总需求减去旅游进口的余额；从旅游总供给角度看，旅游增加值是全部旅游要素成本的收入，再加上旅游进口所构成的总和。

（五）旅游总就业指标

旅游总就业指标是指一个国家或地区在一定时期内，随着旅游经济发展而直接或间接吸收社会就业的总量。旅游业作为一个以提供服务为主的经济产业，也是一个提供就业岗位最多的行业。旅游总就业既包括旅游业本身所吸收的就业人员，也包括为旅游业提供产品和服务的相关部门所吸收的就业人员；既包括整个旅游直接就业人员，也包括旅游间接就业人员。

第二节 旅游卫星账户

一、旅游卫星账户的内涵

进行旅游经济核算不仅要有一套科学的综合指标体系，还必须建立科学的核算体系。由于旅游经济内部构成的综合性、复杂性以及其涉及产业的广泛性，目前国内外仍未将旅游经济整体纳入国民经济核算体系。因此，必须根据国民经济核算体系的特点和要求，建立旅游经济核算体系即旅游卫星账户，综合反映整个旅游经济运行和经济成果的发展状况和水平。

20 世纪 90 年代中期，旅游卫星账户核算方法一出现就受到了有关经济学家和统计学家的推崇。2000 年 3 月，联合国统计委员会正式批准了世界旅游组织提交的《旅游附属账户：建议的方法框架》（简称“框架”），使旅游业成为第一个拥有获得联合国首肯的国际性标准来测量和计量的产业。

旅游卫星账户（Tourism Satellite Account，简称 TSA）又称为旅游附属账户，是一种宏观统计计量方法。它是以国民经济核算为统计基础，按照国际统一的国民账户的概念和分类标准，在国民经济核算总账户下所单独设立的一个子系统（虚拟账户）。通过编制这一账户可以把由旅游消费而引发的国民经济各行业中的直接和间接旅游产出从相关行业中分离出来单独进行核算，从而达到在国际统一的统计框架下对旅游经济进行全面测量和分析比较的目的。旅游卫星账户区别于传统的旅游统计体系，为各旅游发展国家提供了一个国际统一标准的计量方法，不仅大大提高了旅游统计数据的可信度和区域间的可比性，还能够准确全面地测度旅游经济在整个国民经济中的地位和作用，实现国际间的可比和对旅游业经济影响的量化分析。

20 世纪 90 年代初，世界贸易组织（WTO）和经济合作与发展组织（OECD）就旅游业对社会经济的重要性做了大量研究工作，着力解决了如何描述旅游经济以及如何测度旅游对经济的影响等难题，这对于后来旅游卫星账户的设立起了重要作用。WTO、OECD、欧共体统计局（Eurostat）和联合国统计司合作编制了“旅游卫星账户推荐方法框架（Tourism Satellite Account：Recommended Methodological Framework）”（以下简称《框架》），统计委员会同意此框架并于 2000 年 3 月批准采纳。

旅游卫星账户为政策制定者提供了对旅游部门的概览，以及与其他经济部门的比较。“框架”遵守国民经济核算原则，设置了一系列全球标准和定义来测量旅游对 GDP、就业、资本投资、税收等的贡献以及旅游业在国际收支平衡中的重要作用。

二、世界各国旅游卫星账户的建立情况

2001 年 5 月，由加拿大旅游委员会、世界旅游组织、世界旅游理事会（WTTC）和世界经合组织（OECD）主办，在温哥华举行了“旅游卫星账户（TSA）——为良好决策提供可靠数据”的国际会议。温哥华会议确认了 TSA 作为一种国际标准，用以测

量一个经济体系之内旅游对其他产业和其他经济体系产生的直接经济影响，承认以往开发和实施 TSA 的努力遵循了多样化的方法，承认各国可以根据自身情况在 TSA 标准之内对分类进行调整。目前，加拿大、澳大利亚、西班牙、法国、新西兰、瑞士、美国等国相继进行了旅游卫星账户编制的实践。他们以“框架”为基础，并根据本国的实际情况进行了相应的调整和补充。许多发达国家通过旅游卫星账户的成功编制，为制定旅游业发展政策和规划提供了决策依据。

三、我国旅游卫星账户的建立及创新

（一）我国创建旅游卫星账户的有利条件

由于 TSA 是由一些逻辑严密、协调一致的账户表式组成，所以在其建立的过程中存在着许多困难。随着我国经济的不断发展，创建我国旅游卫星账户大致具备以下优势：一是国际 TSA 理论和实践的丰富经验。国际成功的 TSA 理论与实践，显示了旅游统计与旅游核算国际化和科学化的最高水平。TSA 为进行旅游经济宏观经济分析和决策提供了有力的工具。建立以国际化标准为基点的旅游统计与核算体系，不仅是政府制定宏观经济政策、有效规划和管理旅游业服务的重要手段，更是跻身国际旅游产业的重要前提。二是我国政府的高度重视。我国政府积极参与世界旅游组织的各种会议，国家旅游局在我国部分省市也进行了编制旅游卫星账户的试点工作。在此基础上，国家旅游局和国家统计局研究商定，于 2006 年正式开展了“中国国家级旅游卫星账户”的编制工作。三是我国旅游统计国际化初见成效。国民经济核算是统计体系的框架和参照点。TSA 提供了建立科学的旅游统计体系的规范：在 TSA 框架下选取指标、定义概念和构建指标体系，统计过程应覆盖更宽的信息范围，提供具有国际可比性、高可信度和一致性的数据。1991 年 6 月，世界旅游组织颁布了《关于旅游统计的建议草案》，并以《世界旅游组织和联合国关于旅游统计的建议草案》形式作为一种国际标准在世界范围内推广。

（二）我国建立旅游卫星账户的尝试

我国之所以先后在厦门、秦皇岛、桂林、江苏等地区建立区域旅游卫星账户进行试点，主要原因在于我国 TSA 在建立过程中还存在以下几点问题：一是成本高，搜集旅游相关的详细数据任务艰巨，尤其是在数据收集方面存在数据不够全面和数据落后等问题，极度影响我国 TSA 的建立和账户数据的准确性；二是由于成本高，TSA 所依赖的统计数据并不能经常更新；三是 TSA 所采用的一些定义和结论形式与旅游传统上所采用的并不一致，这就可能造成一些误用和无用，或者无法理解和无法使用；四是我国在旅游卫星账户的建立上虽然可以借鉴国外经验，但归根结底要从本国实际出发。

2002 年 9 月，江苏省旅游卫星账户编制试点工作组完成了《江苏旅游卫星账户体系构建》，比较系统地提出了江苏区域旅游卫星账户的构想。2006 年国家旅游局和国家统计局联合组成工作组，正式启动了国家级旅游卫星账户研究编制工作。2007 年 3 月 1 日，“中国国家级旅游卫星账户”项目工作组召开了汇报鉴定会。由国家统计局和国家旅游局有关专家组成的研究小组，经过长期的研究工作，以联合国统计委员会批准的

《旅游附属账户：建议的方法框架》为基本原则，利用2004年全国第一次经济普查和国民经济核算的相关资料，初步编制完成了“中国国家级旅游卫星账户”的部分账户表。

（三）我国旅游卫星账户的创新

为了更好地共享信息和交流成果，将TSA的影响扩展至整个旅游业，我国旅游卫星账户应不断注重创新：①参与开发TSA的国家旅游办公室应当使用非技术语言编写一系列有关行业具体事实的表式，每一个事实数据表示的内容和格式可以与相关行业的代表协商确定，通过协会自己的邮件列表分发给相关人员，从而为各个行业提供汇总的统计数据；②针对TSA信息滞后的缺点，应当及时把新的旅游消费信息加入到TSA账户中，做到TSA中数据的实时更新和发布；③未来的旅游卫星账户应当包括更细致的行业分类。

第三节　旅游经济效益及评价内容①

一、旅游经济效益的概念

经济效益通常指人们从事经济活动所取得的有效成果同相应的劳动占用和消耗的比较，简言之，即从事经济活动的投入与产出的比值。因此，提高经济效益就是指在从事各种经济活动时，要以尽可能少的劳动占用和消耗产出尽可能多的、符合社会需要的有用成果（产品和劳务）。

旅游经济效益是指旅游经济活动过程中的劳动占用和消耗同有效成果之间的比较。所谓劳动占用和消耗，是指旅游企业和部门在规划组织旅游活动，向旅游者提供旅游产品和服务过程中所占用和耗费的物化劳动和活劳动，即旅游成本和费用等。所谓有效成果，是指旅游经济活动的最终产出。由于旅游经济活动是一种包含了经济、技术、社会、文化、政治等多种因素相结合的活动，因而其有效成果也是多方面的。既包括向旅游者提供旅游产品和服务，以满足他们多样化的旅游消费需求；又包括通过旅游经济活动获取应有的利润，从而为企业发展积累资金；还包括促进人们生活质量水平的提高和环境的改善。在一定的劳动占用和耗费情况下，旅游者在旅游活动中的满足程度越高，旅游经营部门或企业的旅游收入越高，对社会、生态环境的改善越好，则表明旅游经济效益越好。

二、旅游经济效益的特点

旅游业作为一个综合性的经济产业，有其自身的特点和运行规律。因此，旅游经济效益既有和一切经济活动相同的特点，又有区别于其他经济活动的不同特点，具体有以下几方面：

① 罗明义. 旅游经济学原理［M］. 上海：复旦大学出版社，2004.

（一）旅游经济效益是微观经济效益与宏观经济效益的统一

旅游经济活动通常由旅行、餐饮、住宿、交通、观赏、娱乐等多种活动所组成，因而旅游经济效益实质上是食、住、行、游、购、娱等多种要素综合作用的结果，而各种要素作用发挥的好坏，最终也必须体现在经济效益上。同时，旅游经济效益不仅体现旅游企业的经济效益，使旅游经济活动的主体及其组织得以生存和发展；还要体现整个旅游产业的宏观经济效益，并通过旅游经济活动及其较强的产业带动效应，把旅游经济活动所产生的经济效益辐射、渗透到其他产业和部门，促进人们生活质量的改善和提高，充分体现出旅游经济的宏观效益及社会价值。

（二）旅游经济效益衡量标准多元

在社会主义市场经济条件下，旅游经济活动必须面向市场，以旅游者为中心。这就要求旅游经营部门和企业在组织旅游活动时，必须树立为旅游者服务的经营思想和观念，从旅游者的消费需求考虑，尽可能提供适销对路、物美价廉的旅游产品和服务，这是获取经济效益的前提。在充分满足人们旅游消费需求的基础上，取得合理的经济收入和利润，不断提高旅游业的宏观及微观经济效益。因此，可采用多项指标体系对旅游经济效益进行综合分析和评价，主要包括接待游客人数、游客逗留天数、旅游收入、旅游外汇收入、旅游利润和税收、客房出租率、游客人均消费、游客投诉率、资金利润率、成本利润率以及服务质量等。

（三）旅游经济效益具有质和量的规定性

现实生活中，同其他经济活动一样，旅游经济效益不仅有质的规定性，还有量的规定性。旅游经济效益质的规定性主要表现为取得旅游经济效益的途径和方法必须在国家有关法律、法规和政策的范围内和指导下，通过加强管理、技术进步和改善服务质量来实现。旅游经济效益量的规定性是指旅游经济效益不仅能用量化的指标来反映，而且还能通过对指标体系的比较和分析，发现旅游经济活动中的问题，从而寻求提高旅游经济效益的途径和方法。旅游经济效益质和量的规定性是有机统一的整体，离开了质的规定而片面追求量的目标，就会偏离旅游经济发展的宗旨和方向；反之，若只考虑旅游经济效益质的规定性，而没有量的追求，就没有积极开拓的进取精神和科学的经营管理方法，难以实现旅游经济效益。因此，只有把旅游经济效益的质和量有机统一起来，才能保证旅游经济活动健康、正常地开展，促进旅游经济效益的不断提高。

三、旅游经济效益的评价内容

（一）旅游经济活动的有效成果同社会需要的比较

旅游产品作为旅游者在旅游活动过程中所购买的物质产品、精神产品和服务的总和，同样具有价值和使用价值。只有当旅游产品能够有效地满足旅游者的需求时，才能实现其价值和使用价值。否则，不仅不能体现旅游产品的价值和使用价值，还可能因旅游者的负面宣传而使旅游产品失去更多的客源，从而使旅游经营企业蒙受损失。因此，必须努力生产和提供旅游者满意的物美价廉的旅游产品，才能促进旅游经济效益的不断提高。

（二）旅游经济活动的有效成果同劳动消耗和占用的比较

为了向旅游者提供旅游产品，旅游经营企业必然要耗费社会劳动，占用资金，从而形成旅游经济活动的成本和费用。如果旅游经济活动只考虑满足社会需求，而不考虑成本高低，必然是违背经济规律的。因此，要考虑经济效益就必须把旅游经济活动的有效成果（主要是利润和税金）同劳动占用和消耗进行比较，以评价旅游经济活动的合理性和旅游经济效益的好坏。

（三）旅游经济活动的有效成果同资源利用的比较

旅游经济活动必须以旅游资源为基础，以市场为导向，充分有效地利用各种资源。通过把旅游经济活动的有效成果同旅游资源的利用相比较，可以揭示旅游资源的利用程度和水平，从而寻找充分利用旅游资源的途径和方法。另外，在利用旅游资源时，还要考虑对旅游资源的保护。因为旅游资源是一种特殊的资源，不论是自然景观还是人文风情，对其进行保护就是保持旅游产品的质量。如果自然生态环境恶化，人文风情遭受破坏，将直接表现为旅游产品质量的下降和损坏，也就不能持续地为旅游目的地带来旅游收入和经济效益。

（四）旅游经济活动的宏观效益与微观效益的统一

任何一项旅游经济活动都必然涉及和影响到旅游业的宏观效益和微观效益。旅游经济活动的微观效益主要指旅游企业的经济效益，表现为旅游企业的经营收入与成本之间的比较，从而导致旅游企业必然把追求利润作为其行为目标。旅游经济活动的宏观效益是指整个旅游产业的整体效益，不仅要考虑本产业的经济效益，同时还要考虑对社会经济所做的贡献和对生态环境的保护和改善。如果旅游经济活动只考虑旅游企业的经济效益，而不顾旅游业整体的宏观效益，则旅游企业持续的经济效益也是无法保障的。因此，考虑旅游经济效益必须把旅游经济活动的微观效益同宏观效益统一起来，才能保证旅游经济效益的有效实现和提高。

第四节　旅游微观经济效益与评价

一、旅游微观经济效益的概念①

旅游微观经济效益亦称旅游企业经济效益，是指旅游企业在旅游经济活动中，为了向旅游者提供旅游产品和服务而花费的物化劳动和活劳动同取得的经营收益的比较，也就是旅游企业的经营收益同成本的比较。从这个概念可以看出，旅游微观经济效益涉及一些基础概念，如营业收入、成本、收益和利润等。

旅游企业的营业收入是指旅游企业在出售旅游产品或提供旅游服务中所实现的收

① 吕宛青. 旅游经济学［M］. 北京：科学出版社，2009.

入，包括基本业务收入和其他业务收入。

旅游企业的经营成本是指旅游企业在生产经营旅游产品或提供旅游服务时所耗费的物化劳动和活劳动的价值形态。按照旅游成本费用类别，可将旅游成本划分为营业成本、管理费用和财务费用三大类。按照旅游成本的性质，可将旅游成本分为固定成本和变动成本两部分。按照管理责任可将旅游成本分为可控成本与不可控成本。

旅游企业的经营利润是指旅游企业的全部收入减去全部成本并缴纳税收后的余额，包括营业利润、投资净收益和营业外收支净额。

旅游企业的经营收益是指旅游企业从事旅游经济活动所创造的利润和税收，它是通过出售旅游产品或提供旅游服务后所取得的营业收入，在补偿了旅游产品或服务成本以后的余额。旅游企业的经营收益是分析旅游企业经营状况和评价其经济效益的重要指标。

二、旅游微观经济效益的评价指标①

我国旅游企业经济效益的评价指标主要包括：销售利润率、总资产报酬率、资本收益率、资本保值增值率、资产负债率、流动比率、应收账款周转率、存货周转率、社会贡献率和社会积累率等。这些指标从投资者、债权人、社会贡献等方面考察了旅游企业的经济效益。

（一）偿债能力指标

（1）资产负债率。该指标反映了旅游企业的负债程度。

$$资产负债率=\frac{负债总额}{资产总额}\times 100\%$$

（2）流动比率。该指标反映了旅游企业偿付即期债务的能力。

$$流动比率=\frac{流动资产}{流动负债}\times 100\%$$

（二）营运能力指标

（1）应收账款率。该指标反映了旅游企业应收账款占企业总收入的比重。

$$应收账款率=\frac{平均应收账款额}{收入总额}\times 100\%$$

在确定该指标的具体数值时，应结合应收账款周转率和应收账款平均回收期两个指标加以分析。

$$应收账款周转率=\frac{收入总额}{平均应收账款额}\times 100\%$$

$$应收账款平均回收期=\frac{365}{应收账款周转率}$$

$$=365\times 应收账款率$$

应收账款周转率越高，应收账款平均回收期越短，企业的经营状况越好，坏账机

① 郭亚军．旅游经济学［M］．西安：西北大学出版社，2009.

会则越少。

（2）存货周转率。该指标反映了一定时期内存量资金的周转次数。

$$存货周转率=\frac{产品销售额}{平均存货额}\times 100\%$$

（三）盈利能力指标

（1）销售利润率。该指标反映了一定时期内产品销售收入与产品销售利润之间的比率关系。

$$销售利润率=\frac{利润额}{销售额}\times 100\%$$

（2）总资本报酬率。该指标反映了企业总资本获利的能力。

$$总资本报酬率=\frac{利润额}{全部资本额}\times 100\%$$

（3）资本收益率。该指标反映了企业所费资本获利的能力。

$$资本收益率=\frac{利润额}{所费资本额}\times 100\%$$

（4）资本保值增值率。该指标反映了企业资本保持和扩张的能力。

$$资本保值增值率=\frac{期末所有者权益总额}{期初所有者权益总额}\times 100\%$$

（四）社会贡献指标

（1）社会贡献率。该指标反映了旅游企业为社会创造价值的能力。

$$社会贡献率=\frac{社会贡献额}{资产总额}\times 100\%$$

社会贡献额包括企业工资总额、各种福利性支出、利息支出、各项税收和净利润等。

（2）社会积累率。该指标反映了旅游企业向国家上缴税收的能力。

$$社会积累率=\frac{各项税收额}{资产总额}\times 100\%$$

三、旅游微观经济效益评价的方法

（一）盈亏平衡分析法

盈亏平衡分析法又称量本利分析法，它阐明了企业成本、利润与业务量之间的互动关系，可以为企业经营决策提供极有价值的数量依据。

在进行量本利分析时，首先要明确盈亏平衡点的概念，然后要将成本划分为固定成本和变动成本。盈亏平衡点又叫保本点，指企业销售收入等于固定成本与变动成本之和时的销售额。固定成本是指成本总额不随业务量的增减而相应变动的成本。如建筑物、设施、设备等。变动成本是指成本总额随业务量的增减而按一定比例相应变动的成本，如原材料、燃料、配料等。

盈亏平衡分析法的公式和程序为：

$$Q_E=\frac{FC}{P-V_C}$$

其中：Q_E——保本点销售量；

　　FC——固定成本总额；

　　V_C——单位变动成本；

　　P——单位产品价格。

【例9.1】某饭店有客房100间，每天摊销的固定成本总额为5 000元，每间客房的变动成本为50元，每间客房的价格为150元，请计算该饭店达到保本点的日客房销售量、日客房销售额和客房出租率。

解：① 该饭店达到保本点的日客房销售量 Q_E 为：

$$饭店保本点的日客房销售量=\frac{FC}{P-V_C}=\frac{5\ 000}{150-50}=50（间）$$

② 该饭店达到保本点的日销售额为：

$$饭店保本点的日客房销售额=P\cdot Q_E=150\times 50=7\ 500（元）$$

③ 该饭店达到保本点的客房出租率为：

$$饭店保本点的客房出租率=\frac{50}{100}\times 100\%=50\%$$

以上公式表明，当该饭店的客房出租率为50%时，日客房销售额等于每天的固定成本总额与变动成本总额之和，该饭店达到了保本点。如果客房出租率高于50%，该饭店就能盈利，如果客房出租率低于50%，该饭店就会亏损。

（二）目标利润分析法

企业在进行投资或生产经营活动之前，必须掌握可能发生的劳动耗费和物质耗费，并确定相应的目标利润。

在成本和价格不变的情况下，销售量就成为影响企业利润的决定因素，旅游企业可以根据以下公式计算出达到目标利润时的最低销售量。

$$Q=\frac{FC+P_f}{P(1-T_s)-V_C}$$

其中：Q——销售量；

　　FC——固定成本总额；

　　P_f——目标利润；

　　P——单位价格；

　　T_s——营业税率；

　　V_C——单位变动成本。

【例9.2】某旅游饭店有客房150间，每间房价100元，每天摊销的固定成本总额为2 500元，每间客房每天的变动成本为15元，营业税率为5%，该饭店客房的年目标利润为200万元，一年按360天计算，若要达到此目标利润，请计算该旅游饭店每天的客房销售量、销售额和平均出租率。

解：① 该饭店每天的客房销售量为：

$$\text{饭店每天的客房销售量}=\frac{2\ 500+2\ 000\ 000/360}{100(1-5\%)-15}\approx 101\text{（间）}$$

② 该饭店每天的客房销售额为：

饭店每天的客房销售额 = 101 × 100 = 10 100（元）

③ 该饭店每天的客房平均出租率为：

$$\text{饭店每天的客房平均出租率}=\frac{101}{150}\times 100\%\approx 67.3\%$$

当销售量不变时，如果固定成本增加，利润额就会减少。如果价格不变，单位变动成本提高，也会使利润额减少。在成本不变的情况下，价格的变动会导致利润的变化，提高价格则利润额增多，反之则减少。

（三）最佳利润分析法①

旅游企业不仅要追求利润的最大化，更应当重视的是最佳利润。最佳利润的获得意味着旅游企业的结构优化、生产要素的合理配置等。当 MR ＝ MC 时，利润为最大，即当企业的边际成本等于边际收入时，企业利润即达到最大。旅游企业的边际成本收入是指增加单位旅游产品后所增加的总收入。旅游总成本是指增加单位旅游产品的销售量所增加的总成本。当旅游企业的边际收入大于旅游企业的边际成本时，由于增加单位旅游产品会使企业利润增加，旅游企业就会提供旅游产品。相反，当旅游企业的边际收入小于旅游成本时，增加单位销售量会使旅游企业收益减少，这时旅游企业就不会增加旅游产品的供给。只有当两者相等时，旅游企业才达到利润的最大极限。

（四）边际收益分析法

边际收益又称边际贡献（M），是指每增加一个单位销售所得到的销售收入扣除单位变动成本后的余额。边际贡献一方面表现在这一余额对弥补企业固定成本所做的单位贡献上，另一方面则表现在企业固定成本得到补偿后对利润获得的单位贡献上。

利用边际收益分析方法，可以对企业的保本销售量和保本销售额进行分析。已知企业盈亏平衡时，销售量 $Q=\frac{FC}{P-V_C}$，可以得到企业的保本销售额为$\frac{FC}{M_P}$，式中 M_P为边际贡献率。

对经营单一产品的旅游企业，只要知道企业产品的边际贡献率和固定成本，就可以计算出企业的保本销售额。有些旅游企业经营多种单项旅游产品，因为这些单项旅游产品的销售单位、价格不同。所以，在进行分析时，直接使用边际贡献方法计算保本销售额以代替各单项产品保本销售量的分别计算，就十分有效。

（五）成本结构法②

所谓成本结构是指成本中的固定成本与变动成本的构成比例。不同类型的旅游企业具有不同的成本结构。固定成本比例高的企业被称为“市场指向型企业”，固定成本

① 张建春. 旅游经济学［M］. 北京：高等教育出版社，2001.

② 李伟清. 旅游经济学［M］. 2 版. 上海：上海交通大学出版社，2005.

比例低的企业被称为“企业指向型企业”。

不同成本结构的旅游企业，受经营杠杆的影响程度不同。所谓经营杠杆率，是指产品销售量对企业利润的影响程度。固定成本比例高的企业，其产品销售量变化对利润的影响程度强；反之，固定成本比较低的企业，其产品销售量变化对利润的影响程度弱。用来衡量这一影响程度强弱的指标，叫经营杠杆率测定度。经营杠杆率测定度是指利润变动百分数与产品销售量变动百分数之比。用公式表示为：

$$\text{经营杠杆率} = \frac{\text{利润变动百分比}}{\text{销售量变动百分比}}$$

即

$$DOL = \frac{\Delta P_f / P_f}{\Delta Q / Q}$$

因为

$$P_f = PQ - PQT_S - (FC + V_C Q)$$
$$= Q[P(1 - T_S) - V_C] - FC$$

所以

$$\Delta P_f = \Delta Q[P(1 - T_S) - V_C]$$

$$DOL = \frac{\Delta P_f / P_f}{\Delta Q / Q} = \frac{\Delta Q[P(1 - T_S) - V_C]}{Q[P(1 - T_S) - V_C] - FC} \Big/ \frac{\Delta Q}{Q}$$
$$= \frac{\Delta Q[P(1 - T_S) - V_C]}{Q[P(1 - T_S) - V_C] - FC} \times \frac{Q}{\Delta Q}$$

则

$$DOL = \frac{Q[P(1 - T_S) - V_C]}{Q[P(1 - T_S) - V_C] - FC}$$

【例 9.3】有甲乙两家旅游饭店，客房销售价格均为 150 元，营业税率均为 5%。甲饭店的单位变动成本为 50 元，固定成本消耗为 15 000 元；乙饭店单位变动成本为 100 元，固定成本消耗为 4 000 元。试计算：①两家旅游饭店的保本销售量；②两家旅游饭店在销售 200 间客房时各自的经营杠杆率。

解：① 保本销售量为：

$$Q_E = \frac{FC}{P(1 - T_S) - V_C}$$

甲饭店：

$$Q_{E甲} = \frac{15\,000}{150(1 - 5\%) - 50} \approx 162 \text{（间）}$$

$$Q_{E乙} = \frac{4\,000}{150(1 - 5\%) - 100} \approx 94 \text{（间）}$$

②$$DOL = \frac{Q[P(1 - T_S) - V_C]}{Q[P(1 - T_S) - V_C] - FC}$$

$$DOL_{甲} = \frac{200 \times [150 \times (1 - 5\%) - 50]}{200 \times [150 \times (1 - 5\%) - 50] - 15\,000} \approx 5.3$$

$$DOL_{乙}=\frac{200\times[150\times(1-5\%)-100]}{200\times[150\times(1-5\%)-100]-4\ 000}\approx1.9$$

从上例我们可以得出以下结论：固定成本比例越高，保本点的位置越高；固定成本比例越低，保本点的位置越低。我们把经营杠杆率高的企业称为“市场指向型”企业，经营杠杆率低的企业称为“成本指向型”企业。这两类企业经营的策略应有所不同。前者由于固定成本比重大，要想降低成本，增加利润，必须从扩大销售量入手，将现有的设备充分利用起来，通过销售量的扩大使单位固定成本下降。而后者由于变动成本比例大且随着销售量的增加而增加，因此要降低成本，提高利润，就必须多从提高科学管理方法、节约耗费、减少支出入手，在此基础上扩大销售量才有效。

四、提高旅游微观经济效益的途径

旅游企业的经济效益主要受成本和收入两大因素影响。因此，要提高旅游企业的经济效益，就必须努力提高旅游企业的销售收入，尽量降低旅游企业的经营成本。

（一）提高旅游企业的销售收入

要提高旅游企业的销售收入，必须做好以下三个方面的工作：

（1）大力开发适销对路的旅游产品。旅游企业应根据旅游者的需求类型和需求层次，及时开发、生产相适应的旅游产品。同时，旅游企业应该加强市场营销，将旅游产品的有关信息及时传递到目标市场，使广大潜在的消费者转化为实际的消费者。

（2）不断提高旅游产品的质量。与一般商品不同，旅游产品具有生产和消费同一性的特点。旅游者在消费前无法对产品质量进行判断，在消费后对产品质量的评估已无法逆转，存在着比一般商品更大的“购买风险”。一旦出现产品质量问题，必然造成难以挽回的不良影响。因此，旅游企业要不断提高产品质量，树立良好的产品形象和企业形象，这也是扩大产品销量的关键措施之一。

（3）适应市场变化，提供多元化的项目和服务。随着旅游活动的发展，旅游者的消费需求日趋多样化，除观光、游览等传统活动外，融休闲、娱乐、探险、求知为一体的旅游活动越来越受到旅游者的青睐。对此，旅游企业应当积极开发、组织综合性的旅游活动，提供多种多样的旅游项目和旅游服务。

（二）降低企业的经营成本

旅游企业的类型不同，成本结构亦不相同。旅游饭店、旅游景点和娱乐场所具有高固定成本、低变动成本的特点，旅行社、餐厅和其他服务性企业的变动成本则占有较大的比重。要降低旅游企业的经营成本，必须建立、完善企业的经营管理制度和内部监控机制，对成本开支的范围和标准实行严格控制，将经营成本与部门或个人的物质利益挂钩，使各个工作环节都能做到互相监督和自我监督，尽量减少不必要的开支和浪费。对于固定成本较大的旅游企业来说，主要通过增加销售量，提高设备使用率，减少单位产品固定成本占用率等方法来降低经营成本。对于变动成本较多的旅游企业来说，主要通过提高工作效率，实行严格的成本控制，减少变动成本的耗费等方法来降低经营成本。

第五节　旅游宏观经济效益与评价

一、旅游宏观经济效益的概念①

旅游宏观经济效益是指在旅游经济活动中，以尽可能少的劳动和资源的耗费而为全社会带来更多的综合成果和收益。即通过对旅游宏观成本和宏观收益进行比较，而获得尽可能多的经济效益、社会效益和生态效益。

旅游宏观成本是指为开展旅游经济活动而形成的整个社会的耗费和支出，即旅游的社会总成本，一般分为无形成本和有形成本。有形成本是指为开展旅游经济活动而必须付出的直接成本，主要体现在经济上的支出。无形成本是指为发展旅游业而导致对社会、经济和生态环境等方面产生负面影响所花费的成本，即间接支付的成本。

旅游宏观收益是指通过发展旅游业而为全社会带来的成果和收益。它不仅包括旅游业自身所获得的经济收益，也包括对相关产业、部门的带动，对社会文化的促进以及对整个社会经济发展所产生的积极作用等。旅游宏观收益分为有形收益和无形收益两大部分。有形收益是指发展旅游业给旅游目的地国家或地区带来的直接经济收益。无形收益是指发展旅游业给旅游目的地国家或地区的社会经济带来的无法量化的收益。

二、旅游宏观经济效益分析②

反映旅游宏观经济效益的指标必须具备如下条件：①能反映社会再生产过程中对社会产生的主要效益；②能反映旅游业的发展是否以最少的物化劳动和活劳动消耗获得旅游产品的最大使用价值；③能反映在既定条件下如何更有效地利用社会资金和资源，取得旅游业和社会的最大经济效益。

根据这些条件，衡量旅游宏观经济效益的主要指标有：

（一）旅游投资效果

旅游投资效果指在一定时期内，旅游投资所带来的盈利额与投资总额之比，即反映单位投资所获得的盈利，又称投资利润率或投资回收率。其公式为：

投资效果 = 投资带来的盈利/投资总量

计算投资效果时，要考虑“时滞”问题，即投资时间与获得盈利有一个时间差，因此要考虑盈利与投资总量的可比性。

（二）投资回收期

投资回收期指旅游投资总额全部回收的年限，是投资利润率的倒数。此指标主要用来与同行业比较。其公式为：

---

① 吕宛青．旅游经济学［M］．北京：科学出版社，2009．

② 张建春．旅游经济学［M］．北京：高等教育出版社，2001．

投资回收期＝投资总额/投资年利润率

回收期的长短表明不同的经营效果和资金、资源的有效利用程度。

(三) 劳动生产率

劳动生产率指一定时期内，旅游总接待量与旅游业从业人员数量之比。反映单位旅游产品所耗费的活劳动投入。其公式为：

劳动生产率＝旅游总接待量/旅游从业人员数量

该指标的提高反映了社会活劳动的节约，是评价投资效果的主要指标。进行宏观效益分析时往往以此指标与工业生产率比较。

(四) 单位接待能力投资额

单位接待能力投资额指投资总额与旅游总接待能力之比。其公式为：

单位接待能力投资额＝投资总额/旅游总接待能力

(五) 就业机会

就业机会指旅游经济增长量与就业人数增加量之比。反映旅游业自身发展及其对社会经济发展的推动作用。其公式为：

就业机会＝一定时期旅游经济增加量/同期直接、间接旅游就业人数增加量

(六) 边际收益率

边际收益率指旅游投入增加量与旅游产出增加量之比。表示在旅游经济发展中，不断地增加投入和不断地由新增投入获得新增收益这两者的比值，政府、地区和部门常以此指标作为投资项目的决策依据。其公式为：

边际收益率＝产出增加量/投入增加量

(七) 外汇收入能力指标

外汇收入能力指标指一项旅游投资所获得的外汇净收入能力。测量的时间以该项投资工程实施期加上五年时间为限。其公式为：

外汇收入能力＝(某时期外汇收入－同期外汇成本)/规定期内该项投资成本(本国货币)

(八) 调整地区间经济不平衡能力指标

该指标是通过发展旅游经济提高当地居民、家庭的工资收入，促进地区经济部门发展，从而调整地区间经济发展的不平衡。

(九) 能源利用效益指标

能源利用效益指标指一定时期内旅游收入与标准能源消耗量之比。反映单位标准能源消耗所提供的旅游接待能力。其公式为：

能源利用效益＝旅游收入额/标准能源消耗量

此外，旅游活动对环境、生态方面的影响较大，可从空气、水、土壤的污染和生态平衡等多角度进行分析。

旅游活动对社会安定、传统文化、价值观念、道德标准、思想意识等方面所引起

的正负影响无法以数量比较，只有通过社会调查、客观分析等手段求得综合评价。

三、提高旅游宏观经济效益的途径①

（一）宏观决策科学化

旅游宏观决策主要包括旅游发展战略与区域规划、旅游资源开发决策、旅游投资决策、旅游经济技术决策、旅游教育与培训计划等。为保证宏观决策的科学性，必须制定一套严格的宏观决策程序，本着实事求是的原则，先由有关基层单位提出建议，再经专家班子和职能机构充分论证，最后由主管部门决策。

（二）管理体制行业化

旅游业是一个综合性的产业，旅游管理机构也应该是跨行业、跨地区的综合性部门。旅游行政管理部门的主要职责包括：制定旅游业发展战略与发展规划，制定有关的政策、法规，开展整体宣传与统一促销，引导市场并对旅游企业实行行业管理，协调各地区、各部门之间的关系，为旅游业的发展创造一个良好的社会环境。

（三）企业组织集团化

旅游活动是一种国际化、社会化、一体化的经济活动。为顺应旅游经济活动的发展趋势，有必要组建若干个大型旅游企业集团，从根本上提高我国旅游业的综合实力。集团化经营可以扩大企业规模，增加旅游企业在市场营销、资源开发、景区管理、旅行社与饭店服务等方面的能力，集团化经营还可以使分散在各个地区、各个行业的旅游企业联合起来，既优化了旅游产业结构，又更好地满足了旅游者的多种需要，旅游经济效益必定会大大提高。

（四）经营管理手段现代化

旅游经济活动是一种高层次的消费活动，旅游业则是一个需要广泛使用现代化手段的朝阳产业。使用现代科技手段和高新技术设备，有利于旅游企业加强市场预测，确定或调整产品类型，有利于旅游企业提高产品质量和服务水平，有利于旅游企业提高劳动生产率和监控能力，最终提高旅游经济效益。

（五）员工素质高层次化

旅游产品是以无形的服务为主体的，员工素质是影响旅游产品质量的关键因素，也是影响旅游经济效益的重要因素。提高员工素质的关键是人才的开发和培养，应当通过岗前教育、岗位培训、业余和脱产学习等多种方式和途径，提高旅游业员工的文化程度、技术能力和道德水平，进而达到提高旅游经济效益的目的。

---

① 郭亚军．旅游经济学［M］．西安：西北大学出版社，2009.

【复习思考题】

1. 什么是旅游经济核算？旅游经济核算有哪些指标体系？
2. 试述旅游卫星账户与国民经济核算的关系。
3. 什么是旅游经济效益？
4. 举例说明盈亏平衡点的分析方法。
5. 如何提高旅游企业的经济效益？
6. 如何提高旅游宏观经济效益？
7. 衡量旅游宏观经济效益和微观经济效益的指标主要有哪些？
8. 结合实际阐述提高旅游宏观经济效益的重要意义。

【阅读材料12】

改革开放30年景区经济效益观的探索与发展①

景区是旅游业的基本元素和重要业态，在旅游业中有着重要的地位。景区所产生的吸引力是刺激游客产生旅游动机的基本动力，景区的开发与经营状况在很大程度上决定了旅游经济发展的广度和深度。改革开放实现了我国旅游业向支柱产业的成功转变和旅游经济的飞速发展，而其中折射出的正是景区经济效益观的探索与发展。

一、景区经济效益观的探索

改革开放初期，受国内外政治、经济环境影响以及旅游综合接待能力制约，我国大部分地区的旅游业仍以外事接待为主。随着改革开放的不断深入，国家制定了一系列鼓励旅游业发展的政策，如1986年国务院决定将旅游业纳入国民经济与社会发展计划，确立了旅游业在国民经济发展中的地位；1992年国家明确提出旅游业是第三产业中的重点行业；1998年全国经济工作会议又将旅游业作为国民经济发展的新增长点。旅游业在国民经济中的地位不断提升，景区也开始走出不重视经济效益的外事接待，开始了经济效益观的探索。纵观改革开放30多年，我国景区的经济效益观可以归纳为门票经济效益观和服务经济效益观。

（一）门票经济效益观

改革开放初期，在旅游业发展相对落后的地区，由于旅游综合接待能力较低，旅游产业链条尚未完全形成，“白天看庙，晚上睡觉”的旅游模式较为普遍，景区要实现经济效益只有靠门票收入。因此，在较长的时期内，基于“门票经济就是旅游景区发展的生存线”的门票经济观在景区的经济效益观中占据着重要的地位，直到今日仍有着生命力，曾愈演愈烈的景区门票“涨价风波”便是一个证明。门票经济效益观在旅游业发展初期、景区开发初期以及调节游客流量、保护资源中有着积极的作用。

① 阅读材料来源：《中国旅游报》，2008－12－08.

（二）服务经济效益观

随着改革开放不断深入和旅游业的不断发展，景区在重视门票收入的同时，开始考虑通过向游客提供娱乐、餐饮、演艺、购物等服务来增加效益。专家通过研究指出，我国游客旅游消费中的景区门票、住宿、路费开支占总支出的比例高达70%，用在娱乐、餐饮、购物等服务方面的支出仅为30%。这与国际上旅游发达地区的游客旅游消费支出结构刚好相反，形成了非良性的旅游经济模式，导致了我国景区的畸形发展，制约着我国旅游业的健康发展。基于诸多原因，以增加服务和完善服务创造效益为核心的景区“服务经济效益观”应运而生。

在服务经济效益观的指导下，景区发展走上了多元化发展的道路，其中最具代表性的是景区旅游商品的开发，如丽江仅旅游商品一项，每年的收益就占到旅游总收益的30%～40%。

二、景区经济效益观的发展——目的地经济效益观

（一）目的地经济效益观提出的背景

原有的景区经济效益观在新形势下遭遇了诸多挑战。首先，门票经济效益观带来的门票“涨价风”。一方面门票涨价越来越多地受到“景区公众利益”和“景区社会公共服务特性”的质疑；另一方面由于门票涨价带来的“差价空间”又成了票贩子倒票的舞台，造成了景区门票收入的流失，同时门票也不再作为调节游客流量、保护资源的唯一手段。此外，2007年国家发改委出台的《关于进一步做好当前游览参观点门票价格管理工作的通知》对景区门票价格上调的幅度和间隔时间作出了明确规定，这无疑也是对默守门票经济观的一次警告。

其次，服务经济效益观最具代表性的景区旅游商品，也因为过多过滥和服务质量差等问题让游客难以接受。因此，在改革开放不断深入、旅游产业链条不断完善和“大旅游”的背景下，景区不得不考虑构建适应新形势的经济效益观。

（二）目的地经济效益观的内涵

在“大旅游”和旅游综合效益日益凸显的背景下，景区的发展离不开旅游业的整体发展。要实现景区的持续发展，必须“跳出景区发展景区”。景区门票和服务产生的效益，只是一种辅助效益，而游客数量的增长和过夜游客的增加在景区所在目的地产生的综合经济效益才是最终的效益，这便是“目的地经济效益观”的基本观点。

目前，目的地经济效益观的代表景区是杭州西湖。西湖环湖南线景区在完成整合工程后于2002年实行免费开放，免费开放不但没有造成损失，还获得了更大的盈利。据统计，南线免费开放前每年的门票收入为600万元，取消门票之后，人气剧增，仅沿线商铺每年的拍卖总收入就达到了700万元。同时2004年杭州的旅游业因西湖免票增收80亿元。可见景区目的地经济效益观具有较强生命力和发展潜力。

值得注意的是，由于我国旅游的不平衡发展和各地旅游起步时间和发展程度不同，景区的门票经济效益观和服务经济效益观在一定的条件下仍有着积极意义。随着改革开放的深入和我国旅游业的发展，目的地经济效益观将是景区经济效益观的一个可行的发展方向。

【案例分析 14】

重庆旅游业发展效益分析

随着我国旅游业的不断发展，重庆旅游业也得到了快速有序的发展。“八五”期间，重庆旅游入境接待人数年均增长 14.33%，旅游创汇年均增长 22.86%，发展相当迅速。1997 年，重庆成为直辖市，重庆及其所辖的三峡库区成为世人关注的焦点，三峡旅游骤然升温，重庆旅游业面临前所未有的发展机遇。重庆旅游业界人士紧紧抓住历史机遇，积极开拓进取，将旅游产品的开发生产与宣传促销相结合，使重庆旅游业呈现出强劲的发展势头。

重庆直辖后，旅游接待人数和旅游外汇收入都有大幅度提高，1997 年旅游外汇收入达到 10 548 万美元，旅游接待人数达到 259 414 人次，主要原因是直辖提高了重庆的国内地位和国际知名度。然而，2003 年，由于受“非典”影响，重庆旅游业遭受重创，无论是接待人数还是旅游外汇收入都大幅度回落。随后，重庆旅游业又恢复高速增长，2004 年旅游接待人数 434 423 人次，实现旅游外汇收入 20 308 万美元。其中旅游接待人数同比增长 1.85%，旅游外汇收入同比增长 1.79 万美元。2006 年旅游接待人数 600 000 余人次，实现旅游外汇收入 30 000 余万美元。

重庆旅游业在高速发展的同时，已经形成较大规模，具备一定的产业基础，对国际国内旅游者有着较强的吸引力。重庆以“美女、美食、火锅、温泉”闻名于世界，并以山城都市、长江三峡、大足石刻三大世界级旅游精品带动旅游业的强劲发展。

案例思考题：

1. 重庆旅游业发展的优势和劣势有哪些？
2. 试谈谈你对重庆旅游业发展的展望。

第十章 旅游经济发展战略与发展趋势

【本章学习目标】

通过本章的学习，对旅游经济政策的基本内容有一定程度的了解，掌握旅游经济发展战略的含义、特点及原则，了解目前有代表性的旅游经济发展模式，能够认识中国旅游经济发展模式形成的深层次原因及旅游经济活动的发展趋势。

第一节 旅游经济政策概述

一、旅游经济政策

经济政策的实施起源于近代资本主义，其中心在于政府对经济发展采用什么样的政策和手段。旅游经济政策是由政府制定并用于指导旅游经济活动，调整各种经济利益关系，促进旅游经济发展的各种准则和措施，是在充分认识客观经济规律基础上，对旅游经济进行宏观调控的主要方法和手段之一。① 应用经济政策对旅游经济进行宏观调控，是为了更有效地发挥经济规律和市场机制的作用，弥补旅游市场失灵的缺陷，促进旅游经济结构的合理化，增强旅游企业的市场竞争力，推动旅游经济持续快速地发展。

根据对现实旅游经济运行的分析，对旅游经济宏观调控的经济政策主要有收入政策、产业政策、财政政策、货币政策、汇率政策等。其中，旅游收入政策是政府根据旅游经济运行和发展的目标，对旅游收入初次分配和再分配进行识别的政策，如提高职工工资水平、合理征收税收、规定旅游企业利润提留比例等，以刺激旅游消费需求和调动旅游企业和职工的积极性，促进旅游总供求平衡和旅游经济发展，不断改善和提高人们的生活质量和水平。旅游汇率政策，是政府应用汇率变动和外汇管理等政策来促进旅游经济的发展，如通过汇率变化调节旅游者的出入境人数，加大旅游业招商引资的力度；通过外汇管理促进旅行社积极招徕入境旅游者，适当发展国内公民出境旅游等。无论收入政策还是汇率政策，都是依据国家整体的宏观经济形势，属于国家经济宏观调控的范畴，因此，在旅游产业政策之外，其他的旅游经济政策独立程度不强，政策地位不高。在现代市场经济条件下，无论发达国家还是发展中国家，对于一

① 罗明义．旅游经济学原理［M］．上海：复旦大学出版社，2004．

个特定经济活动及其市场供需的经济调控政策，最重要、使用最普遍的就是产业政策。因此，旅游产业政策在现代旅游经济政策体系中处于核心和主导地位，其他经济政策在很大程度上依附于旅游产业政策，是旅游产业政策与国家经济调控的宏微观政策工具在旅游经济体系特定领域的有机结合。

二、旅游产业政策

旅游产业政策是政府根据旅游经济发展趋势和目标，制定有关旅游经济结构、产业组织、技术进步、行业标准的具体政策，通过市场机制的传导作用调节旅游供求结构平衡，实现旅游总供求平衡发展，进而促进旅游产业结构的合理化。旅游产业政策是国家总体产业政策中的一个部分，是结合旅游经济运行特点、体现旅游产业自身规律的产业政策。

（一）旅游产业政策制定的必要性

（1）制定旅游产业政策是为了解决市场失灵及其弊端日趋严重的问题。市场作为社会资源的基础性配置手段，在现实经济生活中并非万能的或不需要作用条件的。市场机制在特殊的环境中经常会产生一系列失误，造成资源配置不能达到帕累托最优，而弥补市场失灵的方法或措施通常是由政府采取某些针对性的对策，形成双方的优势互补。

（2）一些国家的成功实践，证明了旅游产业政策的有效性。第二次世界大战以后，日本经济的高速增长引起了世界各国的瞩目。各国政府和理论界普遍认为这些成就的取得与日本通产省实施正确的产业政策密不可分。日本的崛起给经济上陷入困境的各国以极大的启迪和深刻的教育。在这种情况下，产业政策开始成为世界范围内人们普遍关注的“热点”问题之一。

（3）世界性产业结构大调整的影响。在第三次科技革命推动下，20 世纪 70 年代以来，世界各国又面临着一次重大的国际产业结构大调整。而国际产业结构的转换意味着经济力量对比关系的此消彼长。为了适应现代经济增长的要求，必须采取新的能有效促进产业结构优化的经济政策。

（4）我国经济体制改革的需要。我国在从计划经济向市场经济转轨的过程中，普遍存在企业管理权过于集中、企业自主权过小、经济发展动力不足等问题，进行经济体制改革势在必行。在改革中，政府开始探索间接控制手段、经济管理手段、发展与改革相结合的手段等，而产业政策是其中重要的政策选择手段。

（二）旅游产业政策的功能

1. 改善资源在不同部门的分配，促进社会资源的有效配置

有效的产业政策可以调整需求与供给的总量和结构，从而使供需在数量结构上实现平衡，以此保证社会经济资源的有效配置。通过制定旅游产业政策，能够促进重点旅游行业、重点旅游产品、重点旅游地区的迅速发展，能够为旅游企业提供良好的发展环境，有利于旅游业的健康、稳定和协调发展。

2．促进旅游市场结构和市场机制的完善

在现代市场经济条件下，产业政策一般不对市场主体的资源配置行为产生直接影响，而是通过市场机制，通过价格的引导作用实现对市场主体经济行为的影响和调节。由于在旅游市场中存在公共产品、外部性、垄断等市场失灵现象，纯粹依靠市场这只“看不见的手”很难避免过度竞争、资源浪费、环境污染等问题。旅游产业政策主要通过产业组织政策，鼓励积极竞争，限制垄断，完善市场秩序，从而建立合理有效的旅游市场结构。因此，旅游产业政策可以缓解削价竞争与恶性竞争的矛盾，建立合理有效的竞争秩序，促进旅游业市场机制和市场结构的完善。

3．增强旅游产业的国际竞争力

一国产业的国际竞争力主要建立在本国资源和生产要素的国际比较优势、核心企业集团的生产效率、强大的技术创新能力、国际市场开拓能力以及融资投资能力的基础之上。正确有效的旅游产业政策可以提高本国旅游产业的竞争力，增强旅游产品对国外市场的吸引力，能够提高旅游企业和旅游产品的国际竞争力，从而扩大旅游市场份额或占领新的市场。

（三）旅游产业政策的内容

作为一个体系，产业政策涉及产业的各个方面，完整的产业政策体系主要由五大政策组成，包括产业结构政策、产业组织政策、产业技术政策、产业地区政策、实施保障政策。我国的旅游产业政策主要由以下五方面构成：

1．旅游产业结构政策

产业结构政策是一国或地区根据一定时期产业结构变化趋势而制定，为实现产业结构优化升级，解决产业资源配置问题而采取的政策措施，其重点在于战略产业选择和产业结构目标的确定。旅游产业结构政策是指那些通过有意识地影响或改变现有产业结构布局，旨在提高经济资源的配置效率的经济政策。旅游产业结构政策的制定目的主要在于，通过各产业之间的协调，促进旅游产业结构的升级。

2．旅游产业组织政策

产业组织政策是政府在一定时期内为调节产业组织而制定的各种政策的总和。它是政府经济政策中的一个分支，它的目标从总体上服从于一般经济政策目标。旅游产业组织政策主要包括竞争秩序政策、促进有效竞争政策和中小企业政策等。

3．旅游产业地区政策

旅游产业地区政策的主要内容是旅游产业布局，即根据一国或地区社会经济技术条件的差异性，合理配置和开发旅游资源，形成旅游产业的区位优势，而非追求简单的齐头并进和均衡发展。因为一国的产业政策既包括整个国家的产业政策，也包括各个地区的产业政策，以及各部门和各行业的产业政策，在产业政策的形成和实施全过程中要注意产业政策布局上的层次性。

4．旅游产业技术政策

产业技术政策是根据产业发展目标，指导相应产业在一定时期的技术发展的政策。通过对产业发展目标、产业技术结构的明确，从而限制、淘汰落后技术，鼓励创新技术的使用。现代旅游产业与其他部门的经济技术联系日益密切，很多高新科技（如互联网、虚拟现实等）在旅游行业中逐渐得到运用。

5. 实施保障政策

为了使产业政策能够发挥作用，计划、财政、税务、物价、物资、外贸等部门需要共同协调、制定相应的保障政策，主要包括财政政策、科技政策、税收政策、金融政策、外资政策、外贸政策以及价格政策等。旅游业能否健康发展依赖于旅游产业政策实施中是否有相应的体制和保障政策体系与之相配套。此外，实施保障政策是综合性的政策体系，不仅要求产业政策内部的一致性，还要求与其他方面的产业政策相互协调。

（四）旅游产业政策制定的原则

1. 旅游产业政策应符合旅游产业发展的客观规律

由于不同产业有着不同的发展规律，所以，在制定旅游产业政策时，要符合旅游产业发展的实际需要，遵循旅游产业发展的客观规律，这是国内外旅游业发展实践反复证明了的。我们遵循旅游经济发展的规律，就是要吸取和借鉴国内外旅游业发展的经验，包括国际通行的做法和惯例（如简化入境签证、海外旅游购物退税等），并且不断学习各国发展旅游业的经验和地方促进旅游业发展的有效措施。

2. 旅游产业政策应具备适当的前瞻性

产业政策的实施具有较长的周期，这就要求在制定政策时应具有适当的超前性和预见性，否则，政策对未来产业发展的引导作用就会大大削弱。我们应当立足当前的旅游发展现状，更要考虑旅游业的发展趋势和潮流。努力使所制定的旅游产业政策，不仅对于旅游业当前的发展具有指导意义，而且对于未来应有一定的趋势性把握。

3. 旅游产业政策应符合我国旅游产业发展现状

与西方发达国家相比，我国是一个发展中国家，处于社会主义初级阶段，与旅游产业发展相关的资源条件、基础设施、配套设施、法律法规等还有诸多不足。因此，必须处理好政府主导作用与市场对资源配置的基础性作用的关系问题。

4. 旅游产业政策应当以市场为导向

由于我国旅游产业的发展水平较低，且旅游产业异于其他类型的行业，发展要受社会、经济、政治、文化甚至国际环境等因素的影响，发展的基础并不牢固，所以在发展初期应该得到政策支持。由于我国已经初步建成中国特色社会主义市场经济体系，政府的各项政策必须以市场为基础，主要通过市场机制发挥政策效应，依靠市场机制的调节作用使企业能够在市场中作出合理的反应。例如，产业结构的合理化和高级化，并不是通过行政命令在短期内就可以达到的目标，而是产业经济发展的一个长期过程和目标。在产业组织协调方面，旅游产业规模经济效益以及企业的规模结构问题，也是和市场的发育程度紧密相连，不可不切实际地一刀切，片面追求所谓大型企业集团。我国经济体制改革的目标是建立和完善社会主义市场经济体制。旅游产业政策合理化目标的选择必须顾及产业市场竞争和垄断程度，既追求适度的规模以获取规模效益，又要避免垄断势力增长，保持充分竞争，从而实现资源的优化配置。

5．我国旅游产业政策目标必须与国家经济发展战略总体目标保持高度的一致性

我国现阶段经济发展战略实质上是一种以经济高速增长为主要标志的刚性经济振兴战略。该战略能否最终实现的关键在于能否大幅度提高我国产业及产品的国际竞争力和产业总体经济效益，以使有限的资源投入获得最优的经济效益和更快的经济增长速度。对于旅游产业而言，应较快地提高产业的市场集中度，实现产业总体经济效率的提高和产出的迅速增长。市场集中度的提高一般通过资本积聚或资本集中方式以促成企业生产规模的扩大来实现。所以，应尽快建立适应我国旅游企业特点的筹资机制，增强企业核心竞争力，才能够参与国际市场竞争。①

第二节 旅游经济发展战略

一、旅游经济发展战略的含义

旅游经济发展战略是一个国家或地区对其旅游业所作的全局性和长远性的谋划和指导原则。科学的发展战略能促使旅游业快速、持续、协调、健康地发展。

旅游经济发展战略的主要内容包括三方面：①旅游业发展的战略目标。旅游业发展战略目标是旅游经济发展战略的首要问题，主要包括旅游业发展所要达到的数量指标、增长速度、产业结构的变化、技术进步以及提高旅游经济效益和社会综合效益的要求等。②旅游业发展的战略重点、战略步骤等。③为实现上述要求所采取的对策、途径和手段，如为旅游产品的发展、旅游资源的开发、旅游设施的建设、旅游市场的开拓、旅游产业结构的调整、旅游人才的培养以及发展资金的筹措等采取的主要措施。

旅游经济发展战略可分为三个层次：全国旅游经济发展战略、地方旅游经济发展战略和旅游企业经济发展战略。三个层次的旅游经济发展战略既相互区别又相互联系，下一层次发展战略的制定要以上一层次的发展战略为指导，并成为上一层次发展战略的组成部分。所以，在这三个层次的发展战略体系中，全国旅游经济发展战略是最重要的、最关键的。

二、制定旅游经济发展战略的依据

由于各个国家所处国情不同，所处政治经济和社会发展水平阶段不同，旅游资源丰富程度和发展潜力不同，旅游经济发展所处阶段不同，因而各国在各个时期的旅游经济发展战略也各不相同。一般来说，制定旅游经济发展战略的依据主要有以下几个方面。

（一）社会经济发展水平

一个国家的社会经济发展水平是影响和决定一个国家或地区旅游经济发展战略的基础条件。一方面，社会经济发展水平的高低会对旅游产业的发展提出不同的要求。

① 孙厚琴．旅游经济学［M］．上海：立信会计出版社，2003．

经济发展水平越高，居民的收入水平越高，旅游需求越强烈，就必须要求旅游业快速发展；经济发展水平低，国内或地区内居民旅游需求虽然薄弱，但为了促进经济的发展，吸收外汇积累资金，也要求加速发展入境旅游。另一方面，经济发展水平又会对旅游产业的发展形成制约，主要表现在其他相关产业能对旅游业提供多大的支持。如经济发展水平高，这种支持就比较有保证，如经济发展水平低，这种支持就会很有限，从而制约旅游产业的发展。因此，应当依据社会经济不同时期对于旅游业的不同要求，科学合理地制定旅游经济发展战略目标。

（二）旅游资源的丰富程度与开发潜力

一个国家或地区旅游产业发展的前提是旅游资源状况，旅游资源的丰富与否对制定旅游经济发展战略有直接影响。如果旅游资源丰富，品种又齐全，就可以提供多种类型的旅游产品，满足各种不同的旅游需求，并且由于开发潜力大，其旅游产业的发展后劲也较大。因此，在制定旅游经济发展战略时，其战略考虑就可以放宽、放远。反之，若旅游资源不够丰富且比较单一，如某些岛国的主要旅游形式就是海滨度假，其旅游产业的发展便会受到一定的限制，旅游经济发展战略也可能有别于其他国家或地区。

（三）旅游产业发展所处的不同阶段

不同的发展阶段意味着旅游产业发展的基础不同，进一步发展的要求也不同，这对旅游经济发展战略的制定也有影响。一般说来，旅游产业若处于初期发展阶段，其发展速度较快，需要的基础设施投资也大，旅游产业的发展主要表现为数量型增长。旅游产业若处于中期发展阶段，其发展速度相对减缓，所需投资仍然较大，但与初期阶段相比将有所减少，而且其发展开始注重质量和效益，表现为从数量增长向质量提高转换，从速度型向效益型转换。进入成熟阶段的旅游产业，各种基础设施已完成配套，各种接待设施也已完善，服务质量和管理水平也较高，产业体系健全，经济运行通畅，旅游产业的发展主要表现为低速度、高质量和高效益，即以内涵扩大再生产为主的效益型发展。

由于旅游产业所处的发展阶段不同，其发展的任务和提出的要求也不同，发展战略也会有所不同。在初期发展阶段，主要任务和要求是创收，即增加外汇收入为经济建设积累资金；在成长阶段，要求同时兼顾速度和效益；而在成熟阶段，由于基数大，速度会减慢，主要是为了获取更高的发展效益。

此外，影响旅游经济发展战略的因素还包括政治制度、经济发展模式、产业政策、旅游市场需求与格局、周边环境和国际环境等。在旅游经济发展战略的制定过程中，应对这些因素进行深入分析和通盘考虑①。

① 田孝蓉．旅游经济学［M］．郑州：郑州大学出版社，2006．

三、旅游经济发展战略的原则

（一）适时适地发展原则

一般来说，旅游业是朝阳产业，发展潜力非常巨大，但并非所有国家和地区都适合发展旅游业。在国民经济中，旅游业并不是推动经济发展的唯一产业，不能不顾实际情况盲目发展。旅游经济发展战略必须考虑旅游产业的发展环境和发展条件，充分考虑旅游产业发展的阶段性，而不是盲目照搬国外的经验和做法。

（二）旅游经济与国民经济相适应原则

旅游经济是国民经济的重要组成部分，它的发展离不开国民经济的发展。国民经济的发展为旅游经济的发展提供了必要的基础和条件，包括市场要素、技术基础等。同时，旅游经济的发展也为国民经济其他产业提供所需的资金积累、市场环境等。二者相互联系，缺一不可。在不同的社会经济发展时期，旅游经济可能在一定程度上超前发展，但这也是和特定的经济、政治、国际环境分不开的。

（三）旅游经济发展与国际市场接轨原则

旅游经济具备较强的国际性，随着目前全球化经济的扩张，旅游者在世界范围内的旅游经济活动越来越频繁，因此世界各国旅游市场的接待方式、质量标准、价格、经营方式等均有着密切的联系。在制定旅游经济发展战略时，必须具备全球化的视野，将国际经济因素融入到旅游经济发展政策中来，从而确保旅游经济发展与国际经济保持同步。

（四）全面可持续发展原则

旅游经济具有多重发展目标，其中经济效益是比较核心的目标，但同时也应当全面把握旅游经济的多重目标。在可预见的市场发展趋势下，旅游经济的民生功能、就业功能、文化娱乐功能等将会越来越重要。因此，社会经济的全面协调发展要求旅游经济发展必须做到兼顾多元目标，实现全面的、可持续的发展。

四、我国的旅游经济发展战略

根据我国国情，我国旅游经济发展采取的战略主要有适度超前战略、可持续发展战略、政府主导型战略。

（一）适度超前战略

1．适度超前战略的含义

旅游业的适度超前战略是指在相当长的一段时间内，旅游业总体水平上的适度超前。它的基本含义包括两个方面：①发展要超前。发展速度既要超过我国国内生产总值的增长速度，又要超过国际旅游业的平均增长速度，从而体现一个新兴产业的内在生命力，达到一个外向型产业的国际化要求。②发展要适度。这是由我国的基本国情和旅游业的综合性与依托性较强的特点决定的，说明旅游业发展要受各方面主客观条件的制约，必须从实际情况出发。

超前与适度是相辅相成的关系，二者都是国民经济发展对旅游业的基本要求，是从我国基本国情出发制定的旅游业发展战略方针。一方面，超前是战略配置的要求，适度是策略配置的要求，它们共同构成了我国当代旅游产业发展的完整政策体系；另一方面，在今后的长远发展过程中，要注重把握超前与适度的动态协调问题，既坚持超前，又注意适度，这也是旅游业自身发展的客观要求。

2. 选择适度超前战略的原因

（1）国民经济发展的需要。从我国实际情况看，我国的经济发展水平相对较低，技术水平、要素资源等也与发达国家存在较大差距，需要引进资金、技术和先进的管理经验。长期以来，我国在国际贸易中竞争力有限，出口商品多为初级产品，经济附加值低。通过适度超前发展入境旅游，可以就地出口旅游服务产品，将我国丰富的旅游资源转化为产品。入境旅游换汇成本低，资金周转快，是我国早期获取外汇的重要途径。就目前而言，虽然旅游服务贸易出口创汇的重要性有所下降，但是对促进我国服务贸易的出口、调节进出口结构仍然具有重要作用。

（2）旅游产业自身发展的需要。我国旅游业发展起步较晚，起点较低，发展到现在，在旅游设施、服务质量、人员素质、经营管理水平等方面还是有不小的差距。在竞争激烈的国际旅游市场中，我国旅游业必须通过国家层面的适度超前发展，尽快提高自身的竞争力，以便在国际旅游市场占据自己应有的位置。

（3）我国具备适度超前战略的要素条件。我国的自然和人文旅游资源非常丰富，数量多、规模大、分布广，其中有不少是世界级的精品，因此对于境外旅游者有较强的吸引力。随着改革开放的深入，我国不断加大旅游基础设施的建设，在旅游产业的很多方面，硬件设施都达到了一定的水准，同时不断扩大的旅游教育也为旅游产业提供了源源不断的人力资源。这些良好的软硬件条件，为我国采取适度超前战略奠定了良好基础。

（4）我国旅游业市场基础雄厚。我国的港澳台同胞以及遍布全球数量巨大的华侨华人回国进行探亲访友、休闲度假、观光旅游的需求非常旺盛，这就形成了一股巨大的相对稳定的客流。同时，我国丰富的旅游资源和悠久的历史文化对于外国旅游者也具有很强的吸引力。随着人民生活水平的提高，我国居民的旅游需求也出现强劲的增长势头。据统计，2010 年我国人均 GDP 折合为 3 800 多美元，国外的经验表明，当人均 GDP 超过 3 000 美元时，一国的大众旅游需求就会出现爆炸性增长。目前中国已经成为世界最大的国内旅游市场，在国际旅游市场的地位也越来越重要，这些都为适度超前战略提供了坚实的市场基础。

3. 我国旅游业适度超前战略的主要内容

（1）发展速度超前。旅游业发展速度既要快于国民经济发展速度和工农业的发展速度，又要超过世界旅游业的平均发展速度。在发展速度上要略快于国民经济及工农业的发展，但必须与和旅游业密切相关的产业，如民航、铁路等产业的发展相协调，不能盲目超前。

（2）发展水平超前。旅游业的管理水平、技术水平和服务质量要达到国际水平。

（3）人才培养超前。旅游业是国际性的行业，也是一个特殊的产业，要达到国际服务水准，首先必须建立一支政治、业务素质相当高的队伍。因此，对从业人员必须在政治素质、管理水平和操作技能方面提出更高的要求。队伍建设、人员培训教育方面均应超前。

（二）政府主导型战略

1. 政府主导型战略的含义

政府主导型战略就是按照旅游业自身的特点，在以市场为主配置资源的基础上充分发挥政府的主导作用，争取旅游业的更大发展。

2. 政府主导型战略的主要措施

政府主导型战略的主要内容包括观念主导、政策主导、管理主导和资金主导等几个方面。实施政府主导型旅游战略的主要措施有：

（1）建立和完善旅游法制体系。我国在旅游业发展的实践中，旅游法规的建设还很不完善，无法可依和无执法手段的情况还普遍存在。但随着旅游业的快速发展，一些地方性的旅游法规建设取得了新的进展。例如：北京、湖北、安徽、内蒙古等省（区、市）出台了《旅游业管理条例》，山西、内蒙古作出了《关于加快旅游业发展的决定》，海南省发布的《旅游分级管理办法》等，依法治旅、依法行政在各地区正在得到普遍重视和加强。

（2）提高旅游管理部门的地位，加强旅游业的行业管理。政府主导型战略的主体是政府，基础是市场。因此，在制定和实施这一战略的过程中涉及中央政府、地方政府、国家旅游局、地方旅游局以及市场和企业的多重交叉组合的相互关系。按照发展的实际情况和要求，各个层次和各个方面应有所侧重和分工，从而构成完整的促进旅游业发展的体系。各级旅游局的行业管理主要包括旅游产品的开发、旅游市场管理和旅游产品促销等。

（3）政府加大资金投入。政府的主导需要相应的资金基础。从1992年起，财政部建立了旅游发展基金，其来源是在出境机场费中加收旅游发展基金，对旅游业发展起到了积极的作用。考虑到旅游大发展的需要，多渠道、多形式开辟政府资金来源是必要的。

（4）加大促销投入。与旅游发达国家和地区相比，我国的旅游促销经费比较缺乏，这大大限制了我国对国际旅游市场进行大面积、深层次开发，难以产生影响客源流向的招徕效果。从国际上看，为了处在有利的市场竞争地位，各个国家每年都投入相当数量的旅游经费，用于开展旅游对外促销活动。世界旅游的一般规律是，吸引一个国际旅游者平均需要3～5美元的促销费，而我国尚不足0.5美元，这种状况显然无法适应国际旅游市场竞争的需要。因此，在政府主导型战略的实施中，加大促销投入是一项重要的工作。

（三）可持续发展战略

1. 可持续发展战略的含义

可持续发展是指“既满足当代人的需求，又不对后代人满足其自身需求的能力构成危害的发展”，这是1987年世界环境局发展委员会向联合国大会提交的研究报告——《我们共同的未来》中提出的定义。这个定义有两个特点：一是要满足当代人的需求，即无论富国、穷国，富人、穷人，都有生存权和发展权；二是要考虑后人的满足，即达到代际之间的公平点，要考虑环境和资源的承受限度，以避免影响和破坏后代人需求能力的发挥。

2. 可持续发展战略的指导下旅游业发展应具备的特征

（1）政府主导下的循序渐进发展。要实现旅游业的可持续发展，政府应发挥主导作用，制定与各时期的经济、社会、文化和环境发展相协调的旅游发展规划。同时，制定切实可行的法规和制度，对旅游投资者、经营者、旅游从业人员、当地居民和游客的行为进行规范，调节国家、地方、社区、当地居民和旅游投资者、经营者的利益，以确保旅游业健康、协调、有序的发展。应当完善保障旅游业可持续发展的政策、法规体系，建立高效运作的综合决策和协调管理机制，建立支持旅游业可持续发展的组织保障体系。充分发挥市场机制作用，运用行政、经济、法律手段，以政府为主导，协调各个方面的利益，形成共同参与、相互合作的组织体系和良好的伙伴关系。

（2）资源得以永续利用的发展。旅游业发展需要利用的资源分为两大类：一类是能形成旅游吸引物的资源，即旅游资源；另一类是旅游发展所需要的经济资源和人力资源，如资金、原材料、能源、技术、人才等。前一类资源又分为可再生资源和不可再生资源两种。对于可再生资源，应充分利用其为旅游服务，对于不可再生资源，应坚持“保护第一”的原则，实行保护性开发和有限利用。对不可再生资源的利用应是集约型的，使同量的资源能产生最大效益，并根据旅游业中饭店、旅行社和旅游商品生产的资金密集、人力密集和劳动密集的不同情况，合理配置和利用资源，以保证旅游发展所需要的资源的高效利用和永续利用。同时，应加强宣传与教育，提高旅游者、旅游经营管理者的可持续发展意识，逐步形成文明旅游、科学旅游、健康旅游的社会氛围。

（3）经济效益、社会效益和环境效益相统一的发展。经济效益、社会效益和环境效益三者的统一是旅游业可持续发展战略的核心。旅游业的发展不仅要努力实现其经济效益，为同家和地方经济的发展扩大内需，增加税收，赚取外汇，而且要扩大其社会效益和环境效益，为社会创造更多的就业机会，改善居民的生活质量，更好地满足人们的物质和文化生活需要。同时，还要精心保护和管理自然生态环境，从而实现经济发展目标、社会发展目标和环境发展目标的结合。为此，应积极开发和推广符合可持续发展的绿色旅游产品和各种新型的旅游产品，开展旅游资源普查和评价，对高品质的、稀缺的、脆弱的旅游资源实行严格的保护性开发。要实行绿色营销，从保护生态环境、反对污染、充分利用旅游资源的角度出发，开发旅游资源。要科学、有序地引导生态旅游，加强自然保护区和生态环境敏感区的科学管理，将生态多样性保护作为旅游开发利用的重要前提。

我国一直非常重视旅游的可持续发展问题，在环境与发展会议上，中国政府作出了履行《21世纪议程》的庄严承诺，并于1994年通过了世界第一部国家级可持续发展战略——《中国21世纪议程》。国家旅游局积极响应，率先在旅游业发展中提出了旅游业可持续发展战略。为了推动旅游业的可持续发展，中国政府提出了旅游资源“开发与保护并举”及“保护旅游资源，实现永续利用”的方针，加强了对各地旅游区和周围环境的保护和管理。①

第三节　旅游经济发展模式

一、旅游经济发展模式的概念与特点

（一）旅游经济发展模式的概念

旅游经济发展模式是指一个国家或地区在某一特定时期内旅游产业发展的总体方式。在世界各国的旅游业发展中，由于社会制度、政治体制、经济发达程度、地理位置、文化背景及旅游资源条件等方面的差异，形成了多样化的发展模式。

（二）旅游经济发展模式的特点

1. 概括性

旅游经济发展模式是对一个国家或地区旅游产业发展原则和方式的高度理论概括和抽象，它反映了一国旅游产业在一定时期发展的主导思想，体现了旅游产业在特定时期的发展战略要求和发展方向。对于旅游经济发展模式的深入分析和探讨，有助于制定切实可行的旅游经济发展战略，有助于把握旅游经济活动的内在规律。

2. 阶段性

一国或地区在一定时期有其特定的旅游经济发展模式，时期的长短根据不同国家或地区的具体情况而不同，因此没有一个普适于所有国家或适用一个国家任何时期的旅游经济发展模式。旅游经济发展模式的阶段性要求一国或地区要根据具体的社会经济发展需要和旅游产业发展的实际情况，适时制定和调整旅游经济发展方向。

3. 相对稳定性

旅游经济发展模式建立之后，在一定时期内，一国或地区的旅游产业发展方向及其方式应当保持稳定，以充分发挥旅游经济发展模式的功能，取得较大的社会经济效益。这种稳定并不是绝对的，而是相对的，因为旅游产业发展具有前述的阶段性，它的内外部条件和环境因素都在不断发生变动，当原有模式再也不能适应新情况的时候，就应当制定新的旅游经济发展模式。

4. 特指性

旅游经济发展模式是由一国或地区社会经济发展情况、政治经济制度和经济发展模式以及自然历史文化等环境因素来共同确定的。因此，不同的国家，经济发展水平不同，社会经济制度存在差异，历史文化背景不同，自然资源条件相差悬殊，那么其旅游经济发展模式自然也不尽相同。即使在相同类型的国家，例如同为发达国家的美

① 田孝蓉．旅游经济学［M］．郑州：郑州大学出版社，2006.

国和日本，由于上述差异，其旅游经济发展模式也呈现明显差异。

二、旅游经济发展模式的分类

（一）从旅游产业的形成、发展及其与国民经济的关系出发，可分为超前发展模式和滞后发展模式

1. 超前发展模式

超前发展模式是指旅游产业的形成和发展超越了国民经济总体发展的一定阶段，通过发展旅游产业来带动和促进国民经济及其相关行业的发展。这种发展模式一般发生在经济不够发达的发展中国家。在政府的支持下首先发展入境旅游，以获取经济发展所需要的外汇和推动相关产业的发展。一般来说，超前型发展模式需要具备相应的条件，包括吸引力较强的旅游资源，境外的大量旅游需求以及政府对于发展旅游产业的坚定意愿和强有力的政策推动。

2. 滞后发展模式

滞后发展模式是指国民经济发展到一定阶段后，旅游产业便自然而然地形成和发展起来的一种发展模式。这种模式是建立在国民经济发展的基础上的，即随着人们收入水平的提高，一方面居民中产生了旅游需求，另一方面社会也具备了发展旅游经济的条件。这种模式主要产生于经济发达国家。

（二）按旅游产业发展的调节机制分类，旅游产业的发展模式可分为市场主导型旅游经济发展模式和政府主导型旅游经济发展模式

1. 市场主导型旅游经济发展模式

市场主导型旅游经济发展模式是指旅游产业的发展主要依靠市场调节机制来推动的一种发展模式，即主要依靠价格、供求和竞争等机制的调节。在市场机制下，实现旅游产业资源的有效配置，推动旅游产业内部的自动调节和均衡。这种发展模式具有以下特点：首先，旅游产业的发展侧重于产业内部的自我调节和均衡；其次，政府的外部政策间接作用于旅游产业，需要通过市场要素来进行调整；最后，国家旅游产业政策主要侧重于市场需求方面。

2. 政府主导型旅游经济发展模式

政府主导型旅游经济发展模式是指通过各个时期的旅游产业发展规划或旅游产业政策来实现其发展的一种模式。选择这种模式一般基于以下两种情况：一是该国具有干预和控制经济的历史传统；二是该国急需在短期内快速推进旅游经济发展。这种发展模式具有以下特点：首先，旅游产业的发展主要由政府来推动，政府不仅通过制定政策法规对旅游业的发展进行规范，还对旅游产业的发展规模、速度、方向等加以控制；其次，市场对旅游产业的调节作用处于次要地位；最后，国家产业政策对旅游产业发展的影响主要在于旅游供给方面。

（三）按旅游类别发展的顺序分类，可分为延伸型旅游产业发展模式和推进型旅游产业发展模式

1. 延伸型旅游产业发展模式

这种模式是指旅游产业的发展先以发展国内旅游为前导，在国内形成旅游产业的基础上，发展入境旅游和出境旅游，最终实现国内旅游、出境旅游和入境旅游全方位发展的模式。

2. 推进型旅游产业发展模式

这种模式是指先以发展入境旅游为主，在入境旅游形成旅游产业的基础上，随着社会经济的发展，国内旅游也逐步发展起来，最终实现入境旅游、国内旅游和适度出境旅游全面发展的模式。

上述旅游经济发展模式是从世界范围旅游产业发展的全局归纳出的几种理论模式，但即使是同一种模式，在不同的国家或地区由于社会经济等因素的不同，其现实发展模式也必然存在差别。

三、旅游经济发展模式的选择

不同的国家或地区，由于国情或地区情况的不同，其旅游经济发展模式可能完全不同。决定和影响旅游经济发展模式的主要原因是：

（一）旅游经济发展目的

一般而言，发展旅游经济的目的主要包括赚取外汇，改善国际收支平衡；创造就业机会，稳定社会秩序；带动相关产业，促进地区经济发展；促进文化技术交流，增进国家之间的友好往来以及改善和提高人们的生活质量等。但对于不同的国家或地区来讲，其旅游经济发展的目的也是有差别的。例如，许多国家把赚取外汇收入作为其旅游经济发展的主要目的，而有的国家则把发展旅游经济当做增加就业机会的重要途径。大多数国家发展旅游经济是为了促进国内经济的发展，但也有不少国家发展旅游经济主要是为了扩大国际影响，增进对外交流与合作；有的国家把旅游活动视为一种豪华消费支出而加以限制，而有的国家则把旅游活动看作是一种社会福利而积极鼓励。因此，分析和比较不同国家的旅游经济发展模式，首先必须对其旅游经济发展的目的进行分析和比较。

（二）旅游经济发展条件

现代旅游经济作为一种跨国性的国际经济活动，其产生和发展必须具备一定的前提条件。通常，发展旅游经济除了社会经济必须相对发达外，还必须具有丰富的旅游吸引物、便捷的交通条件、完善的旅游设施、良好的旅游服务等。但是，由于世界各国所处地理区位、旅游资源、经济发展水平、对外开放程度以及政治和文化等方面的差别，导致旅游经济发展的目的、重点、方式及做法也不同，从而形成不同的旅游经济发展模式和发展水平。例如，发达国家和发展中国家由于经济发展水平上的差别，其旅游经济发展的目标、重点和方式就明显不同；同样，由于不同国家国土面积大小

不同，尤其是大国和小国在地理条件、旅游资源及经济发展水平上不同，使其旅游经济发展所采取的战略和措施也有较大的差异。

（三）旅游经济运行方式

和其他行业一样，旅游业的运行方式同各个国家的政治经济体制和管理体制是分不开的。从总体上看，世界各国旅游经济的运行方式多种多样，主要有两种：一是完全以市场为导向的运行方式，主要是以旅游企业为主导，以旅游市场为基础的旅游经济运行方式。这种运行方式在经济与旅游发达的市场经济国家中比较普遍，其旅游经济的主体绝大部分是旅游企业。二是计划和市场相结合的运行方式，即以政府为主导，以旅游市场为基础的旅游经济运行方式。在大多数发展中国家及一些后起的旅游发达国家，为了集中财力、物力发挥政府主导的优势，往往专门成立国有旅游发展公司来促进旅游经济的发展。

（四）旅游经济管理体制

为了促进旅游经济发展，几乎每个国家都成立了专门的旅游组织机构，负责制定和执行国家的旅游政策和发展战略。这些旅游组织机构可能是国家旅游行政管理机构，也可能是非官方旅游组织（如旅游行业协会、理事会等），还可能是其他的旅游组织机构。根据管理旅游经济的地位、权力、职能的不同，目前世界各国旅游管理体制可分为官方、半官方和非官方为主等类型。

四、世界主要旅游经济发展模式

（一）发达国家旅游经济发展模式

1. 美国模式

美国模式是以美国为代表的经济发达、旅游业也发达的旅游发展模式。属于美国模式的国家包括美国、英国、加拿大、法国、德国、比利时、荷兰、挪威等国。这些国家一般人均国民生产总值在5 000美元以上，服务业在国民经济中的比重一般占50%以上，旅游收入相当于商品出口总收入的10%左右。

美国模式的主要特点如下：

（1）旅游业发达程度与国民经济发达程度基本同步。大多数发达国家的旅游业都经历了由国内旅游到近程邻国旅游，再到远程国际旅游的常规发展过程。他们的国内旅游与国际旅游都发展到成熟阶段，国内旅游是整个旅游业的基础。这些国家既是主要的客源国，又是主要的接待国。

（2）旅游管理体制以半官方旅游机构为主。这些旅游机构的管理职责主要是从事海外促销、国际交往和政策协调，旅游行政管理比较松散，不直接从事或干预旅游企业的经营。

（3）发展旅游业以稳定经济、提高国家声誉为主要目标。这些国家更重视旅游业在政治文化方面的意义。更注重国家旅游业发展的总体规划，提倡消除旅行障碍等措施。

（4）旅游业经营以大企业为主导，小企业为基础，行业组织发挥着重要作用。旅游企业几乎全部是私营的，在发展旅游业过程中，完全依据市场需求的变化来调节供需。

2. 西班牙模式

西班牙模式是以西班牙为代表的经济中等发达而旅游业特别发达的旅游发展模式。属于这一模式的国家有葡萄牙、希腊、意大利、埃及、墨西哥、新加坡等国家。这些国家的地理位置较优越，与主要旅游客源国相毗邻，旅游资源丰富而独特，人均国民生产总值一般在 1 000 美元以上，服务业在国民经济中的比重在 50% 以上。

西班牙模式的主要特点如下：

（1）把旅游业作为国民经济的支柱产业。这些国家政府非常重视旅游业，国内和国际旅游总收入一般相当于国民生产总值的 5% ~10% 。

（2）旅游业发展速度快。在这些国家中，大多数国家的旅游业都是 20 世纪 60 年代起步，70 年代以来持续高速发展，无论在国际旅游者接待人次上还是国际旅游收入上，其发展速度都高于世界旅游平均增长速度。

（3）以邻国大众市场为目标。由于这些国家旅游资源丰富独特，而且又多靠近主要客源国，交通条件便利，因此，这些国家的旅游业多以邻国的大众旅游市场为目标，并在出入境、外汇管理与税收方面限制较少。

（4）旅游管理机制逐步完善。在产业政策中发展旅游业成为国家的主导政策之一，旅游经营意识已成为普遍的国民意识。

（二）发展中国家旅游经济发展模式

1. 印度模式

印度模式是以印度为代表的发展中国家（包括一些经济欠发达国家）的旅游发展模式。这些发展中国家的经济相对落后，人均国民生产总值在 500 美元以下，有些经济欠发达国家则不足 350 美元，农业仍是国民经济的主体，工业与服务业均处于较低水平。这些国家包括巴基斯坦、斯里兰卡、尼泊尔、孟加拉国、肯尼亚、不丹等。

印度模式的主要特点如下：

（1）旅游资源独特但潜力难以发挥。这些国家有独特的旅游资源，但由于受国家经济落后、资金短缺、设施设备不足和人才缺乏等因素制约，旅游资源的潜力难以充分发挥。这些国家一般采取国际旅游超前发展的政策，即经历了先国际旅游，后国内旅游、出境旅游的非常规发展过程。发展旅游业的主要目的是利用本国旅游资源吸引外国游客，赚取外汇，弥补贸易逆差，带动本国经济的发展。

（2）旅游管理体制不完善。这些国家虽设立了不同的旅游管理机构，但由于对旅游业的认识不一致，旅游业的发展往往得不到各有关部门的重视与支持。

（3）旅游业获得协调发展。随着本国经济的发展，在大力吸引入境游客的同时，还注意发展和促进国内旅游及本国公民的出境旅游，而国内旅游的发展又进一步促进了国际旅游，使整个旅游业获得协调发展。在现代旅游需求不断变化的情况下，一旦入境游客来源受到影响，为了不使旅游经济效益受到严重损失，积极发展国内旅游对旅游业的持续、正常发展是必要的。

(4) 国家基本采用的是国有企业与私营企业并举的发展机制。这些国家为了发展旅游业，由国家成立了专门的旅游开发公司，从事旅游资源开发和旅游设施的投资、建设与运营。由于旅游业规模小、范围窄，这些国有公司在一定程度上具有垄断地位。但随着旅游业的逐步发展，这些国家政府开始相应放宽限制，取消了垄断，使国营和私营旅游企业处于平等的地位。

2. 巴哈马或斐济模式

这类国家一般面积小、人口少、经济资源有限，而旅游资源得天独厚，如具有独特的岛国风情、海洋风光、野生动植物和宗教活动等优势。有些国家在历史上曾是西方某个国家的殖民地，或处于国际交通的要道，或靠近主要客源国。属于这一模式的国家有加勒比海诸国、南太平洋若干岛国、斐济、塞舌尔、马耳他、巴哈马、马尔代夫、塞浦路斯、贝宁、利比亚等。

巴哈马或斐济模式的主要特点如下：

(1) 国际旅游业是国民经济的支柱产业。这些国家的国际旅游业是外汇收入的主要来源和最主要的就业部门，通过发展旅游业带动了各个相关行业的发展。在这些国家，旅游收入一般占国家外汇收入的50%以上，如东非岛国塞舌尔的旅游外汇收入占国家外汇收入的比例高达70%。

(2) 旅游行政管理机构地位高，权限较大。由于旅游业在国民经济中的重要地位，这些国家的旅游行政管理机构在政府中的地位一般较高，多由政府首脑或要员直接管辖。旅游管理机构的工作重点是颁布旅游法令、制定发展规划和对外促销等。虽然有一些旅游组织经营主要旅游设施，但外国公司在旅游经营中发挥着重要的作用。

(3) 漏损严重。由于这些国家地域小，人才缺乏，其旅游设施建设以利用大批外资、引进外国管理为主，旅游业主要靠外国企业来经营。不但在政治上受到控制，而且在经济上外汇收入严重漏损，使外国投资者获益巨大。

3. 中国旅游经济发展模式

一个国家的旅游发展模式，只有从本国国情出发，同时参考外国的旅游发展模式，比较它们的优缺点，才能作出正确的选择。我国处于社会主义初级阶段，发展旅游业必须从实际出发．不能超越这个阶段。因此，我国旅游产业发展既不同于西方发达国家先国内后区域再国际旅游的自然递进过程，又不同于20世纪60年代后期一些发展中国家先发展国际旅游、再发展国内旅游的模式。我国旅游业经历了从单一入境旅游市场到入境旅游、国内旅游两个市场再到入境旅游、国内旅游、出境旅游三个市场的发展过程。

我国在改革开放初期，旅游业的基本模式主要是单一发展入境旅游市场，不提倡、不鼓励发展国内旅游。中国旅游业在20世纪80年代后期到90年代初期的基本模式是以入境旅游为先导，以国内旅游为基础，走入境、国内旅游协调发展、共同促进的道路。20世纪90年代以来，随着我国人民生活水平的不断提高，出境旅游逐步产生，现已形成入境旅游、国内旅游和出境旅游三大市场。20世纪90年代末，我国提出了“大力发展入境旅游，积极发展国内旅游，适度发展出境旅游”的总方针。“十五”计划中又进一步明确指出：加强开发入境旅游市场，积极培育国内旅游市场，规范出境旅游市场。

我国旅游经济发展模式的主要特点如下：

（1）从旅游发展的空间结构看，我国的旅游经济发展模式是以中心城市和东南沿海旅游业发展为先导，逐步向中心城市外以及西部地区推进。因为在我国，中心城市和沿海地区经济相对比较发达，新中国建立后新建了一批旅游服务设施，如宾馆饭店、交通设施等。同时，中心城市和沿海地区本身具有交通、信息的便利性，可进入性较强，其旅游产业发展基础较好。

（2）从旅游产品结构看，我国的旅游经济发展模式呈现出由观光旅游为主向混合型旅游产品结构转变的特点。一方面，我国的观光旅游资源非常丰富，具备很强的自然垄断性质，对于境外的游客有较强的吸引力，因此在改革开放初期，首先发展观光旅游就成为必然。另一方面，随着旅游者需求的不断变化，必须有创新的、多样化的产品出现，因此混合型旅游产品应运而生。

（3）从旅游的组织形式看，我国的旅游经济发展模式呈现出由团队旅游向团队与散客旅游结合的趋势特征。在我国旅游产业发展初期，由于旅游接待系统不完善，旅游经营管理经验和技术缺乏，而同时期国外游客缺乏对我国自助产品的了解，因此我国的旅游产品大多表现为团队形式。但是随着旅游者旅游经验的丰富和旅游企业散客产品操作经验的丰富，散客旅游产品也越来越多。

（4）从旅游设施的建设档次看，我国的旅游经济发展模式呈现由高等级向中低等级转变，并形成以中档为主体的高中低结合的特征。在我国旅游业发展初期，旅游业主要面向境外游客，因此等级较高，而随着国内旅游的兴起，中低档服务设施也逐步到位。

（5）从政府管理的角度看，我国的旅游经济发展模式呈现出由微观管理为主向宏观调控为主的转变。在计划经济时代，政府管理旅游主要依靠直接的行政管理和微观管理。而在市场经济为主导的今天，政府对于旅游企业的直接管理开始逐渐放松，转而以宏观调控、产业政策引导为主。①

第四节　全球化视域下旅游经济活动的发展趋势

一、旅游活动的全球化

旅游活动全球化的过程是世界各国社会经济发展高级阶段中所出现的一种文化消费现象，它的发展既是一个自然的发展过程，同时也是工业化发展的过程，更是人们的生活方式转变的过程。只要旅游资源所表现出的旅游吸引力能满足不同旅游者的需要，交通条件符合旅游者的时间和支出的经济利益，只要各国在跨国旅游方面没有特

① 田孝蓉．旅游经济学［M］．郑州：郑州大学出版社，2006．

殊的限制，世界每一个国家都会成为各国旅游者的旅游目的地。那么，一国旅游市场也必然与世界旅游市场相融合，旅游全球化现象就必然会发生。

旅游经济活动的全球化加速了旅游市场一体化的进程，任何一个国家都可能因为独特的旅游资源和产品而成为其他国家旅游者选择的旅游目的地。同样，该国公民也可能选择其他国家作为外出旅游的目的地，从而形成全球化的旅游市场。

二、旅游服务贸易的国际化

全球化旅游市场下，旅游者的旅游需求可以通过国际旅游服务贸易的方式来实现。即在旅游客源国和旅游目的地国之间，通过各自旅游企业的服务交易实现旅游者的国际旅游需求。同时，也可以通过旅游企业的跨国经营来满足旅游活动全球化的需要。从国际贸易的角度看，国际旅游是国际贸易的重要组成部分，出境旅游是旅游客源国的服务进口，入境旅游是目的地国的服务出口。由于国际旅游活动的开展，出入境旅游贸易会引起相应国家外汇的流动，导致财富在国际间重新分配。

1. 全球旅游服务贸易的发展①

第二次世界大战后，国际旅游贸易迅速发展，1980 年全球旅游服务贸易总收入只有 1 010. 16 亿美元，1990 年增加为 2 660. 50 亿美元，到 2000 年增加到 4 758. 2 亿美元，2003 年为 5 140 亿美元，年均增长速度达 6. 58%。根据世界旅游组织的预测，2000 年到 2020 年国际旅游活动年均增长率为 4. 4%，到 2020 年，全球国际旅游消费收入将达到 2 万亿美元，国际旅游年均增长 6. 7%，高于世界财富年均 3% 的增长率。届时，国际旅游人口将占世界总人口的 3. 5%，旅游服务贸易将在全球经济中发挥重要作用。

2. 亚太地区国际旅游的发展

亚太地区在整个国际旅游发展格局中，发展速度非常突出。从 1996 年到 2005 年，一直保持着年均 3. 6% 的增长率，其中中国的增长更加引人注目。

3. 我国国际旅游贸易的发展

我国国际旅游贸易发展迅速，在我国服务贸易出口中所占比重最大。2005 年我国服务贸易出口的部门构成中，旅游服务部门所占比重为 39. 64%，是比重最大的部门。从 1995 年到 2005 年，我国旅游服务贸易量占我国服务贸易量的比重从 28. 84% 增加到 32. 27%，占世界旅游服务贸易量的比重从 1. 57% 增加到 4. 72%。

在入境旅游方面，2000 年我国入境旅游人次为 8 344 万人次，入境旅游收入为 162. 31 亿美元，到 2007 年分别增长为 1 亿 3 187 万人次和 419. 19 亿美元。在出境旅游方面，增长幅度同样惊人，2000 年我国出境旅游人次和出境旅游收入分别为 1 047 万人次和 131 亿美元，到 2006 年分别增长为 3 452 万人次和 243 亿美元。

三、旅游企业的国际化

旅游活动国际化并不一定意味着旅游企业跨国经营的出现。当旅游活动进入国际

① 林南枝，陶汉军. 旅游经济学 [M]. 天津：南开大学出版社，2009.

化时代时，旅游者国际旅游行为的实现可以通过本国旅游企业的跨国旅游经营行为来完成，也可以通过旅游者所在国的旅游企业与旅游目的地国企业之间的市场交易行为来完成。这时，旅游活动虽然国际化了，但旅游企业并没有形成跨国经营。作为旅游目的地国的旅游企业，接待国际旅游者如同接待国内旅游者一样，在经营上和制度上没有发生重大变化，唯一不同的是国际旅游接待可以形成国际结算以及外汇收入。因此，旅游活动的国际化仅仅是旅游企业跨国经营的一个必要条件，并不是一个充分条件。

旅游企业的国际化是以旅游活动的国际化为前提的，没有旅游活动的国际化，旅游企业就不可能形成国际化经营。从理论上讲，作为一个特定的国家，旅游企业国际化应该包括两层意思：①国内市场的国际化，即使国内旅游市场成为世界旅游投资市场的重要组成部分，表现为本国旅游企业的国际化；②本国旅游企业对国际旅游市场的资本参与和扩张，表现为国际化的本国旅游企业。第一层意思是指作为一个国际旅游目的地，允许外国旅游企业通过合资、独资等直接投资的形式进入本国旅游市场，在本国旅游产业中建立旅游企业。这些旅游企业主要向投资国的旅游者提供到东道国旅游的各项服务，当然也向东道国的国内旅游者提供各项服务，因此一般被称作“内引型旅游企业国际化”。第二层意思是指作为一个旅游客源地，本国企业向本国旅游业进行直接投资，建立功能不同的旅游企业，为本国居民提供跨国界的旅游服务，也称之为“外推型旅游企业国际化”。从旅游企业国际化的结果来看，应该是双向的而不是单向的，旅游企业国际化的高级阶段是一种双向组合。然而，由于不同国家经济水平、工业化程度以及社会文化等方面的差异对旅游发展阶段的制约，旅游企业国际化的程度会呈现出不同的特点。

“内引型旅游企业国际化”是建立在旅游客源国的基础之上的。当国内旅游发展已经成熟，旅游者的旅游地域不断延伸，跨国旅游形成一定的规模，使旅游流向流量相对集中在某一个或某几个特定的旅游目的地国时，这种形式就会出现。从旅游目的地来说，“内引型旅游企业国际化”所带来的客源能为旅游目的地国带来一定的经济收益，形成一定的旅游服务贸易的外汇收入。从旅游客源国与旅游目的地国的旅游经济联系上看，由于各国经济发展的不平衡性，“内引型旅游企业国际化”条件下所建立的旅游经济联系是一种以旅游客源地为主体或者说为主宰的旅游经济联系。这种非均衡旅游经济关系是旅游客源地国凭借其客源自然垄断、充足的资本、先进的技术和管理模式等比较优势而建立的。因此，“内引型旅游企业国际化”对于旅游目的地国来说，还不是真正意义上的国际化，仅仅是国内市场国际化现象。从旅游企业跨国经营的现象分析，“内引型旅游企业国际化”也仅仅是客源国的跨国经营现象，并不是目的地国企业跨国经营现象。

“外推型旅游企业国际化”是建立在旅游活动国际化基础之上的，特别是本国居民旅游活动的国际化以及这种国际化旅游的规模之上的。与“内引型旅游企业国际化”不同，“外推型旅游企业国际化”具有双向性，一个国家不仅是旅游目的地国，同时也是旅游客源地国，既有外国旅游企业资本的进入，又有本国旅游企业资本的输出，以资本与市场建立起国与国之间的旅游市场联系。这种形式的旅游企业国际化不再是以一个特定的国家为主宰的市场结构，它更多地表现为一种平等的旅游关系，双方的旅游企业可以通过这样的旅游关系在更大的旅游市场合作，其直接结果是扩大了旅游市场容量，促进了旅游活动国际化程度的进一步提高。因此，这种形式的旅游企业国际化便成为一种高级化形式。[①]

【复习思考题】

1. 什么是旅游经济发展战略？
2. 制定旅游经济发展战略的原则是什么？
3. 适度超前战略的主要内容是什么？
4. 旅游经济发展模式的含义及其分类是什么？
5. 政府主导型战略实施的主要措施是什么？
6. 试述旅游业可持续发展战略的内容。

【阅读材料 13】

重庆市培育和发展旅游业的 14 条政策措施[②]

1997 年 3 月 14 日，全国人大八届五次会议通过了设立重庆直辖市的议案，赋予了重庆市进一步发挥中心城市的区位优势、龙头作用、窗口作用和辐射作用，带动西南地区和长江上游地区经济、社会发展的历史使命。作为我国最年轻的直辖市，重庆市委市政府十分重视旅游业的发展。1998 年，市委市政府在《关于培育和发展旅游业若干问题的决定》中提出了培育和发展旅游业的 14 条政策措施：

（1）成立市旅游产业发展领导小组，建立市旅游工作例会制度，由分管书记和市长挂帅，市级相关部门主要负责同志参加，统一领导、协调和解决旅游业发展中的重大问题；

（2）全市旅游业实行挂牌定点管理和质量保证金、质量理赔制度；

（3）对市级以上重点景区景点的建设实行统一规划，在上述景区景点建设开发旅游项目，在选址定点、立项审批时应先征求市旅游局的意见；

（4）各级党委和政府要将旅游业列入国民经济和社会发展计划，加大对旅游业的投入；

（5）对市旅游局及区（县）旅游局直属旅游企业上交的所得税实行先征后退，返还同级旅游行政主管部门；

（6）拓宽筹集旅游建设资金渠道；

（7）金融部门在信贷投放方面要对旅游业实行倾斜，增加信贷额度；

① 田里. 旅游经济学［M］. 北京：高等教育出版社，2006.
② 重庆市政府：《关于培育和发展旅游业若干问题的决定》，1998 年.

(8) 经批准兴建的旅游景区景点建设项目，除办公、生活用房外，其他项目投资调节税按零税率计算；

(9) 旅游扶贫项目可申请支援经济不发达地区发展资金、新增财政扶贫资金和以工代赈等国家扶贫资金；

(10) 新设旅游企业安置移民占企业人数50%的，可申请使用移民资金；

(11) 从事旅游项目投资和经营的企业，享受我市鼓励外商投资若干优惠政策；

(12) 国有旅游企业部分转让、拍卖的存量资产收益企业继续使用；

(13) 积极推行现代企业制度；

(14) 大力促进旅游业精神文明建设。

【案例分析15】

基于酒文化的四川省旅游经济发展战略①

一、四川省酒文化旅游资源的优势

四川省白酒业历史悠久，名酒众多。以泸州老窖、成都全兴水井坊、宜宾五粮液、绵竹剑南春、古蔺郎酒、射洪沱牌曲酒“六朵金花”为代表的四川名酒几乎占了全国名酒40%的份额，其品牌享誉中外。2006—2008年，国务院先后将川酒中的泸州老窖、五粮液、剑南春、郎酒、水井坊、沱牌等白酒传统酿造技艺列为国家级非物质文化遗产代表。2006年12月，国务院将川酒中的泸州老窖、全兴及剑南春的酿造关键设备——“泥窖”列入中国申报世界文化遗产的预备名单。四川酒类文化资源具有分布广泛、类型多样、酒文化特点鲜明的特征，是现代旅游业中不可多得的重要资源，具备发展酒文化旅游的巨大潜力和独特价值。

二、以酒文化为核心的四川特色旅游经济的发展战略

1. 转变思想观念，统一规划四川酒文化旅游资源的开发

四川酒文化旅游资源分布的广泛性和类型的多样性，使四川省在开发酒文化旅游市场时必须从战略角度对各类资源进行跨地域、跨部门的整合和规划，通过进一步解放思想、达成共识，加快四川酒文化旅游产业的发展。首先，应建立科学的决策机制。针对四川酒文化旅游的发展战略以及重点酒文化旅游区、旅游线路的发展规划，建立科学的论证、备案和审批制度，以保护各类酒文化资源，提高其资源开发效率。其次，通过制定和落实“四川省酒文化旅游业发展规划”和“推进工程”，统一各地酒文化资源的开发思路和开发路径。可分别以五粮液、剑南春、全兴等名酒所在地为中心，即以宜宾、绵竹、成都为中心，构建一条以酒文化旅游为核心的旅游干线，分别为：乐山—犍为—宜宾—泸州—合江旅游线，广元—江油—绵竹—灌县—邛崃旅游线，绵阳—德阳—广汉—成都—彭山—眉山旅游线。最后，进一步完善四川酒文化旅游管理体制和协调机制，在旅游管理实践中可由旅游管理部门组织相关部门和相关地区成立

① 康珺．基于酒文化的四川省旅游经济发展战略［J］．安徽农业科学，2010 (3)．

四川酒文化旅游开发管理委员会或管理局，充分调动各地积极性，优化资源配置。

2. 运用“点、线、面”一体化的旅游开发思路，避免粗放式经营

四川酒文化旅游资源具有很强的历史传承性，若采取传统的零散无序的粗放式经营开发模式，便会降低酒文化资源的历史价值。在四川酒文化开发过程中，应运用“点、线、面”一体化的旅游开发思路，统筹旅游资源富集区的旅游产品开发。即以深度开发的酒文化旅游景点和旅游项目为“点”，以有机整合、科学管理的区域酒文化旅游线路为“线”，以四川酒文化旅游整体品牌资源形象为“面”，采取单线成景、群体成名、整体成势的四川酒文化旅游资源整体开发模式，形成自然风光、酒文化博览馆、民族文化示范村落、酒文化娱乐园、三古游览（古城、古道和古酒）等为一体的线路组合，提高空间整合度。同时，精心安排旅游时段，将观光、观赏、参与、娱乐、休闲等旅游形式合理组合起来，强化旅游清新感，增强游客体验度。

3. 充分利用民族风情资源，培育高文化含量的旅游业态

四川酒文化风俗形式独特、丰富多彩，具有很强的娱乐性和参与性。因此，可打造一批以酒文化为主题的大型节庆和特色民族节庆活动，除中国四川酒业博览会外，还应引入四川名酒交易会、酒道馆、酿酒工艺展示馆、酒艺表演、酒歌舞表演会、大型民族歌舞专场、民间少数民族酒艺表演、酒文化博物馆、酒文化鉴赏会所、酒文化农家行、酒文化产品超市等新兴旅游业态。此外，可利用各民族以及各地区的特殊节庆，如都江堰放水会、泸州名酒节、凉山彝族火把节、黄龙庙会、塔公草原赛马会、米亚罗红叶节等，展示丰富多彩的酒文化，将民族文化表演、民族特色舞蹈表演、原生态民俗体验等多种旅游活动组合起来，形成闪亮的旅游卖点。而在这些特殊的节庆日子里开展旅游节目，以民族特有的酒礼、酒俗待客，让游客参与到采药、制曲、烤酒的过程中，不仅可以优化旅游者的消费体验，还可宣传当地的酿酒文化。

4. 建设高素质的四川酒文化旅游人才队伍，加大旅游宣传力度

四川酒文化旅游资源是物质旅游资源和非物质旅游资源的综合体。要使其得到科学的发展，必须建设一支具有丰富的历史文化知识、熟悉各类酒事酒俗、掌握各种旅游知识和技能、富有创造性的高素质旅游人才队伍。只有通过高素质的旅游人才的创造性构思，才能从历史和文化的角度将各种四川酒文化旅游资源有机联合。因此，应充分发挥旅游教育机构、历史民俗研究机构的作用，积极引导全省旅游教育培训机构、各类旅游企业、历史民俗研究机构和民间研究组织参与酒文化旅游人才的培养，同时主动与省内外各类旅游院校联合，推动全省酒文化旅游高级人才队伍的建设。而在旅游营销上，应充分调动各县、市、区政府和旅游企业的积极性，建立联动促销机制，统一对外促销，形成整体宣传合力，产生市场凝聚效应。在旅游宣传方面，应大力拓展户外广告宣传，在高速公路、火车站、汽车站、广场等人群集散地设立大型旅游公益宣传广告，并在广播、电视、报纸上开辟旅游专题、专栏，突出四川省酒文化旅游的鲜明特色。

5. 积极推进四川酒文化产业的集团化建设，增加核心市场竞争力

旅游资源的开发和营销，离不开大型文化产业集团的市场运作，只有通过高投入、大制作才能塑造出大品牌，而这也是实现传统旅游资源所有权、管理权和经营权分离

的重要手段。因此，在四川酒文化旅游资源的开发和推广过程中，应大力推进文化产业集团建设，增加市场化的核心竞争力。首先，采取政府和优质企业共同组建合资公司的形式，实现四川酒文化旅游资源的市场化运作。其次，以产业集团为龙头，在酒文化资源核心区集中引进本地、省内直至全国各地的白酒品牌，根据中国传统文化的各种主题概念，设计白酒品牌的展示馆和品饮馆，再现各种传统酿造工艺，形成具有独特风格的主题酒文化展示区和消费体验区，激发游客进一步深入旅游的热情，树立牢固的品牌形象。

案例思考题：

1. 四川酒文化旅游经济发展战略的制定依据有哪些?
2. 制定旅游经济发展战略需要考虑哪些因素?

【案例分析16】

入世对中国旅游业的影响①

2001年，中国加入世界贸易组织（WTO）后，中国旅游业发展既面临机遇，又面临挑战。尤其是从近期看，机遇是潜在的，需要通过努力才能转化为现实的机会；而挑战是现实的，是不能回避的。因此，必须尽快提高认识，清醒地分析和把握入世给中国旅游业带来的机遇和挑战，才能在迎接挑战中抓住机遇，趋利避害，促进中国旅游业在新形势下谋求更大的发展。

（一）入世给中国旅游业带来的发展机遇和条件

加入世界贸易组织后，中国经济就进入了世界经济的大舞台，这对中国旅游业的发展，无论是从长期还是短期看都带来了良好的机遇和条件。

从长期发展看，加入世界贸易组织和引入世贸规则后，必将促进中国旅游市场进一步融入国际旅游市场中，从而促进中国旅游资源和旅游生产力要素在国际大市场的机制作用下更好地配置，为更有效地利用国际资金、国外技术和引进人才创造更为有利的条件，为进一步拓展国际客源市场、扩大海外游客接待规模带来更多的机会和条件，从而使中国旅游业迎来更大的发展空间。

从短期发展看，世界贸易组织规则的引入和为达到开放市场的过渡，为中国旅游业发展带来三大机遇：一是将使中国旅游发展的外部条件尽快得到改善，尤其是许多制约中国旅游发展而又一直未能解决的重要因素，如签证政策、航空市场开放、出入境管理、金融汇兑业务等，都将按照世界贸易组织原则和要求进一步改善，从而促进中国国际旅游业的进一步发展。二是加入世界贸易组织后必将进一步加快中国旅游业对外开放的步伐，有利于更好地吸引大量外资和技术，加大旅游开发和对外合作的力度，加快中国国际旅游合作的步伐。三是将促进中国旅游产业素质的进一步提高，尤

① 罗明义. 旅游经济学：分析方法·案例［M］. 天津：南开大学出版社，2005.

其是随着旅游服务市场的开放和国外旅游企业的进入，不仅对中国旅游产品的质量、品位的提升具有直接推动作用，而且还将促进中国旅游人才素质、服务质量和管理水平迅速提高，旅游市场秩序更加规范，使中国旅游产业的整体素质得到进一步提升。

（二）入世给中国旅游业带来的挑战和影响

当然，在认识入世给中国旅游业带来新机遇的同时，更要清醒地看到入世后带来的挑战和不利因素，才能趋利避害，促进中国旅游业健康地发展。从目前中国旅游业的发展现状看，短期内中国旅游业发展将面临五方面的挑战：

一是对入世观念的挑战。突出表现在对加入世界贸易组织的利弊分析和挑战认识不足，尚未清醒地认识到入世是一把双刃剑，在带来有利机遇和条件的同时，也会带来挑战和不利因素，有的挑战和不利因素可能在较长一段时间内会对中国旅游业发展产生持续的影响。

二是政府旅游管理体制面临挑战。尽管经过三十多年的改革和发展，中国旅游管理体制已打破传统计划经济体制模式，并向现代市场经济体制大大迈进。但从总体上看，旅游管理体制距世界贸易组织的规则和要求仍有较大差距，尤其是在旅游立法、司法及行政管理规制等方面都还比较薄弱，因而政府旅游管理体制的改革仍是应对世界贸易组织体制挑战中的关键问题。

三是旅游市场规则面临挑战。尤其是针对目前旅游市场存在的突出问题，如何制定规范的市场规则、维护市场秩序，建立公平、公正的市场环境，仍是加入世界贸易组织后急需解决的重要问题之一。

四是旅游企业竞争面临挑战。特别是中国旅游企业长期以来存在的“小、散、弱、差”问题至今未有效解决，因而入世后国外大企业、大公司进入带来的竞争和威胁的挑战是十分严峻的。

五是旅游人才竞争的挑战。目前，中国旅游业总体上是人才缺乏，而通晓国际事务、精通海外经营的旅游人才就更奇缺。入世后，国外大公司的进入将加剧旅游人才的竞争，使本来就短缺的旅游人才的竞争变得更加剧烈。

案例思考题：

1. 加入世界贸易组织后，中国旅游业格局面临何种发展机遇和条件？
2. 加入世界贸易组织后，中国旅游业将面临何种竞争挑战和影响？
3. 中国旅游业应当如何应对加入世界贸易组织带来的挑战和影响？

第十一章　旅游经济发展的相关法律制度

【本章学习目标】

通过本章的学习，了解旅游消费者的合法权益及保护其合法权益的相关法律制度，了解旅游企业的概念及旅游企业发展的相关法律制度，了解旅游市场的概念及旅游市场运行的相关法律制度。

第一节　旅游消费者的相关法律制度

一、旅游消费者的概念

旅游消费者在旅游经济活动中起着重要作用。旅游是现代人的一种特殊生活方式，其特殊性在于，它不是为了解决人们的物质需要，而是为了满足人们的精神享受，而且这种精神享受又具有异地性、短暂性、非就业性和综合性等特征。旅游消费者主要指为了满足自身精神生活的需要，从旅游市场购买、使用旅游商品或者接受旅游服务的自然人。

二、旅游消费者的合法权益

1993 年我国颁布了《中华人民共和国消费者权益保护法》，在广泛吸取其他国家和国际社会立法经验的基础上，规定了消费者的九项权利：安全保障权、知情权、自主选择权、公平交易权、索赔权、结社权、获取知识权、受尊重权以及监督权。旅游消费者在法律本质上就是消费者，因此旅游消费者的九项合法权益应当受到法律保护。

三、保护旅游消费者合法权益的相关法律制度

随着旅游业的快速发展，保护旅游消费者合法权益的重要性日渐凸显。保护旅游消费者的合法权益有利于旅游业持续快速健康发展，国家以及消费者组织等均对旅游消费者权益的保护予以高度重视。

在法律法规方面，我国以旅游消费者权益保护为核心，形成了一个相对完备的法律体系。保护旅游消费者合法权益的相关法律制度主要包括：旅游安全法律制度、旅游保险法律制度、旅游出入境管理法律制度、旅游交通法律制度、食品安全法律制度

以及娱乐场所管理法律制度。

第二节　旅游企业的相关法律制度

旅游企业是各类旅游服务的直接提供者，也是现代旅游经济关系中最重要、最活跃的主体。旅游企业的服务质量和经营管理状况在很大程度上反映了一个国家或地区旅游业的发展水平。

一、旅游企业的概念及分类

（一）旅游企业的概念

旅游企业是指以旅游资源为依托，以有形的空间设备、资源和无形的服务效用为手段，在旅游消费服务领域为旅游者提供各种旅游服务的经济组织。

（二）旅游企业的分类①

按照旅游活动的方式、范围以及旅游产业本身的属性，可将旅游企业进行不同形式的划分。

（1）按出资人所承担的责任不同，可以将旅游企业分为公司企业、合伙企业和独资企业。在现代旅游业经营中，多数旅游企业采取公司这一组织形式。

（2）按旅游企业之间的业务分工，可以将旅游企业分为旅游批发商、旅游经营商和旅游代理商。

（3）按旅游企业提供服务的内容，可以将旅游企业分为旅行社、饭店、交通运输企业、景区与景点经营企业、餐馆企业、文化娱乐企业等。

（4）按旅游企业是否具备独立的法律人格，旅游企业可以分为法人型企业和非法人型企业。

二、旅游企业发展的相关法律制度

（一）旅行社法律制度

作为旅游产业中最具代表性的企业，旅行社在旅游经济活动发展中起着重要作用。旅行社是指以营利为目的从事旅游业务的企业。其中旅游业务是指为旅游者代办出境、入境和签证手续，招徕、接待旅游者，为旅游者安排食宿等有偿服务的经营活动。

1985 年 5 月 11 日，国务院发布了《旅行社管理暂行条例》并于当日生效，这是我国改革开放后第一部旅游行政法律。1996 年，国务院发布了《旅行社管理条例》，形成了较为完善的旅行社业的基本法律制度。1999 年，国务院发布了《导游人员管理条例》。国家旅游局也相继出台了《旅行社管理条例实施细则》、《关于加强旅行社审批和登记管理的通知》等一批部门规章和规范文件，形成了以旅行社为核心的比较完善

① 韩玉灵．旅游法教程［M］．北京：高等教育出版社，2010．

的法律体系。

旅行社法律制度主要包括旅行社管理法律制度、旅行社经营法律制度以及中国公民出国旅游管理法律制度。

1. 旅行社管理法律制度

旅行社管理法律制度主要包括：旅行社业务经营许可证制度、旅行社质量保证金管理制度、旅行社的监督检查制度、旅行社公告制度和旅行社责任保险制度。

2. 旅行社经营法律制度

旅行社经营法律制度主要包括：旅行社经营原则及要求、旅行社业务经营规则、旅行社的经营管理以及法律责任的确定。

3. 中国公民出国旅游管理法律制度

2002 年 5 月 21 日，国务院公布了《中国公民出国旅游管理办法》，并于 2002 年 7 月 1 日起实施。此后，国家旅游局又相继出台了《中国公民出国旅游服务标准》、《出境旅游领队人员管理办法》，使出国旅游管理有法可依。出国旅游管理制度主要包括：出国旅游目的地的批准管理制度、出国旅游业务经营管理的审批管理制度、实行《中国公民出国旅游团队名单表》管理制度、旅游团队的出入境管理制度、出国旅游经营规则和服务质量的管理制度以及特种旅游的管理制度。

（二）饭店法律制度

饭店主要指拥有固定的住宿服务设备设施，并通过收费形式向旅客提供住宿和餐饮、娱乐、通信等综合性服务的场所。旅游经济活动涉及“吃、住、行、游、购、娱”等诸多方面，其中饭店主要解决游客“住”的问题，因此饭店是旅游接待工作的中心环节，饭店的服务质量及经营状况将直接影响旅游经济发展水平。

饭店业在我国虽然已有了长足发展，但目前有关饭店业的立法并不太完善。在民事立法领域，饭店和旅客之间的权利义务关系是饭店法的重点调整对象，但由于缺乏专门性规定，实践中只能适用《民法通则》及《合同法》中关于“民事责任”的一般性规定。此外，饭店管理方面的行政法律和行业规范还包括《旅馆业治安管理办法》、《旅游饭店星级的划分与评定》以及《中国旅游饭店行业规范》等。

饭店与游客之间的权利义务关系是饭店法律制度的重要方面。饭店与游客之间的法律关系是平等主体之间的权利义务关系，属于民法的调整范畴。因此，饭店与游客之间的合同关系和侵权关系是饭店法的重要调整对象，主要包括：饭店住宿合同、饭店在合同方面的权利和义务、饭店的责任期间、饭店的违约责任和侵权责任的竞合。

此外，饭店业的其他法律问题主要包括：饭店的治安管理、饭店星级评定标准、饭店业的行业规范。

（三）旅游景区法律制度

旅游景区是旅游经济活动的空间载体，是旅游系统中最重要的组成部分。旅游景区通常指以旅游及其相关活动为主要功能或主要功能之一的空间或地域，具有参观游览、休闲度假、康乐健身等功能，具备相应旅游服务设施并提供相应旅游服务的独立管理区。

我国旅游景区的法律制度主要分为国家和地方两个层面。国家颁布的法律法规主要包括《中华人民共和国自然区保护条例》（1994 年）、《中华人民共和国文物法》（2002 年）、《风景名胜区条例》（2006 年）等。地方性的法规有《北京市旅游管理条例》、《重庆市风景名胜区条例》、《四川省世界遗产保护条例》等。

旅游景区与旅游者之间是一种横向的民事法律关系。根据《合同法》的规定，当事人可以采用书面、口头等形式订立合同，旅游者购买门票进入景区参观游览，与旅游景区之间就形成了景区游览合同关系，因此明确旅游景区及旅游者的主要权利义务至关重要。

此外，旅游景区的其他法律问题主要包括：旅游景区人身侵权的法律问题、旅游景区财产侵权的法律问题、旅游景区突发事件应对的法律问题以及旅游景区经营权转让的法律问题等。

第三节　旅游市场的相关法律制度

一、旅游市场的概念

旅游市场是旅游经济活动的中心。旅游市场通常指旅游需求市场和旅游供给市场的总和，反映着国家之间、国家与旅游经营者之间、旅游经营者之间、旅游经营者与旅游者之间错综复杂的经济关系。

二、旅游市场运行的相关法律制度

（一）旅游业合同制度

随着我国法律法规的不断健全和发展，公民的法律意识也在不断提高。旅游消费者和旅游经营者都非常注意签订旅游合同，通过合同来保护自己的权益。1970 年，布鲁塞尔国际会议通过了《旅行契约国际公约》（简称《公约》）。《公约》根据旅游营业人的主要营业方式，将旅游合同分为包价旅游合同和代办旅游合同。包价旅游合同是指旅游营业人为游客安排全程旅游计划，提供交通、住宿、餐饮和导游等旅游服务，游客支付费用的合同。代办旅游合同是指旅游营业人以营利为目的，为游客安排旅游包价合同、交通、住宿等旅行服务。

旅游合同主要涉及旅游营业人、旅游服务提供人和旅游者。在实践中，我国旅游业的合同制度主要适用《合同法》。旅游合同中常见的法律问题主要包括：旅游合同的变更和转让、旅游合同的解除、时间浪费的损害赔偿、违反旅游合同的精神损害赔偿以及旅游合同的格式条款与消费者保护。

（二）价格法律制度

在旅游经济活动中，旅游产品价格制定是否合理与旅游者自身利益紧密相关，因此旅游者往往对价格因素特别敏感。

价格法是调整价格关系的法律规范的总称。《中华人民共和国价格法》于1998年5月1日起施行，该法共7章48条，内容包括总则、经营者的价格行为、政府的定价行为、价格总水平调控、价格监督检查、法律责任和附则等，对价格运行的各个环节和国家价格管理的有关内容等作出了比较全面的规定。

在我国旅游市场中，旅游价格主要以市场调节为主，即由旅游经营者自主制定，通过市场竞争而形成旅游价格。同时，由于价格手段是国家进行市场调节的重要手段，在旅游价格制定上，国家有关机关应当依照法律的规定，对旅游价格进行必要的管理。如：对一定范围内的旅游商品和服务，政府可以制定政府定价或指导价；通过国家监督和社会监督，对旅游价格的合法性和执行价格中的问题进行监督等。无论是旅游经营者还是政府有关主管部门或政府工作人员，一旦违反《中华人民共和国价格法》的规定，都应当承担相应的法律责任。

（三）竞争法律制度

在旅游经济活动中，竞争无处不在，无时不有。在旅游市场的激烈竞争中，市场主体承受了极大的压力。为了获得最大化的市场利益，市场主体往往会采用多种竞争手段。竞争法律制度对于维护旅游市场良好的市场竞争秩序具有重要的作用。

竞争法是指由国家制定或者认可的，调整竞争关系和竞争管理关系的法律规范的总称。竞争法有广义和狭义之分。广义的竞争法是指与竞争有关的法律、法规的总称，例如《价格法》、《商标法》、《专利法》、《招标投标法》、《对外贸易法》等。狭义的竞争法是指以维护公平竞争、自由竞争为目标，直接对竞争行为进行规范的法律、法规，主要是指《反垄断法》和《反不正当竞争法》。[①] 旅游市场中的竞争同样受竞争法律制度的规范和约束。

【复习思考题】

1. 试述保护旅游消费者合法权益的相关法律制度。
2. 旅行社法律制度主要包括哪些内容？
3. 旅游市场运行的相关法律制度有哪些？

① 韩玉灵．旅游法教程［M］．北京：高等教育出版社，2010.

【阅读材料 14】

《中国公民出国旅游管理办法》节选①

第一条　为了规范旅行社组织中国公民出国旅游活动，保障出国旅游者和出国旅游经营者的合法权益，制定本办法。

第二条　出国旅游的目的地国家，由国务院旅游行政部门会同国务院有关部门提出，报国务院批准后，由国务院旅游行政部门公布。

任何单位和个人不得组织中国公民到国务院旅游行政部门公布的出国旅游的目的地国家以外的国家旅游；组织中国公民到国务院旅游行政部门公布的出国旅游的目的地国家以外的国家进行涉及体育活动、文化活动等临时性专项旅游的，须经国务院旅游行政部门批准。

第三条　旅行社经营出国旅游业务，应当具备下列条件：

（一）取得国际旅行社资格满 1 年；

（二）经营入境旅游业务有突出业绩；

（三）经营期间无重大违法行为和重大服务质量问题。

第四条　申请经营出国旅游业务的旅行社，应当向省、自治区、直辖市旅游行政部门提出申请。省、自治区、直辖市旅游行政部门应当自受理申请之日起 30 个工作日内，依据本办法第三条规定的条件对申请审查完毕，经审查同意的，报国务院旅游行政部门批准；经审查不同意的，应当书面通知申请人并说明理由。

国务院旅游行政部门批准旅行社经营出国旅游业务，应当符合旅游业发展规划及合理布局的要求。

未经国务院旅游行政部门批准取得出国旅游业务经营资格的，任何单位和个人不得擅自经营或者以商务、考察、培训等方式变相经营出国旅游业务。

第五条　国务院旅游行政部门应当将取得出国旅游业务经营资格的旅行社（以下简称组团社）名单予以公布，并通报国务院有关部门。

【案例分析 17】

“胡同游”引发的旅游官司

A 公司是某市第一家经营“胡同游”的旅游公司。该公司所提供的“胡同游”旅游产品价格合理，服务周到，得到了旅游者和业界的一致认同，公司也从中获利颇丰。

自从 A 公司推出“胡同游”得到市场追捧后，该市经营“胡同游”的旅游公司日益增多，B 公司即为其中一家。但不久前，A 公司将 B 公司告上法庭，诉讼理由是，A

① 《中国公民出国旅游管理办法》，2001 年 12 月 12 日国务院第 50 次常务会议通过，自 2002 年 7 月 1 日起施行。

公司在经营“胡同游”旅游产品过程中，在三轮车外形及导游人员服装上均与A公司相似，让游客误以为A、B公司为同一公司，从而使得A公司在经济利益和公司整体形象上遭受了巨大损失。

案例思考题：

1. 试结合相关法律制度阐明你对这起旅游官司的看法。
2. 结合现实情况分析旅游企业应当如何把握市场竞争的“度”。

参考文献

[1] Stephen L, J Smith. Tourism Analysis [M]. London: Longman Group UK Limited, 1989.

[2] Robert W Mcintosh, Charles R Goeldner. Tourism, Principle, Practices, Philosophies [M]. New York: John Wiley & son, Inc., 1990.

[3] Adria Bull. the Economics of Travel & Tourism [M]. Austrilia: Tourism Cheshire Pty Limited, 1991.

[4] S Medlik. Dictionary of Travel, Tourism and Hospitality [M]. Oxford: Butterworth - Heinemann Ltd, 1993.

[5] 里昂惕夫. 投入产出经济学 [M]. 崔书香, 译. 北京: 中国统计出版社, 1990.

[6] 斯蒂芬·L, J史密斯. 旅游决策与分析方法 [M]. 李天元, 等, 译. 北京: 中国旅游出版社, 1991.

[7] 保罗·A萨缪尔森, 威廉·D诺斯豪德. 经济学 [M]. 12版. 萧琛, 译. 北京: 中国发展出版社, 1992.

[8] 泰勒尔. 产业组织理论 [M]. 张维迎, 译. 北京: 中国人民大学出版社, 1997.

[9] 克里斯·库珀, 等. 旅游学原理与实践 [M]. 张俐俐, 蔡利平, 译. 北京: 高等教育出版社, 2004.

[10] 查尔斯·R格德纳, 布伦特·里奇. 旅游学 [M]. 10版. 李天元, 等, 译. 北京: 中国人民大学出版社, 2008.

[11] 吴必虎. 旅游研究与旅游发展 [M]. 天津: 南开大学出版社, 2009.

[12] 林南枝, 陶汉军. 旅游经济学 [M]. 天津: 南开大学出版社, 2009.

[13] 戴明. 经济学基础 [M]. 南京: 东南大学出版社, 2009.

[14] 吕宛青. 旅游经济学 [M]. 北京: 科学出版社, 2009.

[15] 厉新建. 旅游经济学: 理论与发展 [M]. 大连: 东北财经大学出版社, 2002.

[16] 张立生. 旅游经济学 [M]. 北京: 中国人民大学出版社, 2010.

[17] 杜江. 旅游企业跨国经营研究 [M]. 北京: 旅游教育出版社, 2002.

[18] 田孝蓉. 旅游经济学 [M]. 郑州: 郑州大学出版社, 2006.

[19] 谢彦君. 基础旅游学 [M]. 北京: 中国旅游出版社, 1999.

[20] 罗明义. 旅游经济学: 分析方法·案例 [M]. 天津: 南开大学出版

社，2005.

［21］罗明义．旅游经济学原理［M］．上海：复旦大学出版社，2004.

［22］田里．旅游经济学［M］．北京：高等教育出版社，2006.

［23］张辉，魏翔．新编旅游经济学——基于空间距离与闲暇时间的动态视野［M］．天津：南开大学出版社，2007.

［24］田里，牟红．旅游经济学［M］．北京：清华大学出版社，2009.

［25］高舜礼．中国旅游产业政策研究［M］．北京：中国旅游出版社，2006.

［26］康珺．基于酒文化的四川省旅游经济发展战略［J］．安徽农业科学，2010(3).

［27］刘长生，简玉峰．环境保护与旅游经济协调发展研究——基于中国四大世界自然与文化遗产旅游目的地的面板数据分析［J］．旅游学刊，2010（10）.

［28］曹国新．大型节事助推旅游经济产业化的功能、机制和阶段性角色［J］．旅游学刊，2009（03）.

［29］钟士恩，任黎秀，等．客源地出游力的社会经济现象假说——基于中国国内旅游出游力研究［J］．旅游学刊，2008（06）.

［30］张立生，樊新生．旅游客源市场等级划分理论的应用及比较［J］．地理与地理信息科学，2007（02）.

［31］蒋满元．旅游外汇收入对国民经济增长的贡献分析［J］．旅游学刊，2008(08).

［32］张信东，宋鹏，秦旭艳．旅游经济增长点分析——基于“黄金周”效应的实证［J］．旅游学刊，2008（10）.

［33］郭文．乡村居民参与旅游开发的轮流制模式及社区增权效能研究——云南香格里拉雨崩社区个案［J］．旅游学刊，2010（3）.

［34］李柏文．生命同期理论与旅游目的地轮耕［J］．广西大学学报：哲学社会科学版，2008（2）.